초등 때 키운 한자 어휘력!
나를 키운다 5

| 저자 소개 |

이재준

• 1950년 출생.
• 교육대학을 졸업하고 20여 년간 초등학교에서 재직하였다.
• 퇴직한 후에 다년간 초등학생들을 위한 한자교실을 운영하였다.

초등 때 키운 한자 어휘력! 나를 키운다 5

발행일	2023년 12월 8일

지은이	이재준		
펴낸이	손형국		
펴낸곳	(주)북랩		
편집인	선일영	편집	윤용민, 배진용, 김부경, 김다빈
디자인	이현수, 김민하, 임진형, 안유경	제작	박기성, 구성우, 이창영, 배상진
마케팅	김회란, 박진관		
출판등록	2004. 12. 1(제2012-000051호.)		
주소	서울특별시 금천구 가산디지털 1로 168, 우림라이온스밸리 B동 B113~114호, C동 B101호		
홈페이지	www.book.co.kr		
전화번호	(02)2026-5777	팩스	(02)3159-9637

ISBN	979-11-93499-75-7 64710 (종이책)	979-11-93499-76-4 65710 (전자책)
	979-11-93499-67-2 64710 (세트)	

(주)북랩 성공출판의 파트너

북랩 홈페이지와 패밀리 사이트에서 다양한 출판 솔루션을 만나 보세요!

홈페이지 book.co.kr • **블로그** blog.naver.com/essaybook • **출판문의** book@book.co.kr

작가 연락처 문의 ▸ ask.book.co.kr

작가 연락처는 개인정보이므로 북랩에서 알려드릴 수 없습니다.

초등 때 키운
한자 어휘력!
나를 키운다

5

차근차근 꾸준히

머리말

    같은 글을 읽으면서도 어떤 사람은 쉽게 이해하고 어떤 사람은 제대로 이해하지 못합니다. 그런가 하면 누구는 어떤 사실이나 자기의 생각을 간결하고 명확하게 잘 표현하는데 누구는 그렇지 못합니다. 왜 그럴까요? 그것은 사람에 따라 문해력과 어휘 구사력, 즉 어휘력이 있기도 하고 그렇지 못하기 때문입니다.

    우리는 한글이 만들어지기 전에는 한자를 우리 글자처럼 사용하였고 한글이 만들어진 뒤에도 여전히 한자를 사용해왔습니다. 그래서 우리말의 많은 어휘(낱말들)는 한자로 이루어진 한자어이며, 더욱이 교과 학습의 밑바탕이 되는 중요한 학습 용어는 90퍼센트 이상이 한자어입니다. 따라서 문해력을 키우고 온전한 학습을 이루어 나가기 위해서는 한자와 함께 한자어를 익혀야 합니다.

    초등학교 고학년에서 중학교로 이어지는 시기는 인지 발달로 추상적, 논리적 사고를 할 수 있기에 교과 학습에서 사용하는 어휘가 크게 늘어나게 되는 때입니다. 그러므로 원활한 학습을 위해서는 어휘력을 키워야 하는데, 이때는 인지 기능이 활발하고 어휘 습득력도 왕성하므로 현재의 학습은 물론 앞날의 더 큰 학업 성취와 성숙한 언어 생활을 위해 어휘력을 키우기에 어느 때보다도 좋은 시기입니다.

    지은이는 오랫동안 학교에서 학생들과 생활하며 한자와 한자어 학습 자료를 만들고 지도하여 많은 성과와 보람이 있었습니다. 학생 지도의 오랜 경험을 바탕으로 그동안 활용하던 자료를 정리하고 보완하여 누구나 스스로 배우고 익히도록 이 책을 엮었습니다.

    쉬운 것만을 찾고 편하게 공부하려 한다면 그 이상의 발전을 기대할 수 없습니다. 마음먹고 차근차근 꾸준히 배우고 익히면 어느덧 한자와 한자어에 대한 이해와 함께 어휘력이 쌓이고 사고력과 학습 능력도 늘어나 뿌듯한 성취감을 느낄 것입니다. 그리고 앞으로 더욱더 많은 한자와 한자어를 쉽게 익힐 수 있는 힘이 갖추어질 것입니다.

2023년 12월 이재준

초등 때 키운
한자 어휘력! 나를 키운다

구성과 특징

* 혼자서 공부할 수 있어요 *

1. 많이 쓰이는 한자 1162자와 그 한자들로 이루어진 한자어를 익힙니다.
   ☞ 기본이 되는 한자 1162자와 이들로 이루어진 한자어를 익히므로 문해력은 물론
   모든 교과 학습과 독서, 논술 등에 바탕이 되는 어휘력과 사고력을 기릅니다.

2. 옛일에서 비롯된 성어와 생활 속에서 이루어진 성어 228개를 익힙니다.
   ☞ 한자성어의 함축된 의미와 그에 담긴 지혜와 교훈을 이해하고 적절한 활용을 익혀
   글을 읽고 이해하는 배경 지식을 쌓고 상황에 알맞은 표현을 구사할 수 있게 합니다.

3. 획과 필순을 익혀 한자의 모양을 파악하고 바르게 쓸 수 있도록 합니다.
   ☞ 한자를 처음 대하면 글자의 모양이 복잡하게 느껴지고 어떻게 써야 할지 모르는데,
   획과 필순을 익히면 글자의 모양을 쉽게 파악할 수 있고 바르게 쓸 수 있습니다.

4. 한자의 바탕이 되는 갑골문을 살펴보며 한자의 이해와 학습을 돕습니다.
   ☞ 처음 글자는 그림의 모습을 하고 있어서 뜻하는 것을 쉽게 알 수 있으며, 이는 모든
   한자의 바탕이 되는 글자로 한자를 배우고 익히는 데에 큰 도움이 됩니다.

5. 앞서 배운 한자가 뒤에 한자를 이해하는 데 도움이 되는 순서로 배웁니다.
   ☞ 즉 '日(날 일)', '月(달 월)', '門(문 문)'과 '耳(귀 이)' 등을 먼저, '明(밝을 명)', '間(사이 간)',
   '聞(들을 문)' 등을 뒤에 배우는 것으로, 한자를 배우고 익히는 데에 효과적입니다.

6. 새 한자를 배우면 앞서 배운 한자와 이루어진 한자어를 익혀 나갑니다.
   ☞ 한자 학습이 한자어 학습으로 이어져 한자어의 뜻과 활용을 효과적으로 익힐 수
   있으며 바로 어휘력이 됩니다. 그리고 이때 한자도 반복 학습이 이루어집니다.

7. 한자어를 이루는 한자의 뜻과 결합 관계로 한자어의 뜻을 알도록 합니다.
   ☞ 한자의 말을 만드는 기능을 이해하게 되어 다른 한자어의 뜻도 유추할 수 있게 됩니다.
   이로써 한자어에 대한 이해력과 적응력이 커지고 우리말 이해의 폭이 넓어집니다.

8. 학습 진행에 따라 알아야 할 것과 참고할 것을 각 권에 적었습니다.
   ☞ 1권 – 한자의 획과 필순. 2권 – 한자의 짜임. 3권 – 한자의 부수. 부수의 변형.
   4권 – 한자어의 짜임. 5권 – 자전 이용법.

– 한 묶음(12 글자) 단위로 **학습 활동**을 엮었습니다. –

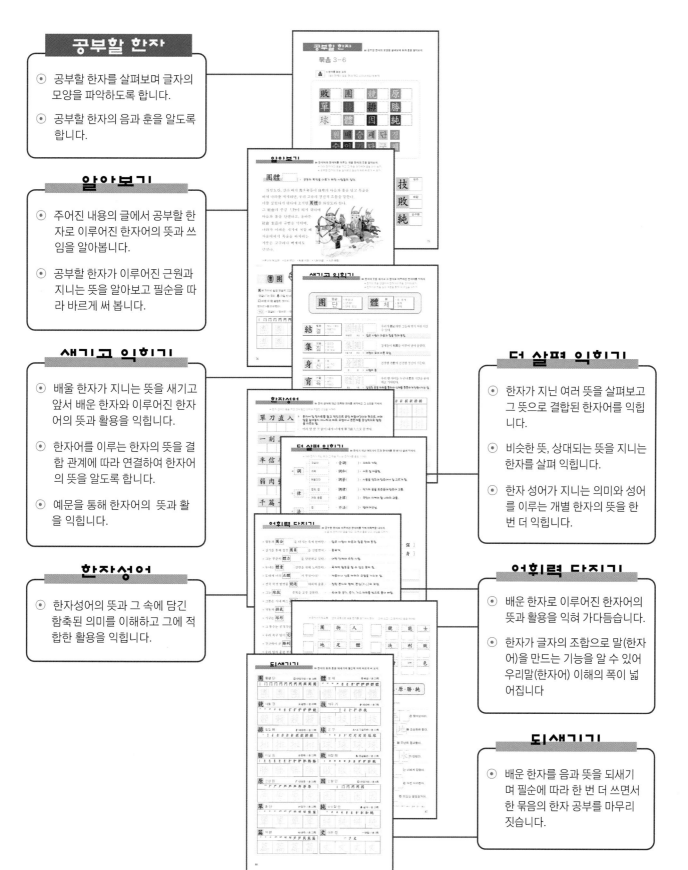

공부할 한자
- 공부할 한자를 살펴보며 글자의 모양을 파악하도록 합니다.
- 공부할 한자의 음과 훈을 알도록 합니다.

알아보기
- 주어진 내용의 글에서 공부할 한자로 이루어진 한자어의 뜻과 쓰임을 알아봅니다.
- 공부할 한자가 이루어진 근원과 지니는 뜻을 알아보고 필순을 따라 바르게 써 봅니다.

새기고 익히기
- 배울 한자가 지니는 뜻을 새기고 앞서 배운 한자와 이루어진 한자어의 뜻과 활용을 익힙니다.
- 한자어를 이루는 한자의 뜻을 결합 관계에 따라 연결하여 한자어의 뜻을 알도록 합니다.
- 예문을 통해 한자어의 뜻과 활용을 익힙니다.

한자성어
- 한자성어의 뜻과 그 속에 담긴 함축된 의미를 이해하고 그에 적합한 활용을 익힙니다.

더 살펴 익히기
- 한자가 지닌 여러 뜻을 살펴보고 그 뜻으로 결합된 한자어를 익힙니다.
- 비슷한 뜻, 상대되는 뜻을 지니는 한자를 살펴 익힙니다.
- 한자 성어가 지니는 의미와 성어를 이루는 개별 한자의 뜻을 한 번 더 익힙니다.

어휘력 다지기
- 배운 한자로 이루어진 한자어의 뜻과 활용을 익혀 가다듭니다.
- 한자가 글자의 조합으로 말(한자어)을 만드는 기능을 알 수 있어 우리말(한자어) 이해의 폭이 넓어집니다

되새기기
- 배운 한자를 음과 뜻을 되새기며 필순에 따라 한 번 더 쓰면서 한 묶음의 한자 공부를 마무리 짓습니다.

차례

학습한자 찾아보기

자전 이용법

모르는 한자를 찾아보려면 한자 자전을 이용해야 한다.

한자 자전에서 한자를 찾아보는 방법은, 부수로 찾아보는 부수 색인,
한자의 음으로 찾아보는 자음 색인, 총획수로 찾아보는 총획 색인이 있다.

1. 부수 색인을 이용하는 방법

■ 부수색인은 부수를 1획부터 17획가지 모두214자를 획수에 따라 배열하고 있다.

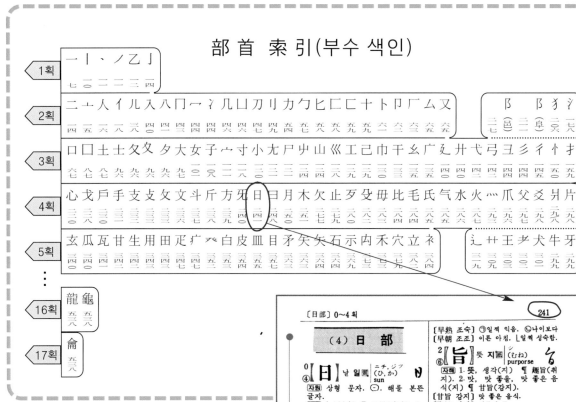

부수 색인으로 '昆'자 찾기

▲ 찾아보려는 '昆'의 부수를 알아 보고, 그 획수를 센다.

▶ 부수가 '日'이고 4획이므로, 부수 색인 4획란에서 '日'을 찾아 그 아래 적힌 쪽수를 편다.

▼ '昆'에서 부수 '日'를 뺀 나머지 부분 '比'의 획수가 4획이므 그 에 해당되는 한자를 차례로 더듬어 가면서 '昆'을 찾는다.

◀ '昆'자의 음과 뜻을 확인 한다.

2. 자음 색인을 이용하는 방법

■ 자음 색인은 한자를 음에 따라 ㄱ, ㄴ, ㄷ의 순서대로 배열한 것으로 찾는 글자의 음을 알고 있을 때 이용한다.

字音 索引(자음 색인)

자음 색인으로 '兩(량)'자 찾기

▲ '兩'의 음이 '량(양)'이므로 자전에 수록된 자음 색인에서 '兩'을 찾는다.

▶ '兩'의 옆에 적힌 쪽수를 펼쳐 '兩'을 찾는다.

▽ 음과 뜻을 확인 한다.

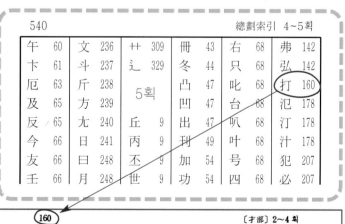

3. 총획 색인을 이용하는 방법

■ 총획 색인은 한자를 총획수에 따라 배열한 것으로 찾는 글자의 부수나 음을 모를 때에 이용한다.

總劃 索引(총획 색인)

총획 색인으로 '打'자 찾기

▲ '打'의 총획을 센다. (찾고자하는 한자의 획수를 정확히 세어야 한다).

▶ 총획 색인의 5획란에서 '打'자를 찾아 옆에 적힌 쪽수를 펼쳐 '打'자를 찾는다.

▽ '打'자의 음과 뜻을 확인 한다.

일러두기

★ 한자는 오랜 세월이 흐르는 동안 글자의 모양이 많이 변화되어 지금의 모습이 되었습니다. 그런데 처음의 글자(갑골문)는 그림의 모습을 하고 있어서 뜻하는 것을 쉽게 이해할 수 있습니다. 이는 모든 한자의 바탕이 되는 글자로 이를 살펴보는 것은 한자를 배우고 익히는 데에 큰 도움이 되며 재미도 있습니다. 갑골문이 없는 것은 그 자리를 비워 놓았습니다.

[갑골문이 있는 한자]　　　　　[갑골문이 없는 한자]

★ 새로운 한자를 배우는 대로, 앞서 배운 한자와 이루어진 한자어를 익혀나갑니다. 이때 앞서 배운 한자는 뜻을 다시 새기면서 반복하여 익히게 됩니다, 처음 배우는 한자와 앞서 배운 한자를 바탕색으로 구분하였습니다.

[처음 배우는 한자]　　　　　[앞서 배운 한자]

■ 공부할 한자의 모양을 살펴보며 음과 훈을 알아보자,

묶음 5-1

음 ■ 한자를 읽는 소리
아래 한자의 음을 찾아 적고 소리내어 읽어 보자.

훈 ■ 한자의 뜻 새김
한자의 음을 적고 훈과 함께 외어 보자.

壯 장할	烈 매울	抗 겨룰	拒 막을
武 호반	裝 꾸밀	砲 대포	彈 탄알
攻 칠	擊 칠	爆 불 터질	破 깨뜨릴

알아보기

■ 한자어와 한자어를 이루는 개별 한자의 뜻을 알아보자.
■ 아래 한자어의 음을 적고 그 뜻을 생각하며 글을 읽어 보자.
■ 공부할 한자의 뜻을 알아보고 필순에 따라 바르게 써 보자.

壯烈 [　　] ▸ 씩씩하고 열렬함.

「 우리의 歷史를 돌이켜보면, 우리 선조 중에는 자기 자신을
희생해 가면서 나라를 위해 살다 간 훌륭한 분들이 수없이 많다.
우리의 국토를 침략하는 外敵을 맞아 싸우다 **壯烈**하게 戰死한
분들이 있는가 하면, 나라를 잃었을 때에
조국의 光復을 위해 海外에서
애쓰다가 그 곳에서 일생을
마친 분들도 있다. 」

• 歷史(역사) • 外敵(외적) • 戰死(전사) • 光復(광복): 빼앗긴 주권을 도로 찾음. • 海外(해외). * 선조: 먼 윗대의 조상.
* 희생: 다른 사람이나 어떤 목적을 위하여 자신의 목숨, 재산, 명예, 이익 따위를 바치거나 버림. 또는 그것을 빼앗김.

壯 壯 壯　

壯은 '켜서 다듬은 나무널'을 뜻하는 爿 (장)과 '학문,
무예를 닦은 사람'을 뜻하는 士(사)를 결합한 것이다.
학문과 무예로 다듬어진 젊은이의 〈씩씩한 기상〉을 의
미한다.

[새김] ▪장하다 ▪씩씩하다 ▪젊다

丨 丬 爿 爿 壯 壯 壯			
壯	壯	壯	壯
壯	壯	壯	壯

烈 烈 烈　

烈은 '벌어지다', '펴다(퍼지다)'는 뜻인 列 (렬)과 '불'
을 뜻하는 火(화)=灬를 결합한 것이다.　타오르며 퍼
져가는 불길이 〈세참〉을 의미한다.

[새김] ▪맵다 ▪세차다 ▪강하고 곧다

一 ｢ 歹 歹 列 列 列 烈 烈 烈			
烈	烈	烈	烈
烈	烈	烈	烈

새기고 익히기

■ 한자의 뜻을 새기고 그 한자로 이루어진 한자어를 익히자.
  ▬ 한자의 뜻을 연결하여 한자어의 뜻을 생각해 보자.
  ▬ 한자어의 뜻을 알고 예문을 통해 그 쓰임을 익히자.

壯 장할 장	▪ 장하다 ▪ 씩씩하다 ▪ 젊다	烈 매울 렬	▪ 맵다 ▪ 세차다 ▪ 강하고 곧다

– 흐리게 나타난 한자어 위에 겹쳐서 쓰고 음을 적어라 –

談 말씀 담	▪ 말씀 ▪ 이야기 ▪ 농담하다

壯談 [　　]
씩씩하게　이야기 함 ▶ 확신을 가지고 아주 자신있게 말함.

▷ 그곳에 건설한 원자력 발전소가 지진에 안전하다고 壯談할 수 있겠어요?

雄 수컷 웅	▪ 수컷 ▪ 웅대하다 ▪ 씩씩하다

雄壯 [　　]
웅대하고　장함 ▶ 규모 따위가 거대하고 성대함.

▷ 설악산의 雄壯한 모습이 눈에 들어왔다.

士 선비 사	▪ 선비 ▪ 벼슬아치 ▪ 사람

烈士 [　　]
강하고 곧은　선비 ▶ 나라를 위하여 절의를 굳게 지키며 충성을 다하여 싸운 사람.

▷ 독재에 맞서 싸운 烈士들이 있었기에 우리의 자유와 권리를 찾을 수 있었다.

先 먼저 선	▪ 먼저. 미리 ▪ 앞. 앞서다 ▪ 이전

先烈 [　　]
앞서 간　열사 ▶ 나라를 위하여 싸우다가 죽은 열사.

▷ 매년 현충일에는 순국 先烈들을 위한 추도식을 엄수한다.

한 글자 더

武 호반 무	▪ 호반　▪ 무인 ▪ 군사　▪ 무기 ▪ 무예

☆ 호반(虎班 : 무관의 반열).
  무기를 든 군사들의 굳센 위세.

一 二 千 千 禹 武 武 武

武 武 武 武
武 武 武 武

術 재주 술	▪ 재주 ▪ 꾀, 수단 ▪ 기예

武術 [　　]
무예에 관한　재주 ▶ 무기 쓰기, 주먹질, 발길질, 말달리기 따위의 무도에 관한 기술.

▷ 그의 武術 실력은 보통 이상이었다.

功 공 공	▪ 공, 공로 ▪ 일 ▪ 힘쓴 보람

武功 [　　]
군사상의　공로 ▶ 군사상의 공적.

▷ 할아버지께서는 6.25 전쟁에 참전하셔서 武功을 세우셨다.

알아보기

■ 한자어와 한자어를 이루는 개별 한자의 뜻을 알아보자.
■ 아래 한자어의 음을 적고 그 뜻을 생각하며 글을 읽어 보자.
■ 공부할 한자의 뜻을 알아보고 필순에 따라 바르게 써 보자.

抗拒 [　　] ▶ 순종하지 않고 맞서서 대항함.

「 우리의 가슴 속에 깊이 새겨야 할 조상들의 가르침은 무엇일까?
첫째로, 自主 精神을 들 수 있다. 自主 精神은 남의 힘에 의하지
않고 스스로를 지키려는 마음가짐이다. 이 精神은 우리 역사 속에
살아 숨쉬면서, 나라가 어려움을
당할 때마다 그 빛을 발휘했다.
수나라와 당나라를 무찌른
고구려의 힘, 몽고에 抗拒한
고려의 끈기, 韓末의 義兵 운동과
일제 강점기의 光復 운동이 바로
이 精神에서 비롯되었다.

• 自主(자주) • 精神(정신) • 韓末(한말): 대한 제국의 마지막 시기. • 義兵(의병) • 光復(광복).
* 발휘: 재능, 능력 따위를 떨치어 나타냄. * 일제: 일본 제국. * 강점기: 남의 물건, 영토, 권리 따위를 강제로 차지한 시기.

抗은 '손(수단)을 쓰다'는 뜻인 手(수)=扌와 '겨루
다', '막다'는 뜻인 亢(항)을 결합한 것이다. 손(수단)
을 써서 막아서고〈대항함〉을 의미한다.

[새김] ▪겨루다 ▪대항하다 ▪막다

一	亅	扌	扌	扩	扩	抗		
抗	抗	抗	抗					
抗	抗	抗	抗					

拒는 '손'을 뜻하는 手(수)=扌와 '크다', '거칠다'는
뜻인 巨(거)를 결합한 것이다. 손(수단)을 써서 거세
게〈막아 지킴〉을 의미한다.

[새김] ▪막다 ▪막아 지키다 ▪거절하다

一	亅	扌	扌	扩	护	拒	拒
拒	拒	拒	拒				
拒	拒	拒	拒				

새기고 익히기

■ 한자의 뜻을 새기고 그 한자로 이루어진 한자어를 익히자.
■ 한자의 뜻을 연결하여 한자어의 뜻을 생각해 보자.
■ 한자어의 뜻을 알고 예문을 통해 그 쓰임을 익히자.

| 抗 | 겨룰
항 | ■ 겨루다
■ 대항하다
■ 막다 | | 拒 | 막을
거 | ■ 막다
■ 막아 지키다
■ 거절하다 |

– 흐리게 나타난 한자어 위에 겹쳐서 쓰고 음을 적어라 –

| 爭 | 다툴
쟁 | ■ 다투다
■ 경쟁하다
■ 싸움 | 抗爭 | | ▷ 민주주의 기본 권리를 지키기 위한 시민들의 抗爭이 계속되었다. |

대항하여 싸움 ▶ 맞서 싸움.

| 議 | 의논할
의 | ■ 의논하다
■ 토의하다
■ 의견 | 抗議 | | ▷ 심판의 오심에 선수들이 抗議하는 소동이 벌어졌다. |

대항하는 의견을 주장함 ▶ 못마땅한 생각이나 반대의 뜻을 주장함.

| 反 | 돌이킬
반 | ■ 돌이키다
■ 거스르다
■ 반대하다 | 反抗 | | ▷ 동수는 어머니에게 反抗하다가 아버지에게 혼났다. |

거스르고 대항하다 ▶ 다른 사람이나 대상에 맞서 대들거나 반대함.

| 否 | 아닐
부 | ■ 아니다
■ 그렇지 않다
■ 막히다 | 拒否 | | ▷ 그는 나의 제안을 그 자리에서 딱 잘라 拒否했다. |

거절함 아니다 라고 ▶ 요구나 제의 따위를 받아들이지 않고 물리침.

한 글자 더

| 裝 | 꾸밀
장 | ■ 꾸미다
■ 갖추다
■ 싸다 |

丨 丬 爿 爿 爿 壯 壯 裝 裝 裝 裝 裝

| 武 | 호반
무 | ■ 호반 ■ 무인
■ 군사 ■ 무기
■ 무예 | 武裝 | | ▷ 군용 트럭에는 武裝한 군인들이 타고 있었다. |

무기를 갖춤 ▶ 전투에 필요한 장비를 갖춤.

| 置 | 둘
치 | ■ 두다
■ 놓아두다
■ 베풀다 | 裝置 | | ▷ 눈이 쌓인 고갯길은 체인이 裝着된 차량만 통과할 수 있었다. |

갖추어 놓음 ▶ 어떤 목적에 따라 기능하도록 기계, 도구 따위를 그 장소에 부착함.

17

■ 한자어와 한자어를 이루는 개별 한자의 뜻을 알아보자.
■ 아래 한자어의 음을 적고 그 뜻을 생각하며 글을 읽어 보자.
■ 공부할 한자의 뜻을 알아보고 필순에 따라 바르게 써 보자.

攻擊 [   ] ▶ 적을 침.

「 중국 지린성 퉁거우 地方에 있는 고구려 무용총에는 용맹스럽고
활달한 느낌을 주는 壁畵가 있다. 이 壁畵가 사냥하는 모습을
담은 무용총 수렵도이다. 수렵도에는 말을 탄 人物이
호랑이를 **攻擊**하는 모습이 있다.
호랑이는 나는 듯이 도망가는데,
말을 탄 人物이 활시위를 당겼다.
시위의 화살은 호랑이를 向했다.
손가락을 떼기만 하면 화살이
호랑이 꽁무니를 꿰뚫을 판이다. 」

• 地方(지방) • 壁畵(벽화) • 人物(인물) • 向(향)
* 활달하다: 도량(너그러운 마음과 깊은 생각)이 크고 넓다. 활발하고 의젓하다. * 수렵도: 사냥하는 모습을 그린 그림.

攻은 '일', '만들다'는 뜻인 ㅗ ⋯ 工(공)과 '치다'는
뜻인 ⼘ ⋯ 攴(복)=攵을 결합한 것이다. 〈쳐서 다듬
음〉을 의미한다.

[새김] ▪치다 ▪공격하다 ▪다듬다, 닦다

一	ㄱ	エ	エ	エ	攻	攻
攻	攻	攻	攻			
攻	攻	攻	攻			

擊은 '치다', '맞부딪치다'는 뜻인 殻(격)과 '손'을 뜻
하는 手(수)를 결합한 것이다. 손으로 〈침〉을 의미한
다.

[새김] ▪치다 ▪두드리다 ▪부딪치다

一	戸	百	車	車	軎	軎	軗	軗	毄	毄	擊
擊	擊	擊	擊								
擊	擊	擊	擊								

새기고 익히기

■ 한자의 뜻을 새기고 그 한자로 이루어진 한자어를 익히자.
　■ 한자의 뜻을 연결하여 한자어의 뜻을 생각해 보자.
　■ 한자어의 뜻을 알고 예문을 통해 그 쓰임을 익히자.

攻 칠 공	■ 치다 ■ 공격하다 ■ 다듬다, 닦다	擊 칠 격	■ 치다 ■ 두드리다 ■ 부딪치

– 흐리게 나타난 한자어 위에 겹쳐서 쓰고 음을 적어라 –

守 지킬 수	■ 지키다 ■ 직무, 임무 ■ 기다리다	攻 守 [　] 공격과　지킴(수비) ▶ 공격과 수비를 아울러 이르는 말.	▷ 우리나라 축구팀은 攻守의 전환이 무척 빨랐다.
專 오로지 전	■ 오로지 ■ 홀로 ■ 전일하다	專 攻 [　] 전일하게　연구함 ▶ 어느 한 분야를 전문적으로 연구함. 또는 그 분야.	▷ 그 친구는 대학에서 경영학을 專攻하겠다고 한다.
射 쏠 사	■ 쏘다 ■ 비추다 ■ 맞히다	射 擊 [　] 쏘아서　부딪치게 함 ▶ 총, 대포, 활 따위를 쏨.	▷ 그는 백발백중의 射擊 솜씨를 발휘했다.
電 번개 전	■ 번개 ■ 전기, 전자 ■ 전신	電 擊 [　] 번개처럼　침 ▶ 번개같이 급작스럽게 들이침.	▷ 이번에 발생한 대형 사고에 대한 문책으로 담당 장관이 電擊 경질되었다.

한 글자 더

破 깨뜨릴 파	■ 깨뜨리다 ■ 부수다 ■ 무너지다

一 丆 厂 石 石 石 砑 砑 破 破

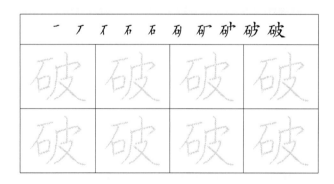

片 조각 편	■ 조각 ■ 쪽, 한 쪽 ■ 납작한 조각	破 片 [　] 깨어진　조각 ▶ 깨어지거나 부서진 조각.	▷ 떨어뜨린 유리컵이 깨어지면서 破片이 사방으로 튀었다.
損 덜 손	■ 덜다 ■ 잃다 ■ 손해 ■ 해치다	破 損 [　] 깨어져　해를 입음 ▶ 깨어져 못 쓰게 됨. 또는 깨뜨려 못 쓰게 함.	▷ 유통과정에서 破損된 물품은 교환해 드립니다.

19

알아보기

■ 한자어와 한자어를 이루는 개별 한자의 뜻을 알아보자.
■ 아래 한자어의 음을 적고 그 뜻을 생각하며 글을 읽어 보자.
■ 공부할 한자의 뜻을 알아보고 필순에 따라 바르게 써 보자.

砲彈 ▸ 대포의 탄알.

「 그 때, 어둠을 가르며 새빨간 별 한 개가 솟아 올랐다.
信號彈이다! 때를 같이하여 砲彈이 날아오기 시작했다.
"쿵, 쿵, 쿵, 쿵······, "
드디어 敵軍의 攻擊이 시작된 것이다.
조명탄이 환하게 참호 안을
비추더니, 이번에는 수류탄이
터지기 시작했다. 수류탄의
破片과 흙이 뒤범벅이 되어
참호 안으로 날아들었다. 」

• 信號彈(신호탄) • 敵軍(적군) • 攻擊(공격) • 破片(파편)
* 참호: 야전(산이나 들에서 벌이는 전투)에서 몸을 숨기면서 적과 싸우기 위하여 방어선을 따라 판 구덩이.

砲는 '돌'을 뜻하는 石(석)과 '감싸다', '꾸러미'를 뜻
하는 包(포)를 결합한 것이다.   옛날에 돌을 감싸서 내
쏘던 〈돌쇠뇌〉를 의미한다. 이것은 오늘날 화약의 힘으
로 포탄을 내쏘는 〈대포〉같은 것이다.

새김 ▪대포 ▪돌쇠뇌 ▪총포

一	丆	石	石	石	砘	砲	砲	砲
砲	砲	砲	砲					
砲	砲	砲	砲					

은 퉁겨 보내기 위한 탄알(o)이 활시위( )에 메겨
져 있는 모습이다.   활시위에 메겨 퉁겨 보내는 〈탄알〉
을 의미한다.

새김 ▪탄알 ▪퉁기다 ▪휠책하다

丁	弓	弓	弓	弓	弓	彈	彈	彈	彈	彈
彈	彈	彈	彈							
彈	彈	彈	彈							

새기고 익히기

■ 한자의 뜻을 새기고 그 한자로 이루어진 한자어를 익히자.
■ 한자의 뜻을 연결하여 한자어의 뜻을 생각해 보자.
■ 한자어의 뜻을 알고 예문을 통해 그 쓰임을 익히자.

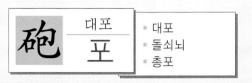

砲	대포 포	■ 대포 ■ 돌쇠뇌 ■ 총포

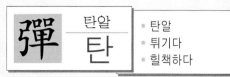

彈	탄알 탄	■ 탄알 ■ 튀기다 ■ 힐책하다

– 흐리게 나타난 한자어 위에 겹쳐서 쓰고 음을 적어라 –

銃	총 총	■ 총 ■ 총을 쏘다

 銃砲 [ ]

총과 　 대포 ▶ 총과 대포를 아울러 이르는 말.

▷ 우리나라에서 허가 없이 銃砲를 소지하는 것은 불법이다.

空	빌 공	■ 비다 ■ 하늘 · 공중 ■ 헛되다

 空砲 [ ]

빈(실탄이 들지 않은) 　 총질 ▶ 실탄을 넣지 않고 소리만 나게 하는 총질.

▷ 경찰이 범인을 추격하며 하늘에다 空砲를 두어 방 쏘았다.

倉	곳집 창	■ 곳집 ■ 창고 ■ 급하다

 彈倉 [ ]

탄알 　 곳집 ▶ 탄알을 재어 두는 통.

▷ 권총의 彈倉에는 실탄이 들어 있었다.

防	막을 방	■ 막다 ■ 방어하다 ■ 둑

 防彈 [ ]

막음 　 탄알을 ▶ 날아오는 탄알을 막음.

▷ 경찰들은 테러범들의 총격에 대비하여 防彈복을 입고 있었다.

한 글자 더

爆	불 터질 폭	■ 불 터지다 ■ 폭발하다 ■ 튀기다

☆ 불기운으로 터지다.

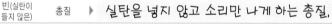
ㆍ 火 炉 炉 炉 焊 煋 煋 煋 爆 爆 爆

破	깨뜨릴 파	■ 깨뜨리다 ■ 부수다 ■ 무너지다

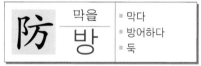 爆破 [ ]

폭발시켜 　 부숨 ▶ 폭발시켜 부숨.

▷ 산을 깎아 길을 내기 위해 커다란 바위를 폭약으로 爆破시켰다.

笑	웃음 소	■ 웃음 ■ 웃다 ■ 우습다

 爆笑 [ ]

터져 나옴 　 웃음이 ▶ 웃음이 갑자기 세차게 터져 나옴. 또는 그 웃음.

▷ '뿌웅' 하는 방귀 소리에 모두가 爆笑를 터뜨렸다.

21

어휘력 다지기

■ 공부한 한자로 이루어진 한자어를 익혀 어휘력을 다지자.
■ 글 속 한자어의 음을 적고, 그 뜻과 줄로 잇고, 쓰임을 익히자.

■ 담장을 넘기는 壯快 □ 한 홈런 한 방. • ・강하고 세참,

■ 한여름의 强烈 □ 한 햇살이 따갑네. • ・가슴이 벅차도록 장하고 통쾌함,

■ 독립군은 抗戰 □ 을 계속하였다. • ・일본 제국주의에 맞서 싸움,

■ 부당한 권력에 끝까지 對抗 □ 하겠다. • ・굽히거나 지지 않으려고 맞서서 버티거나 항거함,

■ 抗日 □ 독립 운동은 더욱 거세졌어. • ・적에 대항하여 싸움,

■ 대화를 거부하고 武力 □ 으로 나왔다. • ・정식의 복장을 함, 또는 그 복장,

■ 선물을 예쁘게 包裝 □ 해서 전달했어. • ・군사상의 힘, 때리거나 부수는 따위의 육체를 사용한 힘,

■ 단정하게 正裝 □ 을 차려 입은 청년. • ・물건을 싸거나 꾸림, 겉으로만 그럴듯하게 꾸밈,

■ 권총에 실탄 세 발을 裝彈 □ 하였다. • ・축하의 뜻을 나타내기 위하여 쏘는 공포,

■ 몰려오는 적을 향해 發砲 □ 명령을. • ・총포에 탄알을 잼,

■ 祝砲 □ 와 함께 불꽃놀이가 시작됐다. • ・총이나 포를 쏨,

■ 그는 다리에 銃彈 □ 을 맞고 쓰러졌다. • ・날아오는 탄알을 막음,

■ 防彈 □ 복을 입었기에 목숨을 구했지. • ・총알,

■ 뇌물 받은 정치인들을 指彈 □ 하였다. • ・손끝으로 튀김, 잘못을 지적하여 비난함,

■ 상대 팀의 攻勢 □ 는 점점 약해졌다. • ・적극적으로 강하게 공격함,

■ 일진일퇴의 攻防 □ 은 계속 이어졌어. • ・공격하는 태세, 또는 그런 세력,

■ 우리 팀은 시종 强攻 □ 으로 나갔단다. • ・서로 공격하고 방어함,

■ 상대방의 급소 加擊 □ 은 반칙이다. • ・눈으로 직접 봄,

■ 그 교통 사고 장면을 目擊 □ 하였어. • ・손이나 주먹, 몽둥이 따위로 때리거나 침,

■ 爆音 □ 을 내며 질주하는 오토바이들. • ・재산을 모두 잃고 망함,

■ 부실한 경영으로 破産 □ 한 기업이야. • ・폭발할 때 나는 큰 소리, 오토바이 따위의 엔진 소리,

・장쾌 · 강렬 · 항전 · 대항 · 항일 · 무력 · 포상 · 성상 · 장탄 · 발포 · 축포 · 총탄 · 방탄 · 지단 · 공세 · 공방 · 강공 · 가격 · 목격 · 폭음 · 피산

■ 한자어가 되도록 □ 안에 공통으로 넣을 한자를 보기에서 찾아 □ 안에 쓰고 , 그 한자어의 음을 적어라.

□ ⇨	壯□	□士	强□

□ ⇨	□爭	對□	□議

□ ⇨	□力	□器	□裝

□ ⇨	銃□	爆□	指□

□ ⇨	□擊	□勢	□守

□ ⇨	□音	□發	□笑

보기

砲・武・壯・爆・抗・裝・拒・攻・彈・隱・擊・烈・破

■ 아래의 뜻을 지닌 한자어가 되도록 위의 보기에서 알맞은 한자를 찾아 □ 안에 써 넣어라.

▶ 나이가 젊고 기운이 좋은 남자,

▷ 우리 마을 [□丁]들이 모두 모였다.

▶ 요구나 제의 따위를 받아들이지 않고 물리침,

▷ 그의 부당한 요구를 [□否]하였다.

▶ 본래의 모습을 알아 볼 수 없게 하기 위하여 옷차림이나 얼굴, 머리 모양 따위를 다르게 바꿈.

▷ 난 [變□] 한 그를 알아 볼 수 없었다.

▶ 축하하는 뜻을 나타내기 위하여 쏘는 공포,

▷ [祝□]를 쏘자 환호성이 터져나왔다.

▶ 숨어 있어서 겉으로 드러나지 아니함,

▷ 그 계획은 [□密]하게 진행되었다.

▶ 되받아 공격함,

▷ 아군은 즉각 [反□]에 나섰다.

▶ 깨어지거나 부서진 조각,

▷ 깨진 유리 [片□]이 사방으로 튀었어.

· 장렬. 열사. 강렬 · 항쟁. 대항. 항의 · 무력. 무기. 무장 · 총탄. 폭탄. 지탄 · 공격. 공세. 공수 · 폭음. 폭발. 폭소 / 장정 · 거부 · 변장 · 축포 · 은밀 · 반격 · 파편

23

■ 한자의 음과 훈을 되새기며 필순에 따라 바르게 써 보자.

壯	장할 장	士(선비사)/총 7획

丨 丬 丬 壯 壯 壯

壯　壯　壯　壯

烈	매울 렬. 열	灬(연화발)/총 10획

一 丁 歹 歹 列 列 列 烈 烈 烈

烈　烈　烈　烈

抗	겨룰 항	扌(재방변)/총 7획

一 十 扌 扌 扩 扩 抗

抗　抗　抗　抗

拒	막을 거	扌(재방변)/총 8획

一 十 扌 扌 扩 护 拒 拒

拒　拒　拒　拒

武	호반 무	止(그칠지)/총 8획

一 二 千 千 귺 疒 武 武

武　武　武　武

裝	꾸밀 장	衣(옷의)/총 13획

丨 丬 丬 丬 壯 壯 壯 装 裝 裝 裝 裝 裝

裝　裝　裝　裝

砲	대포 포	石(돌석)/총 10획

一 厂 不 石 石 石 砳 砲 砲 砲

砲　砲　砲　砲

彈	탄알 탄	弓(활궁)/총 15획

一 弓 弓 弓 弓 弓 弓 弭 彈 彈 彈

彈　彈　彈　彈

攻	칠 공	攵(등글월문)/총 7획

一 丁 工 工 圢 攻 攻

攻　攻　攻　攻

擊	칠 격	手(손수)/총 17획

一 一 戸 亘 車 車 軎 軗 軗 毃 擊 擊

擊　擊　擊　擊

爆	불 터질 폭	火(불화)/총 19획

丷 火 灯 炉 炉 炉 熼 熼 爆 爆

爆　爆　爆　爆

破	깨뜨릴 파	石(돌석)/총 10획

一 厂 不 石 石 石 矿 砂 砕 破

破　破　破　破

博	넓을 박	十(열십)/총 12획

一 十 十 忄 忄 忄 博 博 博 博 博 博

博　博　博　博

隱	숨을 은	阝(좌부변)/총 17획

阝 阝 阝 阝 阝 隌 隌 隱 隱 隱 隱 隱

隱　隱　隱　隱

■ 공부할 한자의 모양을 살펴보며 음과 훈을 알아보자.

묶음 5-2

음 ■ 한자를 읽는 소리
아래 한자의 음을 찾아 적고 소리내어 읽어 보자.

― 바탕색과 글자색이 같은 것을 찾아 보자 ―

放	賊	倒	陰
征	謀	略	盜
侵	打	追	伐

도	음	모	도	정	적
벌	추	략	침	타	방

훈 ■ 한자의 뜻 새김
한자의 음을 적고 훈과 함께 외어 보자.

打 칠	倒 넘어질	侵 침노할	略 간략할
陰 그늘	謀 꾀할	盜 도둑	賊 도둑
征 칠	伐 칠	追 쫓을	放 놓을

25

알아보기

■ 한자어와 한자어를 이루는 개별 한자의 뜻을 알아보자.
■ 아래 한자어의 음을 적고 그 뜻을 생각하며 글을 읽어 보자.
■ 공부할 한자의 뜻을 알아보고 필순에 따라 바르게 써 보자.

打倒 [ ] ▶ 때려서 거꾸러뜨림, 쳐서 부수어 버림.

「 일제의 지배하에서 우리의 민족 운동 세력들은,
일제 **打倒**라는 공동 目標를 위해 대한민국
임시 정부를 중심으로 연합 전선을
形成하였다. 아울러 이들은 연합 전선의
形成을 계기로, 대한 민국 임시 정부가
국제 사회로부터 우리 민족의 독립 鬪爭을
대표하는 망명 정부로 公認 받기 위해
노력하는 한편, 군사력에 의한 항일
武裝 鬪爭을 강화해 나갔다. 」

• 目標(목표) • 形成(형성) • 鬪爭(투쟁) • 公認(공인) • 武裝(무장).　＃박해: 못살게 굴어서 해롭게 함.
＊지배: 어떤 사람이나 집단, 조직, 사물 등을 자기의 의사대로 복종하게(그대로 따라서 좇게) 하여 다스림.
＊망명: 혁명 또는 그 밖의 정치적인 이유로 자기 나라에서 박해를 받고 있는 사람이 이를 피하기 위하여 외국으로 몸을 옮김.

打는 '손'을 뜻하는 手(수)＝扌와 '말뚝박는 소리'인
丁(정)을 결합한 것이다.　소리가 나도록 〈두드림〉을
의미한다.

倒는 '사람'을 뜻하는 亻(인)과 '거꾸로'를 뜻하는 到
(도)를 결합한 것이다.　사람이 〈거꾸러짐〉을 의미한
다.

[새김] ▪ 치다, 때리다 ▪ 두드리다 ▪ 공격하다

[새김] ▪ 넘어지다 ▪ 거꾸로 되다 ▪ 망하다

一	十	扌	扩	打
打	打	打	打	
打	打	打	打	

ノ	イ	亻	个	伊	伊	侄	侄	倒	倒
倒	倒	倒	倒						
倒	倒	倒	倒						

새기고 익히기

■ 한자의 뜻을 새기고 그 한자로 이루어진 한자어를 익히자.
- 한자의 뜻을 연결하여 한자어의 뜻을 생각해 보자.
- 한자어의 뜻을 알고 예문을 통해 그 쓰임을 익히자.

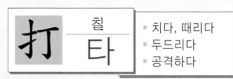

打 칠 타	▪ 치다, 때리다 ▪ 두드리다 ▪ 공격하다

倒 넘어질 도	▪ 넘어지다 ▪ 거꾸로 되다 ▪ 망하다

– 흐리게 나타난 한자어 위에 겹쳐서 쓰고 음을 적어라 –

破 깨뜨릴 파	▪ 깨뜨리다 ▪ 부수다 ▪ 무너지다

打破 [ ]
처서   깨뜨려버림 ▶ 부정적인 규정, 관습 제도 따위를 깨뜨려 버림.

▷ 나라의 발전과 국민의 화합을 가로막는 지역 이기주의를 打破해야 한다.

強 강할 강	▪ 강하다 ▪ 굳세다 ▪ 억지로

強打 [ ]
강하게   침 ▶ 세게 침, 태풍따위가 거세게 들이침을 비유적으로 이르는 말.

▷ 순간 그의 주먹이 내 얼굴을 強打하였다.
▷ 태풍이 남해안을 強打하고 지나갔다.

産 낳을 산	▪ 낳다 ▪ 생산하다 ▪ 재산

倒産 [ ]
망함   재산을 잃고 ▶ 재산을 모두 잃고 망함.

▷ 그 회사는 무리하게 사업을 확장하다가 倒産의 위기에 처하였다.

卒 마칠 졸	▪ 마치다 ▪ 병졸 ▪ 갑자기

卒倒 [ ]
갑자기   쓰러짐 ▶ 갑자기 정신을 잃고 쓰러짐. 또는 그런 일.

▷ 그는 과로로 卒倒한 적이 있다.

한 글자 더

陰 그늘 음	▪ 그늘, 응달 ▪ 그림자 ▪ 남모르게

☆ 언덕의 북쪽에 볕이 가려진 곳에 드리워지는 그늘.

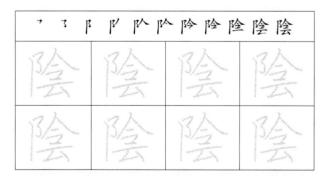

`丶 了 阝 阝 阝 险 除 陰 陰 陰`

陽 볕 양	▪ 볕 ▪ 해 ▪ 양, 양기

陰陽 [ ]
음과   양 ▶ 남녀의 성(性)에 관한 이치, 여러 방면.

▷ 모든 일에는 陰陽이 있게 마련이다.
▷ 결식 아동들을 陰陽으로 도와주신 분.

綠 푸를 록	▪ 푸르다 ▪ 초록빛 ▪ 조개풀

綠陰 [ ]
푸르게 우거 진 나무의   그늘 ▶ 푸른 잎이 우거진 나무나 수풀. 또는 그 나무의 그늘.

▷ 새소리를 들으며 우리는 綠陰이 짙은 숲길을 걸었다.

■ 한자어와 한자어를 이루는 개별 한자의 뜻을 알아보자.
■ 아래 한자어의 음을 적고 그 뜻을 생각하며 글을 읽어 보자.
■ 공부할 한자의 뜻을 알아보고 필순에 따라 바르게 써 보자.

侵略 [　　　] ▶ 남의 나라를 침범하여 땅을 빼앗음.

「 제 2 차 세계 대전은 人命과 財産의 엄청난 損失을 가져왔다. 이러한 전쟁을 되풀이하지 않기 위해서는 강력한 힘을 가진 國際 기구가 있어야겠다는 생각으로 國際연합(UN)을 만들었다. 유엔은 다른 나라를 侵略하는 나라에 대해서는 유엔군을 보내 물리치도록 하였다. 6.25 전쟁 때, 우리나라에 유엔군을 파견한 것도 이 기구의 決定에 따른 것이었다. 오늘날에도 전쟁이 일어난 세계 여러 곳에 평화 유지군을 보내고 있다. 」

• 人命(인명) • 財産(재산) • 損失(손실) • 國際(국제) • 決定(결정).　＊엄청나다: 짐작이나 생각보다 정도가 아주 심하다.
＊파견: 일정한 임무를 주어 사람을 보냄. ＊평화 유지군: 국제 연합에서 평화 유지 활동을 맡고 있는 군대.

𤕿은 소의 몸에 달라붙은 쇠파리(𢏧)를 비로 쓸어내는 (彐) 모습이다.　피를 빠는 쇠파리가 소의 몸을 〈차츰 파고들어 해함〉을 의미한다.

[새김] ▪ 침노하다 ▪ 범하다 ▪ 차츰

ノ	イ	仁	伊	伊	仵	侵	侵
侵	侵	侵	侵				
侵	侵	侵	侵				

略은 '밭(땅)', '사냥하다'는 뜻인 田(전)과 '각각', '여러'를 뜻하는 各(각)을 결합한 것이다.　사냥하듯 이곳저곳 돌아다니며 간단하고 짤막하게 〈약탈함〉을 의미한다.

[새김] ▪ 간략하다 ▪ 계략 ▪ 약탈하다

l	冂	冊	田	田	田'	盼	畋	畋	略	略
略	略	略	略							
略	略	略	略							

새기고 익히기

■ 한자의 뜻을 새기고 그 한자로 이루어진 한자어를 익히자.
■ 한자의 뜻을 연결하여 한자어의 뜻을 생각해 보자.
■ 한자어의 뜻을 알고 예문을 통해 그 쓰임을 익히자.

侵	침노할 침	■ 침노하다 ■ 범하다 ■ 차츰

略	간략할 략	■ 간략하다 ■ 계략 ■ 약탈하다

– 흐리게 나타난 한자어 위에 겹쳐서 쓰고 음을 적어라 –

犯	범할 범	■ 범하다 ■ 어기다 ■ 범죄

侵犯 [　]　▷ 우리의 영해를 侵犯해 조업중이던 중국 어선이 우리 해경에 나포되었다.

침노하여　범함 ▶ 남의 영토나 권리, 재산, 신분 따위를 침노하여 범하거나 해함.

攻	칠 공	■ 치다 ■ 공격하다 ■ 닦다, 다듬다

侵攻 [　]　▷ 아무도 예상하지 못했던 적군의 侵攻을 아군은 신속히 대항하여 격퇴하였다.

침노하여　공격함 ▶ 다른 나라를 침범하여 공격함.

戰	싸움 전	■ 싸움 ■ 전쟁 ■ 경기, 시합

戰略 [　]　▷ 전쟁을 대비해 빈틈 없는 戰略을 수립.
▷ 신세대에게 잘 먹히는 광고 戰略.

전쟁의　계략 ▶ 전쟁을 전반적으로 이끌어가는 방법이나 책략.

簡	대쪽 간	■ 대쪽 ■ 편지 ■ 간략하다

簡略 [　]　▷ 예고편은 영화의 내용을 簡略하게 보여 준다.

간단하게　줄임 ▶ 간단하고 짤막하게 줄임.

한 글자 더

謀	꾀할 모	■ 꾀하다 ■ 모의하다 ■ 꾀, 계책

☆ 일을 물어 의논하다.
꾸미다. 책략을 세우다.

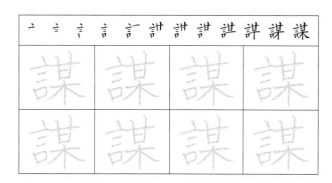

陰	그늘 음	■ 그늘, 응달 ■ 그림자 ■ 남모르게

陰謀 [　]　▷ 그는 자기도 모르는 사이에 범죄의 陰謀 속에 휘말려 들었다.

남모르게　모의함 ▶ 나쁜 목적으로 몰래 흉악한 일을 꾸밈. 또는 그런 꾀.

無	없을 무	■ 없다 ■ 아니하다 ■ 공허하다

無謀 [　]　▷ 그것은 참으로 많은 사람들의 목숨이 내걸린 無謀한 전쟁이었다.

없음　꾀(계책)가 ▶ 앞뒤를 잘 헤아려 깊이 생각하는 신중성이나 꾀가 없음.

알아보기

■ 한자어와 한자어를 이루는 개별 한자의 뜻을 알아보자.
■ 아래 한자어의 음을 적고 그 뜻을 생각하며 글을 읽어 보자.
■ 공부할 한자의 뜻을 알아보고 필순에 따라 바르게 써 보자.

盜賊 [   ] ▶ 도둑,

「 고구려와 백제가 무너진 뒤 정치가 안정된 신라와 당나라 사이에
交流가 활발해지고 장사가 繁昌해지자, 바다에는 이들의 배를 노리는
盜賊들이 나타나 노략질을 하였다. 이를 분하게 여긴 장보고는
신라 왕실에 청하여, 청해진이라는 수군 基地를 設置하고
강한 수군을 길렀다.
장보고는 수군을 거느리고 海賊을
소탕하여 신라 사람들은 물론
일본이나 당나라 상인들도 편안히
항해할 수 있게 하였다. 」

• 交流(교류) • 繁昌(번창): 번화하게 창성함(기세가 크게 일어나 잘 뻗어 나감) • 基地(기지) • 設置(설치) • 海賊(해적)
.* 노략질: 떼를 지어 돌아다니며 사람을 해치거나 재물을 강제로 빼앗는 짓. * 항해: 배를 타고 바다 위를 다님.

盜는 '침을 흘리다' 는 뜻인 次(연)과 물건이 담긴 '그릇' 을 뜻하는 皿(명)을 결합한 것이다. 그릇에 담긴 물건이 욕심나서 〈훔침〉을 의미한다.

[새김] ▪도둑 ▪훔치다 ▪도둑질하다

`	`	冫	氵	沙	汐	次	次	浴	盗	盗	盜
盜		盜		盜		盜					
盜		盜		盜		盜					

賊는 '오랑캐', '병기'를 뜻하는 𢦏…▸戎(융)과 '재물'을 뜻하는 貝…▸貝(패)를 결합한 것이다. 무기로 사람을 해치며 재물을 빼앗는 〈도적〉을 의미한다.

[새김] ▪도적 ▪역적 ▪도둑질하다

∣	冂	冃	目	目	貝	貝	貯	貯	駤	賊	賊
賊		賊		賊		賊					
賊		賊		賊		賊					

30

■ 한자의 뜻을 새기고 그 한자로 이루어진 한자어를 익히자.

　　■ 한자의 뜻을 연결하여 한자어의 뜻을 생각해 보자.

　　■ 한자어의 뜻을 알고 예문을 통해 그 쓰임을 익히자.

盜 도둑 도	■ 도둑 ■ 훔치다 ■ 도둑질하다	賊 도둑 적	■ 도적 ■ 역적 ■ 도둑질하다

– 흐리게 나타난 한자어 위에 겹쳐서 쓰고 음을 적어라 –

用 쓸 용	■ 쓰다 ■ 부리다 ■ 효용 ■ 작용

盜用 [　　] ▷ 유명 상표를 盜用하여 짝퉁을 만들어 판 무리들이 검거되었다.

훔쳐서　쓸 ▶ 남의 물건이나 명의를 몰래 씀.

難 어려울 난	■ 어렵다 ■ 어려운 사정 ■ 나무라다

盜難 [　　] ▷ 우리 차에 盜難 경보 장치를 부착하였다.

도둑을 맞는　재난 ▶ 도둑을 맞는 재난.

聽 들을 청	■ 듣다 ■ 들어주다 ■ 살피다

盜聽 [　　] ▷ 그의 사무실에서 비밀 盜聽 장치가 발견되었다.

훔쳐서　들음 ▶ 남의 이야기, 회의, 통화 따위를 몰래 엿듣거나 녹음하는 일.

海 바다 해	■ 바다 ■ 바닷물 ■ 넓다

海賊 [　　] ▷ 요즘에도 공해상에 海賊이 나타나 우리 화물선을 납치하는 일이 벌어지고 있다.

바다의　도적 ▶ 배를 타고 다니면서, 다른 배를 습격하여 재물을 빼앗는 강도.

한 글자 더

追 쫓을 추	■ 쫓다 ■ 뒤따르다 ■ 내쫓다 ■ 보충하다

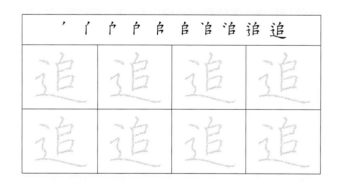

加 더할 가	■ 더하다 ■ 가하다 ■ 가입하다

追加 [　　] ▷ 여기 삼겹살 2인분 追加요!

보충하여　더함 ▶ 나중에 더 보탬.

後 뒤 후	■ 뒤 ■ 나중 ■ 늦다 ■ 뒤떨어지다

追後 [　　] ▷ 그 문제는 追後에 다시 논의하기로 하자.

뒤따라서　나중에 ▶ 일이 지나간 얼마 뒤.

알아보기

征伐 [　　] ▶ 죄 있는 무리를 군대로 쳐서 바로잡음.

「 "조상으로부터 물려받은 국토를 다시 찾아야 할 큰 任務를 내리노니, 한 치의 땅도 내줌이 없이, 北方 야인들을 平定하고 진을 개척하라." 세종 대왕의 命을 받고 地方의 군사권까지 맡은 김종서는 힘이 솟았다.

"장군이 가시는 곳이라면 어디든지 따르겠습니다."

김종서는 훌륭하게 훈련된 그의 부하들을 이끌고 알목하 일대의 여진족을 征伐하여, 옛날의 우리 땅이었던 경원 땅을 되찾았다. 」

• 任務(임무) • 北方(북방) • 平定(평정): 적을 쳐서 자기에게 예속되게(지배나 지휘 아래 매이게) 함. • 命(명) • 地方(지방).
＊야인: 교양이 없고 예절을 모르는 사람. 아무 곳에도 소속되지 않은 채 지내는 사람. ＊일대: 일정한 범위의 어느 지역 전부.

征은 '가다'는 뜻인 彳…彳(척)과 '바로잡다'는 뜻인 龰…正(정)을 결합한 것이다. 어지러운 무리를 다스려 바로잡기 위해 군사를 이끌고 〈가서 침〉을 의미한다.

扗은 날 있는 무기(丁…戈)로 사람(彳…亻)의 목을 베는 모습이다. 목을 〈쳐서 벰〉을 의미한다.

[새김] ▪ 치다 ▪ 정벌하다 ▪ (먼길을)가다

ノ　ノ　彳　彳　行　行　征　征
征　征　征　征
征　征　征　征

[새김] ▪ 치다 ▪ 베다 ▪ 자랑하다

ノ　亻　亻　代　伐　伐
伐　伐　伐　伐
伐　伐　伐　伐

32

새기고 익히기

■ 한자의 뜻을 새기고 그 한자로 이루어진 한자어를 익히자.
■ 한자의 뜻을 연결하여 한자어의 뜻을 생각해 보자.
■ 한자어의 뜻을 알고 예문을 통해 그 쓰임을 익히자.

| 征 칠 정 | ■ 치다 ■ 정벌하다 ■ (먼 길을)가다 |
| 伐 칠 벌 | ■ 치다 ■ 베다 ■ 자랑하다 |

– 흐리게 나타난 한자어 위에 겹쳐서 쓰고 음을 적어라 –

遠 멀 원 ■ 멀다 ■ 멀리하다 ■ 깊다

遠征 [　]
먼 곳으로　치러 감
▷ 축구 대표팀이 일본 遠征 경기에 나섰다.
▶ 먼 곳으로 싸우러 나감. 먼 곳으로 운동 경기 따위를 하러 감.

長 길 장 ■ 길다 ■ 어른 ■ 어두머리 ■ 자라다 ■ 낫다

長征 [　]
긴 거리를 가며　정벌함
▷ 징기스칸은 군사들을 이끌고 몽고 통일을 위한 長征에 나섰다.
▶ 먼 노정에 걸쳐 정벌함.

草 풀 초 ■ 풀 ■ 거칠다 ■ 초를 잡다

伐草 [　]
벰　풀을
▷ 추석이 다가오면 많은 사람들이 조상의 산소를 찾아가서 伐草한다.
▶ 무덤의 풀을 베어서 깨끗이 함.

採 캘 채 ■ 캐다 ■ 취하다 ■ 고르다

伐採 [　]
베고　캠
▷ 무분별한 伐採는 자연 환경 파괴한다.
▶ 나무를 베어 내거나 섶을 깎아 냄.

한 글자 더

放 놓을 방 ■ 놓다 ■ 내놓다 ■ 내치다 ■ 널리 펴다

☆ 구속하고 있던 상태를 풀다.
불을 지르다. 불을 붙이다. 쏘다.

| 丶 亠 亅 方 方 方 放 放 |
| 放 放 放 放 |
| 放 放 放 放 |

追 쫓을 추 ■ 쫓다 ■ 뒤따르다 ■ 내쫓다 ■ 보충하다

追放 [　]
쫓아서　내침
▷ 밀입국자들을 국외로 追放하였다.
▶ 일정한 지역이나 조직 밖으로 쫓아냄.

開 열 개 ■ 열다 ■ 피다 ■ 트이다 ■ 시작하다

開放 [　]
열어　놓음
▷ 방학 동안 학생들에게 박물관을 무료로 開放하기로 하였다.
▶ 문이나 어떠한 공간을 열어 자유롭게 드나들고 이용하게 함.

한자성어

■ 한자 성어에 담긴 함축된 의미를 파악하고 그 쓰임을 익히자.

■ 한자 성어의 음을 적고 그에 담긴 의미와 적절한 쓰임을 익혀라.

破竹之勢

▶ 대를 쪼개는 기세라는 뜻으로, 적을 거침없이 물리치고 쳐들어가는 기세를 이르는 말.

▷ 우리 팀이 결승전에서 상대할 팀은 예선전부터 상대팀을 破竹之勢로 꺾고 올라온 막강한 팀이다.

權謀術數

▶ 목적 달성을 위하여 수단과 방법을 가리지 아니하는 온갖 모략이나 술책.

▷ 그는 실력이 아닌 權謀術數로 높은자리에 올랐으나 결국은 오래가지 못하였다.

好事多魔

▶ 좋은 일에는 흔히 방해되는 일이 많음. 또는 그런 일이 많이 생김.

▷ 好事多魔라 했으니, 좋은 일이 있다고 해서 너무 들뜨지 말고 자랑하지 말아라. 일을 그르칠까 두렵단다.

不可思議

▶ 사람의 생각으로는 미루어 헤아릴 수 없이 이상하고 야릇함.

▷ 잉카문명의 유적인, 해발고도 2430m의 산 정상에 세워진 성곽 도시 마추피추는 세계 제 7대 不可思議 중 하나이다.

異口同聲

▶ 입은 다르나 목소리는 같다는 뜻으로, 여러 사람의 말이 한결같음을 이르는 말.

▷ 그를 아는 모든 사람은 異口同聲으로 그를 칭찬한다.

改過遷善

▶ 지난날의 잘못이나 허물을 고쳐 올바르고 착하게 됨.

▷ 하는짓이 망나니였던 그가 어머니의 유언을 따라 마음잡고 改過遷善하여 지금은 딴 사람이 되었다.

聲	소리 성	■ 소리 ■ 이름 ■ 말하다

土 吉 吉 吉 声 殸 殸 殸 殸 聲 聲 聲

聲　聲　聲　聲

遷	옮길 천	■ 옮기다 ■ 옮겨가다 ■ 바꾸다

一 ㄕ 严 西 西 西 亜 栗 栗 栗 遷 遷 遷

遷　遷　遷　遷

· 파죽지세 · 권모술수 · 호사다마 · 불가사의 · 이구동성 · 개과천선

더 살펴 익히기

■ 한자가 지닌 여러가지 뜻과 한자어를 한 번 더 살펴 익히자.

■ 아래 한자가 지닌 뜻과 그 뜻을 지니는 한자어를 줄로 이어라.

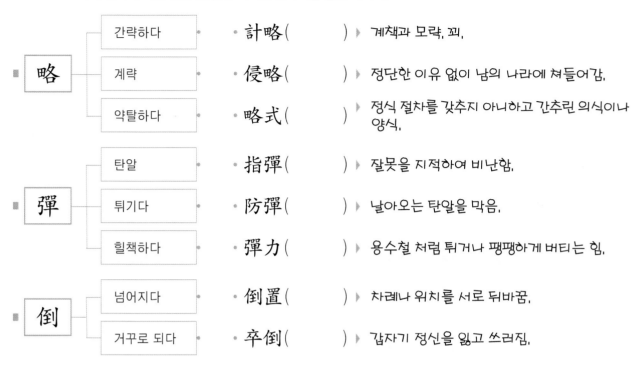

略	간략하다 ·	· 計略( )	▶ 계책과 모략, 꾀.
	계략 ·	· 侵略( )	▶ 정당한 이유 없이 남의 나라에 쳐들어감.
	약탈하다 ·	· 略式( )	▶ 정식 절차를 갖추지 아니하고 간추린 의식이나 양식.

彈	탄알 ·	· 指彈( )	▶ 잘못을 지적하여 비난함.
	튀기다 ·	· 防彈( )	▶ 날아오는 탄알을 막음.
	힐책하다 ·	· 彈力( )	▶ 용수철 처럼 튀거나 팽팽하게 버티는 힘.

倒	넘어지다 ·	· 倒置( )	▶ 차례나 위치를 서로 뒤바꿈.
	거꾸로 되다 ·	· 卒倒( )	▶ 갑자기 정신을 잃고 쓰러짐.

■ [擊]과 비슷한 뜻을 지닌 한자에 모두 ○표 하여라. ⇨ [打 · 討 · 戰 · 攻]

■ [侵]과 비슷한 뜻을 지닌 한자에 ○표 하여라. ⇨ [征 · 酷 · 滅 · 犯]

■ [陰]과 상대되는 뜻을 지닌 한자에 모두 ○표 하여라. ⇨ [黑 · 彩 · 陽 · 光]

■ 아래의 뜻을 지닌 한자성어가 되도록 ( ) 안에 한자를 써 넣고 완성된 성어의 독을 적어라.

▶ 자기 몸을 희생하여 인(仁)을 이룸.	⇨	殺身( )仁	
▶ 쇠귀에 경 읽기라는 뜻으로, 아무리 가르치고 일러 주어도 알아듣지 못함을 이르는 말.	⇨	牛耳( )經	
▶ 마음속에 감추어 참고 견디면서 몸가짐을 신중하게 행동함.	⇨	隱( )自重	
▶ 수많은 싸움을 치른 노련한 장수, 온갖 어려운 일을 많이 겪은 노련한 사람.	⇨	百戰( )將	
▶ 많으면 많을수록 더욱 좋음.	⇨	多多( )善	
▶ 보고 들은 것이 많고 아는 것이 많음.	⇨	多( )博識	

·계략. 침략. 약식 ·지탄. 방탄. 탄력 ·도치. 졸도 / 成 · 讀 · 忍 · 老 · 益 · 聞

어휘력 다지기

■ 공부한 한자로 이루어진 한자어를 익혀 어휘력을 다지자.
■ 글 속 한자어의 음을 적고, 그 뜻과 줄로 잇고, 쓰임을 익히자.

■ 그는 매사에 이해 打算[ ]이 빠르다. ・ ・남의 마음이나 사정을 미리 살펴봄.

■ 그를 만나서 그의 의향을 打診[ ]했어. ・ ・자신에게 도움이 되는지를 따져 헤아림.

■ 반대보다는 찬성 쪽이 壓倒[ ]적이야. ・ ・물구나무서기(거꾸로 서는 동작).

■ 나는 倒立[ ]한 자세로 오래 버텼어. ・ ・보다 뛰어난 힘이나 재주로 남을 눌러 꼼짝 못하게 함.

■ 개인의 자유를 侵害[ ]해서는 안된다. ・ ・적고 변변하지 못하다.

■ 가정집에 도둑이 侵入[ ]하였다네. ・ ・침범하여 해를 끼침.

■ 이거, 선물이 너무 略少[ ]합니다. ・ ・침범하여 들어가거나 들어옴.

■ 긴 설명은 省略[ ]하고 간단히 말해. ・ ・볕이 잘 들지 아니하는 그늘진 곳.

■ 사기꾼의 計略[ ]에 말려들 뻔했다. ・ ・전체에서 일부를 줄이거나 뺌.

■ 陰地[ ]에는 아직도 눈이 남아있구나. ・ ・어떤 일을 이루기 위한 꾀나 수단.

■ 누가 너를 陰害[ ]하고 있는 것 같다. ・ ・어떤 일을 꾀하고 의논함.

■ 그를 골탕 먹일 방법을 謀議[ ]했어. ・ ・드러내지 아니한 채 음흉한 방법으로 남에게 해를 끼침.

■ 그 둘이 범행을 共謀[ ]한 것이란다. ・ ・'공동 모의'를 줄여 이르는 말.

■ 복면을 쓴 强盜[ ]가 은행을 털어? ・ ・산속에 근거지를 두고 드나드는 도둑.

■ 상점을 털었던 盜犯[ ]이 검거되었다. ・ ・폭행이나 협박 따위로 남의 재물을 빼앗는 도둑.

■ 옛날 이야기에 나오는 山賊[ ]의 소굴. ・ ・도둑질 함으로서 성립하는 범죄, 또는 그 범인.

■ 군사를 보내어 오랑케를 討伐[ ]했다. ・ ・행동이나 분위기가 거칠고 무시무시함.

■ 그들은 殺伐[ ]하게 흉기를 휘둘렀어. ・ ・무력으로 쳐 없앰.

■ 터널 안에서는 追越[ ]이 금지됩니다. ・ ・목적을 이룰 때까지 뒤쫓아 구함.

■ 누구나 자신의 행복을 追求[ ]한다. ・ ・뒤에서 따라잡아서 앞의 것보다 먼저 나아감.

■ 내일이면 학기말 시험에서 解放[ ]돼. ・ ・구속이나 억압, 부담 따위에서 벗어나게 함.

・타산・타진・압도・도립・침해・침입・약소・생략・계략・음지・음해・모의・공모・강도・도범・산적・토벌・살벌・추월・추구・해방

■ 한자어가 되도록 □ 안에 공통으로 넣을 한자를 보기에서 찾아 □ 안에 쓰고 , 그 한자어의 음을 적어라.

	⇨	打□	卒□	□産		⇨	戰□	簡□	省□

	⇨	□略	共□	□事		⇨	盜□	海□	山□

	⇨	□木	□草	盜□		⇨	□加	□求	□放

보기

聲 · 放 · 征 · 侵 · 謀 · 賊 · 倒 · 略 · 追 · 打 · 陰 · 盜 · 伐

■ 아래의 뜻을 지닌 한자어가 되도록 위의 보기에서 알맞은 한자를 찾아 □ 안에 써 넣어라.

▶ 야구에서, 배트를 가지고 타석에서 공을 치는, 공격하는 편의 선수.

▷ 첫 □者 가 안타를 치고 출루했다.

▶ 정당한 이유 없이 남의 나라를 쳐들어감.

▷ 우리는 외세의 □略 에 맞서 싸웠다.

▶ 나쁜 목적으로 물래 흉악한 일을 꾸밈.

▷ 그들이 꾸민 □謀 가 모두 드러났다.

▶ 도둑을 맞는 재난.

▷ 요즘 □難 사고가 종종 발생한다.

▶ 먼 곳으로 싸우러 나감.
먼 곳으로 운동 경기 따위를 하러 감.

▷ 해외 遠□ 경기에 나선 야구 대표팀.

▶ 사람의 말소리나 목소리.

▷ 뒤에서 귀에 익은 音□ 이 들려왔다.

▶ 물고기를 기르기 위하여, 어린 새끼 고기를 강물에 놓아 보냄.

▷ 연어 치어를 강물에 □流 하였다.

· 타도. 졸도. 도산 · 전략. 간략. 생략 · 모략. 공모. 모사 · 도적. 해적. 산적 · 벌목. 벌초. 도벌 · 추가. 추구. 추방 / · 타자 · 침략 · 음모 · 도난 · 원정 · 음성 · 방류

되새기기

■ 한자의 음과 훈을 되새기며 필순에 따라 바르게 써 보자.

打 칠 타	扌(재방변)/총 5획
一 一 十 才 打	

倒 넘어질 도	亻(사람인변)/총 10획
丿 亻 亻 仵 佰 佰 倒 倒	

侵 침노할 침	亻(사람인변)/총 9획
丿 亻 亻 伊 伊 侵 侵 侵	

略 다스릴 략. 약	田(밭전)/총 11획
丨 冂 田 田 田 田 畎 畋 略 略	

陰 그늘 음	阝(좌부변)/총 11획
丿 了 阝 阝 阼 阼 陰 陰 陰 陰	

謀 꾀할 모	言(말씀언)/총 16획
二 言 言 言 訮 訮 訮 謀 謀 謀	

盜 도둑 도	皿(그릇명)/총 12획
丶 丶 冫 冫 汁 汏 次 次 盜 盜 盜	

賊 도둑 적	貝(조개패)/총 13획
丨 冂 冃 目 貝 貝 賊 賊 賊 賊 賊	

征 칠 정	彳(두인변)/총 8획
丿 彳 彳 彳 彳 征 征 征	

伐 칠 벌	亻(사람인변)/총 6획
丿 亻 仁 代 伐 伐	

追 쫓을 추	辶(책받침)/총 10획
丿 亻 亻 阜 阜 阜 追 追	

放 놓을 방	攵(등글월문)/총 8획
丶 一 亍 方 放 放 放 放	

聲 소리 성	耳(귀이)/총 17획
士 圭 圭 声 声 殸 殸 聲 聲 聲 聲	

遷 옮길 천	辶(책받침)/총 15획
一 一 一 一 西 西 栗 栗 罨 遷 遷 遷	

■ 공부할 한자의 모양을 살펴보며 음과 훈을 알아보자.

묶음 5-3

음 ■ 한자를 읽는 소리
아래 한자의 음을 찾아 적고 소리내어 읽어 보자.

- 바탕색과 글자색이 같은 것을 찾아 보자 -

免		昇		戒		察	
警		背		降		服	
從		除		巡		叛	

| 항 | 순 | 반 | 종 | 경 | 배 |
| 계 | 면 | 복 | 제 | 찰 | 승 |

훈 ■ 한자의 뜻 새김
한자의 음을 적고 훈과 함께 외어 보자.

服	옷	從	쫓을	背	등	叛	배반할
昇	오를	降	내릴	警	경계할	戒	경계할
免	면할	除	덜	巡	돌	察	살필

알아보기

■ 한자어와 한자어를 이루는 개별 한자의 뜻을 알아보자.
■ 아래 한자어의 음을 적고 그 뜻을 생각하며 글을 읽어 보자.
■ 공부할 한자의 뜻을 알아보고 필순에 따라 바르게 써 보자.

服從 [　　] ▶ 남의 명령 또는 의사에 좇음.

「 젊은이가 老人에게 자리를 양보하는 것은 웃어른에게 무조건 服從 해야 한다는 관습 때문이 아니다. 약하고 힘없는 사람을 보살펴 주는 것은, 사람이 사람답게 살 수 있는 社會를 만드는 美德이기 때문이다. 건강한 젊은이가 병약한 老人에게 자리를 양보하는 것은 책임이나 의무가 아닌 사랑의 表現이다. 」

• 社會(사회) • 美德(미덕): 아름답고 갸륵한 덕행. • 表現(표현). * 병약하다: 병으로 인하여 몸이 쇠약하다.
* 양보: 길이나 자리, 물건 따위를 사양하여(겸손하여 받지 아니하거나 응하지 아니하여) 남에게 미루어 줌.

𦎡은 '관습(질서나 풍습)'을 뜻하는 凵 ⋯ 凡(범)과 '다스리다', '일하다'는 뜻인 𠬝 ⋯ 𠬝 ⋯ 𠬝(복)을 결합한 것이다 나중에 凵이 月(육달월)로 바뀌었다.　규칙이나 관습을 〈좇아서 행함〉을 의미한다.

𣥂은 두 사람이 앞뒤로 나란히 걸어가는 모습이다. 나중에 '가다'는 뜻인 辵 ⋯ (彳 + 止)를 결합하였다. 모시는 사람을 〈좇고 따름〉을 의미한다.

[새김] ▪ 옷, 의복 ▪ 좇다 ▪ 행하다 ▪ 약을 먹다

[새김] ▪ 좇다, 따르다 ▪ 모시다 ▪ 일하다

丿 月 月 月 𦣝 𦣞 服 服

' ㇀ 彳 彳 彳 彳 彳 从 从 從 從

새기고 익히기

■ 한자의 뜻을 새기고 그 한자로 이루어진 한자어를 익히자.
■ 한자의 뜻을 연결하여 한자어의 뜻을 생각해 보자.
■ 한자어의 뜻을 알고 예문을 통해 그 쓰임을 익히자.

服 옷 복	■ 옷, 의복 ■ 좇다 ■ 행하다 ■ 약을 먹다	從 좇을 종	■ 좇다, 따르다 ■ 모시다 ■ 일하다

– 흐리게 나타난 한자어 위에 겹쳐서 쓰고 음을 적어라 –

務 힘쓸 무	■ 힘쓰다 ■ 일 ■ 직무 ■ 힘쓰게 하다	服務 행함　직무를	▷ 삼촌은 군 服務를 마치고 취업 준비를 하고 있다. ▶ 어떤 직무나 일에 힘씀.
韓 한국 한	■ 대한민국의 　약칭 ■ 나라이름	韓服 우리나라　옷	▷ 신랑 신부가 韓服을 곱게 차려입었다. ▶ 우리나라 고유한 옷, 특히 조선 시대에 입던 형태의 옷을 이름.
順 순할 순	■ 순하다 ■ 좋다 ■ 차례, 순서	順從 순순히　따름	▷ 부모님의 온당한 말씀에 順從하는 것은 자식의 도리이다. ▶ 순순히 따름.
追 쫓을 추	■ 쫓다 ■ 뒤따르다 ■ 보충하다	追從 뒤를 따라서　좇음	▷ 많은 지식인들이 물질 중심의 서구 문명에 대한 맹목적 追從을 비판하고 있다. ▶ 남의 뒤를 따라서 좇음. 아첨하여 좇음.

한 글자 더

昇 오를 승	■ 오르다 ■ 지위가 오르다 ■ 죽다

☆ 해가 오르다. 높은 곳에 오르다.
　벼슬 지위 등이 오르다.

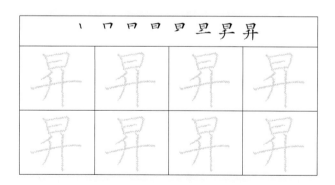

丿 ｢ 厂 冃 目 昌 垦 昇 昇

進 나아갈 진	■ 나아가다 ■ 오르다	昇進 지위가　오름	▷ 아내는 남편의 昇進 소식에 기쁨을 감추지 못했다. ▶ 직위나 계급이 오름.
級 등급 급	■ 등급 ■ (자리나 계급 　따위의) 차례	昇級 오름　등급이	▷ 오는 일요일에 태권도 昇級 심사가 있다. ▶ 급수나 등급이 오름.

41

알아보기

■ 한자어와 한자어를 이루는 개별 한자의 뜻을 알아보자.
■ 아래 한자어의 음을 적고 그 뜻을 생각하며 글을 읽어 보자.
■ 공부할 한자의 뜻을 알아보고 필순에 따라 바르게 써 보자.

背叛 [ ] ▶ 믿음과 의리를 저버리고 돌아섬.

「 우리는 모두 나라를 사랑한다. 어느 누구든
이 나라를 背信하였을 때 우리는 서슴지 않고
그것을 가장 큰 罪惡으로 여길 것이며,
또 나라를 위하여 자기 自身을
희생하는 사람에게는 찬사와
尊敬을 보낼 것이다. 우리가 이처럼
나라를 사랑하는 까닭은 明白하다.
그것은 이 나라가 우리 모두 함께
살아가야 할 터전이기 때문이다. 」

• 罪惡(죄악) • 自身(자신) • 尊敬(존경) • 明白(명백). ＊서슴지: 어떤 행동을 선뜻 결정하지 못하고 머뭇거리며 망설이다.
＊찬사: 칭찬하거나 찬양하는(아름답고 훌륭함을 크게 기리고 드러내는) 말이나 글. ＊터전: 자리를 잡은 곳. 살림의 근거지가 되는 곳.

背는 두 사람이 서로 등지고 서 있는 모습이다. 나중에
'몸'을 뜻하는 夕…月(육달월)을 결합하였다.   서로
돌아서서 〈등짐〉을 의미한다.

[새김] ▪ 등 ▪ 뒤 ▪ 저버리다

ㅣ ㅑ ㅑ ㅋ ㅋ 北 北 背 背 背
背	背	背	背
背	背	背	背

叛은 '반으로 가름'을 뜻하는 半(반)과 '반대하다',
'등지다'는 뜻인 反(반)을 결합한 것이다.   서로 갈라
서서 〈등지고 돌아섬〉을 의미한다.

[새김] ▪ 배반하다 ▪ 어긋나다 ▪ 달아나다

′ ″ ″ ″ ⸗ 半 半 扚 叛 叛
叛	叛	叛	叛
叛	叛	叛	叛

새기고 익히기

■ 한자의 뜻을 새기고 그 한자로 이루어진 한자어를 익히자.
- 한자의 뜻을 연결하여 한자어의 뜻을 생각해 보자.
- 한자어의 뜻을 알고 예문을 통해 그 쓰임을 익히자.

背 등 배
- 등
- 뒤
- 저버리다

叛 배반할 반
- 배반하다
- 어긋나다
- 달아나다

- 흐리게 나타난 한자어 위에 겹쳐서 쓰고 음을 적어라 -

景 볕 경
- 볕, 햇볕
- 경치, 풍치
- 상서롭다

背景 (뒤쪽의 경치)
▷ 바다를 背景으로 사진을 찍었다.
▷ 미래 세계를 背景으로 한 공상 과학 영화.
▶ 뒤쪽의 경치. 사건이나 환경, 인물 따위를 둘러싼 주위 정경.

信 믿을 신
- 믿다
- 통신
- 소식

背信 (저버림 믿음을)
▷ 무엇보다 그는 믿었던 사람에게 背信당한 것이 매우 분했다.
▶ 믿음이나 의리를 저버림.

違 어긋날 위
- 어긋나다
- 어기다
- 다르다

違背 (어김 저버리고)
▷ 자유로운 의사 표현을 탄압하는 것은 민주주의 정신에 違背되는 것이다.
▶ 법률, 명령, 약속 따위를 지키지 않고 어김.

軍 군사 군
- 군사
- 군대
- 진치다

叛軍 (배반하는 군대)
▷ 叛軍이 진압군에게 쫓기고 있었다.
▶ 반란을 일으키는 군대.

한 글자 더

降 내릴 강
- 내리다
- 떨어지다
- 항복하다

☆ 높은 곳에서 낮은 곳으로 옮다.
적에게 굴복하다. 적을 굴복시키다.

(필순) 7 3 阝 阝' 阝ク 阝夂 阝夅 陉 降

降	降	降	降
降	降	降	降

投 던질 투
- 던지다
- 넣다
- 가담하다

投降 (가담함 항복하여)
▷ 경찰 특공대의 포위망에 갇힌 테러범들은 더 이상의 저항을 포기하고 投降하였다.
▶ 적에게 항복함.

雪 눈 설
- 눈
- 희다
- 씻다

降雪 (내림 눈이)
▷ 겨울에는 降雪로 인한 교통 사고에 미리 대비해야 한다.
▶ 눈이 내림. 또는 그 눈.

알아보기

■ 한자어와 한자어를 이루는 개별 한자의 뜻을 알아보자.
■ 아래 한자어의 음을 적고 그 뜻을 생각하며 글을 읽어 보자.
■ 공부할 한자의 뜻을 알아보고 필순에 따라 바르게 써 보자.

警戒 ☐ ▶ 뜻밖의 사고가 생기지 않도록 조심하여 단속함.

「 6·25 때는 外敵과 싸운 것이 아니라 우리 민족끼리 싸웠습니다. 그러나, 解決된 것은 하나도 없었습니다. 오히려 不信과 警戒심만 커졌을 뿐입니다. 이제 남과 북은 또다시 싸워서는 안 됩니다. 싸우지 않으려면, 對話를 통해서 서로 意見 차이를 좁혀 나가야 합니다. 서로가 믿게 되기까지는 많은 어려움이 있겠지만, 어렵다고 이를 포기해서는 안 될 것입니다. 」

• 外敵(외적) • 解決(해결) • 不信(불신) • 對話(대화) • 意見(의견).
* 차이: 서로 같지 아니하고 다름. * 포기: 하던 일을 도중에 그만두어 버림. 자기의 권리나 자격, 물건 따위를 내던져 버림.

警은 '잡도리하다', '삼가다'는 뜻인 敬(경)과 '말하다', '헤아리다'는 뜻인 言(언)을 결합한 것이다. 삼가고 조심하도록 〈미리 알려서 일깨움〉을 의미한다.

[새김] ▪ 경계하다 ▪ 깨우다 ▪ 경비

| ` | ´ | ⺅ | 芍 | 芍 | 苟 | 莤 | 敬 | 敬 | 警 | 警 | 警 |

警	警	警	警
警	警	警	警

戒은 두 손 (⺕…廾)으로 창과 같은 무기 (十…戈)를 잡고 있는 모습이다. 잘못되지 않도록 무기를 들고 〈경계하며 지킴〉을 의미한다.

[새김] ▪ 경계하다 ▪ 지키다 ▪ 타이르다

| 一 | 二 | 亍 | 开 | 戒 | 戒 | 戒 |

戒	戒	戒	戒
戒	戒	戒	戒

새기고 익히기

■ 한자의 뜻을 새기고 그 한자로 이루어진 한자어를 익히자.
■ 한자의 뜻을 연결하여 한자어의 뜻을 생각해 보자.
■ 한자어의 뜻을 알고 예문을 통해 그 쓰임을 익히자.

警 경계할 경	■ 경계하다 ■ 깨우다 ■ 경비	戒 경계할 계	■ 경계하다 ■ 지키다 ■ 타이르다

― 흐리게 나타난 한자어 위에 겹쳐서 쓰고 음을 적어라 ―

告 고할 고	■ 고하다 ■ 알리다 ■ 고발하다

警告 [　] ▷ 그는 접근하지 말라는 警告를 무시하고 가까이 다가가려고 했다.

일깨움　알리어 ▶ **조심하거나 삼가도록 미리 주의를 줌, 또는 그 주의,**

護 보호할 호	■ 보호하다 ■ 지키다 ■ 돕다

警護 [　] ▷ 우리나라를 방문하는 외국 국가 원수의 警護에 경찰이 신경을 곤두세우고 있다.

경계하고　보호함 ▶ **위험한 일이 일어나지 않도록 미리 조심하고 보호함,**

律 법칙 률	■ 법칙 ■ 계율 ■ 가락 ■ 정

戒律 [　] ▷ 수도원은 종교적 戒律이 엄격하다.

지켜야 할　법칙 ▶ **지켜야 할 규범,**

破 깨뜨릴 파	■ 깨뜨리다 ■ 부수다 ■ 무너지다

破戒 [　] ▷ 젊은 수도승은 자신의 욕망을 다스리지 못하여 결국 破戒했다.

깨뜨림　계율을 ▶ **계(戒)를 받은 사람이 그 계율을 어기고 지키지 아니함,**

한 글자 더

巡 돌 순	■ 돌다 ■ 두루 ■ 돌아보다

☆ 임금이 그 영토 안을 돌다.
　벼슬아치가 그 관할 구역 안을 돌아보다.

〈 〈〈 〈〈〈 〈〈〈 〈〈〈 巡 巡

視 볼 시	■ 보다 ■ 살펴보다 ■ 여기다

巡視 [　] ▷ 부대장이 장병들의 숙소를 巡視하였다.

돌아다니며　살펴봄 ▶ **돌아다니며 사정을 보살핌, 또는 그런 사람,**

警 경계할 경	■ 경계하다 ■ 깨우다 ■ 경비

巡警 [　] ▷ 신고를 받고 출동한 巡警이 난동을 부리던 청년을 끌고 갔다.

돌아다니며　경계함 ▶ **돌아다니며 경계함, 경찰 공무원 계급의 하나,**

45

알아보기

■ 한자어와 한자어를 이루는 개별 한자의 뜻을 알아보자.
■ 아래 한자어의 음을 적고 그 뜻을 생각하며 글을 읽어 보자.
■ 공부할 한자의 뜻을 알아보고 필순에 따라 바르게 써 보자.

免除 [　　] ▶ 책임이나 의무를 지우지 아니함.

「 나라에서는 가난한 사람들에게 생활에 필요한 것을 보태어
주거나 稅金, 학비, 의료비 등을 免除하여 어려움을 덜어준다.
한편, 依支할 곳 없는 노인이나 어린이를 위하여 養老院과
고아원을 만들기도 하고, 몸이 자유롭지 못한 신체
장애인을 위해서 특수한 施設이나
특수 학교를 만들기도 한다.
이러한 복지 정책에 쓰이는
돈은 국민의 稅金이나 뜻있는
사람들의 寄附金으로 마련된다. 」

• 稅金(세금) • 依支(의지) • 養老院(양로원) • 施設(시설) • 寄附金(기부금). ＊학비: 공부하며 학문을 닦는 데 드는 비용.
＊의료비: 병을 치료하는 데 드는 돈. ＊복지: 행복한 삶. ＊정책: 정치적 목적을 실현하기 위한 방책(방법과 꾀를 아울러 이르는 말).

𠂤은 사람(儿)이 망건(𠆢)만을 두른 모습이다. 머리카
락이 흘러내리지 않도록 하는 망건만 두르고 신분을 나
타내는 관(冠)을 쓰지 않은 것이다.　관을 벗었음. 즉,
관직을 〈면하였음〉을 의미한다.

[새김] ▪면하다 ▪벗어나다 ▪허가하다

⼃ ⼃ ⼃ ⼃ ⼃ ⼃ 免			
免	免	免	免
免	免	免	免

除는 '언덕'을 뜻하는 𨸏 ⋯ 阝(부)와 '나머지'를 뜻하
는 佘 ⋯ 余(여)를 결합한 것이다.　언덕진 곳을 오르
내릴 때 발을 디딜 수 있도록 일부분을 떼어낸 통나무 사
다리 처럼, 일부분을 〈떼어냄〉을 의미한다.

[새김] ▪덜다 ▪없에다 ▪떼어 내다 ▪나누다

⼁ ⼃ 阝 阝 阶 阶 阶 除 除			
除	除	除	除
除	除	除	除

새기고 익히기

■ 한자의 뜻을 새기고 그 한자로 이루어진 한자어를 익히자.
■ 한자의 뜻을 연결하여 한자어의 뜻을 생각해 보자.
■ 한자어의 뜻을 알고 예문을 통해 그 쓰임을 익히자.

免 면할 면	■ 면하다 ■ 벗어나다 ■ 허가하다	除 덜 제	■ 덜다 ■ 없애다 ■ 떼어내다 ■ 나누다

– 흐리게 나타난 한자어 위에 겹쳐서 쓰고 음을 적어라 –

許 허락할 허	■ 허락하다 ■ 들어주다 ■ 바라다

免許 [   ]
허가하다 / 허락하다 ▷ 그는 두 번 만에 운전 免許 시험에 합격했다.
▶ 특정한 일을 할 수 있는 공식적인 자격을 행정기관이 허락함.

稅 세금 세	■ 세금, 조세 ■ 징수하다 ■ 세내다

免稅 [   ]
면제함 / 세금을 ▷ 수출을 장려하기 위하여 수출품 생산에 필요한 원자재 수입에는 免稅하고 있다.
▶ 세금을 면제함.

解 풀 해	■ 풀다 ■ 가르다 ■ 이해하다

解除 [   ]
풀어 / 없앰 ▷ 우려하였던 태풍이 우리나라를 비켜 가자 태풍 경보가 解除되었다.
▶ 묶인 것이나 행동에 제약을 가하는 것 따위를 풀어 없앰.

雪 눈 설	■ 눈 ■ 희다 ■ 씻다

除雪 [   ]
치워 없앰 / 눈을 ▷ 폭설로 교통이 마비되자 除雪 작업을 서두르고 있다.
▶ 쌓인 눈을 치움. 또는 그런 일.

한 글자 더

察 살필 찰	■ 살피다 ■ 조사하다 ■ 자세하다

☆ 주의하여 보다. 생각하여 보다. 살펴서 알다.
어떤 현상을 잘 따지어 조사하다.

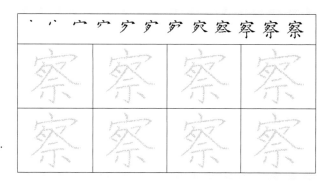

丶 丷 宀 宀 灾 灾 灾 灾 窓 寥 察 察

巡 돌 순	■ 돌다 ■ 두루 ■ 돌아보다

巡察 [   ]
돌아다니며 / 살핌 ▷ 경비원이 손전등을 비추면서 巡察을 돌고 있었다.
▶ 여러 곳을 돌아다니며 사정을 살핌.

檢 검사할 검	■ 검사하다 ■ 단속하다 ■ 조사하다

檢察 [   ]
검사하여 / 살핌 ▷ 檢察이 그 사건의 수사에 나섰다.
▶ 검사하여 살핌. 범죄를 수사하고 그 증거를 모으는 일. 검찰청.

어휘력 다지기

■ 공부한 한자로 이루어진 한자어를 익혀 어휘력을 다지자.
■ 글 속 한자어의 음을 적고, 그 뜻과 줄로 잇고, 쓰임을 익히자.

■ 외출하려고 衣服 을 갈아 입었어요. • • 약을 먹음,

■ 열이 심하면 해열제를 服用 하여라. • • 힘이 모자라서 복종함,

■ 그들의 강압에 결코 屈服 하지 마라. • • 옷,

■ 그의 服裝 은 등산복 차림이었어. • • 남의 뒤를 따라서 좇음,

■ 너의 주관 없이 남을 追從 하지마라. • • 옷차림(옷을 차려입은 모양),

■ 그런 나쁜 무리와 相從 하면 안돼. • • 위반(법률, 명령, 약속 따위를 지키지 않음),

■ 그것은 교통 법규를 違背 하는 행동. • • 서로 따르며 친하게 지냄,

■ 그 사건의 背後 에 숨겨진 사실들. • • 배반을 꾀함, 국가나 군주의 전복을 꾀함,

■ 謀反 에 가담한 무리를 처형했다. • • 어떤 대상의 뒤쪽, 어떤 일의 드러나지 않은 이면,

■ 물가 上昇 은 서민들에게 부담된다. • • 하강, 온도나 혈압, 기압 따위가 낮아짐,

■ 적이 降伏 할 때까지 공격하여라. • • 낮은 데서 위로 올라감,

■ 기온 降下 로 난방기구 판매가 급증. • • 적이나 상대편의 힘에 눌리어 굴복함(降服),

■ 警察 이 범행의 용의자를 추적 중. • • 타일러서 잘못이 없도록 주의를 줌, 또는 그런 말,

■ 경찰이 그를 밀착 警護 하고 있었어. • • 경계하여 살핌, 경찰관(경찰 공원원을 이르는 말),

■ 선생님이 지각한 학생들을 訓戒 . • • 위험한 일이 일어나지 않도록 미리 조심하고 보호함,

■ 장학생에게 등록금을 減免 해 준다. • • 어떤 일이나 책임을 꾀를 써서 벗어남,

■ 나에게 위기를 謀免 할 묘책이 있다. • • 매겨야 할 부담 따위를 덜어 주거나 면제함,

■ 잔디밭 잡초 除去 작업을 하였다네. • • 없에 버림,

■ 수학을 除外 한 모든 과목이 우수해. • • 의사가 여러 방법으로 환자의 병이나 증상을 살핌,

■ 큰 병원에 가서 診察 을 받아보세요. • • 따로 떼어 내어 한데 헤아리지 않음,

■ 다정하게 부르는 音聲 이 들려왔다. • • 사람의 목소리나 말소리,

· 의복 · 복용 · 굴복 · 복장 · 주종 · 상종 · 위배 · 배후 · 모빈 · 상승 · 항복 · 강하 · 경찰 · 경호 · 훈계 · 감면 · 모면 · 제거 · 제외 · 진찰 · 음성

■ 한자어가 되도록 □ 안에 공통으로 넣을 한자를 보기에서 찾아 □ 안에 쓰고, 그 한자어의 음을 적어라.

		衣□	□從	□用			□景	□信	違□

		□伏	下□	□雨			□戒	□告	□察

		□許	減□	□除			視□	檢□	診□

보기

昇·背·除·遷·從·警·免·戒·降·巡·叛·服·察

■ 아래의 뜻을 지닌 한자어가 되도록 위의 보기에서 알맞은 한자를 찾아 □ 안에 써 넣어라.

▶ 옳고 그름을 가리지 않고 남이 시키는 대로 덮어놓고 따름.

▷ 그는 힘센 친구의 말에 盲□ 하였다.

▶ 믿음과 의리를 저버리고 돌아섬.

▷ 그는 결코 背□ 할 사람이 아니란다.

▶ 직위의 등급이나 계급이 오름.

▷ 아버지께서는 이번에 □進 하셨어.

▶ 지켜야 할 규범.

▷ 종교적 □律 을 엄격히 지키고 있다.

▶ 세월의 흐름에 따라 바뀌고 변함.

▷ 우리 식생활에 많은 變□ 가 있었다.

▶ 구성원 명단에서 이름을 빼어 구성원 자격을 박탈함. 또는 그런 행위.

▷ 출석하지 않는 회원을 □名 하였다.

▶ 여러 곳을 돌아다니며 사정을 살핌.

▷ 아파트 경비원이 □察 을 돌고 있다.

· 의복. 복종. 복용 · 배경. 배신. 위배 · 항복. 하강. 강우 · 경계. 경고. 경찰 · 면허. 감면. 면제 · 시찰. 검찰. 진찰 / · 맹종 · 배반 · 승진 · 계율 · 변천 · 제명 · 순찰

■ 한자의 음과 훈을 되새기며 필순에 따라 바르게 써 보자.

| 服 옷 복 | 月(육달월)/총 8획 |
| 從 좇을 종 | 彳(두인변)/총 11획 |

丿 刀 月 月 用 服 服 服

服　服　服　服

' ﾉ 彳 彳 彳 彳 彳 彳 從 從

從　從　從　從

| 背 등 배 | 月(육달월)/총 9획 |
| 叛 배반할 반 | 又(또우)/총 9획 |

丿 亅 扌 北 北 背 背 背

背　背　背　背

' ﾉ 丷 二 半 半 叛 叛 叛

叛　叛　叛　叛

| 昇 오를 승 | 日(날일)/총 8획 |
| 降 내릴 강. 항복할 항 | 阝(좌부변)/총 9획 |

丿 冂 曰 日 旦 异 昇 昇

昇　昇　昇　昇

' ﾅ 阝 阝 阝 隆 隆 隆 降

降　降　降　降

| 警 경계할 경 | 言(말씀언)/총 20획 |
| 戒 경계할 계 | 戈(창과)/총 7획 |

丶 ﾅ 芍 芍 芍 苟 敬 敬 整 警 警

警　警　警　警

一 二 三 开 戒 戒 戒

戒　戒　戒　戒

| 免 면할 면 | 儿(어진사람인발)/총 8획 |
| 除 덜 제 | 阝(좌부변)/총 10획 |

ﾉ 丷 ｸ 各 各 兔 免

免　免　免　免

' ﾅ 阝 阝 阝 阼 除 除 除 除

除　除　除　除

| 巡 돌 순 | 巛(개미허리)/총 7획 |
| 察 살필 찰 | 宀(갓머리)/총 14획 |

く 巛 巛 巛 巡 巡 巡

巡　巡　巡　巡

丶 宀 宀 宀 夘 癶 ??? 宓 察 察 察

察　察　察　察

| 聲 소리 성 | 耳(귀이)/총 17획 |
| 遷 옮길 천 | 辶(책받침)/총 15 획 |

± 声 声 声 殸 殸 殸 殸 聲 聲 聲

聲　聲　聲　聲

一 冂 爫 西 西 西 覀 粟 粟 遷 遷 遷

遷　遷　遷　遷

묶음 5-4

음 ■ 한자를 읽는 소리
아래 한자의 음을 찾아 적고 소리내어 읽어 보자.

– 바탕색과 글자색이 같은 것을 찾아 보자 –

處		葉		紅		園	
建		遺		居		落	
朱		築		族		庭	

건 정 족 원 주 축
처 유 거 락 엽 홍

훈 ■ 한자의 뜻 새김
한자의 음을 적고 훈과 함께 외어 보자.

遺	남길	族	겨레	居	살	處	곳
建	세울	築	쌓을	朱	붉을	紅	붉을
落	떨어질	葉	잎	庭	뜰	園	동산

알아보기

■ 한자어와 한자어를 이루는 개별 한자의 뜻을 알아보자.
■ 아래 한자어의 음을 적고 그 뜻을 생각하며 글을 읽어 보자.
■ 공부할 한자의 뜻을 알아보고 필순에 따라 바르게 써 보자.

遺族 [   ] ▶ 죽은 사람의 뒤에 남은 가족.

「 人類의 歷史에는 많은 戰爭들이 있었다. 이러한
戰爭은 많은 사람들에게 큰 苦痛을 안겨 주었다.
6·25 戰爭은, 같은 민족인 南과 北이
싸웠기 때문에 다른 戰爭보다 더 큰 아픔을
남겼다. 6·25 戰爭의 상처는 지금까지
곳곳에 남아 있다. 戰爭으로 희생된
사람들의 遺族들은 많은 날을 苦痛 속에
살아야 했고, 南北으로 갈라진 가족들은
아직도 만나지 못하고 있다. 」

• 人類(인류) • 歷史(역사) • 戰爭(전쟁) • 苦痛(고통) • 南北(남북).   ＊상처:피해를 입은 흔적. 몸을 다쳐서 부상을 입은 자리.
＊민족:일정한 지역에서 오랜 세월 동안 공동 생활을 하면서 언어와 문화상의 공통성에 기초하여 역사적으로 형성된 사회 집단.

遺는 '가다'는 뜻인 辵(착)=辶과 '귀중하다', '바라
다'는 뜻인 貴(귀)를 결합한 것이다.   떠나가며 귀중한
것이나 바라는 바를 〈남김〉을 의미한다.

[새김] ▪ 남기다, 남다 ▪ 끼치다 ▪ 빠뜨리다

ヽ	口	中	虫	串	聿	肯	昔	貴	潰	潰	遺

遺	遺	遺	遺
遺	遺	遺	遺

⺈은 깃발이 나부끼는 모습인 㫃(언)과 '화살'을
뜻하는 矢(시)를 결합한 것이다.   싸움터에 나가
는 부족이 자기 부족의 표지로 드는 깃발을 나타내는 것
으로 〈겨레〉를 의미한다.

[새김] ▪ 겨레 ▪ 일가, 한집안 ▪ 동류

ヽ	二	方	方	方	方	方	扩	族	族

族	族	族	族
族	族	族	族

새기고 익히기

■ 한자의 뜻을 새기고 그 한자로 이루어진 한자어를 익히자.
■ 한자의 뜻을 연결하여 한자어의 뜻을 생각해 보자.
■ 한자어의 뜻을 알고 예문을 통해 그 쓰임을 익히자.

遺 남길 유	■ 남기다, 남다 ■ 끼치다 ■ 빠뜨리다	族 겨레 족	■ 겨레 ■ 일가, 한집안 ■ 동류

– 흐리게 나타난 한자어 위에 겹쳐서 쓰고 음을 적어라 –

産 낳을 산	■ 낳다 ■ 생산하다 ■ 재산

遺産 [ ]
남겨놓은   재산
▷ 부모의 遺産은 모두 그의 차지였다.
▷ 우리 문화의 최대 遺産은 훈민정음이다.
▶ 죽은 사람이 남겨놓은 재산, 앞세대가 물려준 사물 또는 문화.

物 만물 물	■ 만물 ■ 물건 ■ 사물

遺物 [ ]
남긴   물건
▷ 최근 이 지역에서 선사 시대의 遺物이 다량 출토되었다.
▶ 선대 인류가 후대에 남긴 물건, 유품.

家 집 가	■ 집 ■ 가족 ■ 집안 ■ 전문가

家族 [ ]
집안   일가
▷ 오랜만에 온 家族이 여행을 떠났다.
▶ 혼인으로 맺어지거나, 혈연으로 이루어지는 집단.

親 친할 친	■ 친하다 ■ 가까이하다 ■ 어버이

親族 [ ]
가까운   일가
▷ 이모의 결혼식에 멀리 있는 親族들도 모두들 참석했다.
▶ 촌수가 가까운 일가, 배우자, 혈족, 인척을 통틀어 이르는 말.

한 글자 더

建 세울 건	■ 세우다 ■ 일으키다 ■ 개진하다

☆ 규율, 질서 등을 세우다. 법을 정하다. 바닥에서 위를 향하여 곧게 세우다.

ㄱ ㄱ ㅋ ㅋ ㅋ 聿 聿 建 建

建 建 建 建
建 建 建 建

設 베풀 설	■ 베풀다 ■ 세우다 ■ 설치하다 ■ 설비

建設 [ ]
세우다   베풀어
▷ 댐 建設로 그 마을은 물에 잠기게 되었다.
▶ 건물, 설비, 시설 따위를 새로 만들어 세움.

造 지을 조	■ 짓다 ■ 만들다 ■ 이루다

建造 [ ]
안을 세워   만듦
▷ 국내 최초로 建造한 원자력 잠수함이 진수되었다?
▶ 건물이나 배 따위를 설계하여 만듦.

알아보기

■ 한자어와 한자어를 이루는 개별 한자의 뜻을 알아보자.
■ 아래 한자어의 음을 적고 그 뜻을 생각하며 글을 읽어 보자.
■ 공부할 한자의 뜻을 알아보고 필순에 따라 바르게 써 보자.

居處 ☐ ▶ 일정하게 자리를 잡고 살거나 묵는 곳.

「 일정한 居處 없이 이리저리 떠돌아다니며 占을 치거나 技術

또는 물건을 파는 사람을 '돌팔이'라고 한다. '돌팔이'라는 말은

원래 '돌다'와 '팔다'라는 말이 합쳐져서 이루어진 것으로,

엉터리 技術者, 醫師, 藥師, 무당 따위를 일컫는 말이었다.

돌팔이는 한 곳에 오래 머무르지

않고 떠돌아다니기 때문에 자기의

일에 責任을 지지 않는다. 그래서

일을 대강대강 하게 마련이고,

자연 엉터리가 많다. 」

• 占(점) • 技術者(기술자) • 醫師(의사) • 藥師(약사) • 責任(책임).　*대강대강: 자세하지 않고 적당히 간단하게.
*따위: 앞에 나온 것과 같은 종류의 것들이 더 있음을 나타내는 말. 앞에 나온 대상을 낮잡거나 바람직하지 못한 것으로 이르는 말.

居는 '몸을 엎드리고 손발을 쭉 펴다'는 뜻인 尸(시)와 '오래되다'는 뜻인 古(고)를 결합한 것이다.　오래도록 〈자리잡아 삶〉을 의미한다.

[새김] ▪ 살다 ▪ 자리 잡다 ▪ 거처하는 곳

ㄱ ㄱ 尸 尸 尸 居 居 居
居　居　居　居
居　居　居　居

虝는 '호랑이 같이 무릎을 세우고 앉아 있는 형상'을 뜻하는 ⋯ 虎와 '앉을 때 몸을 기대는 방석'을 뜻하는 几 ⋯ 几(안석 궤)를 결합한 것이다.　자리를 차지하고 앉아 〈머무르는 곳〉을 의미한다.

[새김] ▪ 곳, 처소 ▪ 머무르다 ▪ 처리하다

ㅣ ㅏ ㅑ 广 卢 虍 虍 虍 虍 處 處 處
處　處　處　處
處　處　處　處

새기고 익히기

■ 한자의 뜻을 새기고 그 한자로 이루어진 한자어를 익히자.
■ 한자의 뜻을 연결하여 한자어의 뜻을 생각해 보자.
■ 한자어의 뜻을 알고 예문을 통해 그 쓰임을 익히자.

| 居 살 거 | ■ 살다
■ 자리 잡다
■ 거처하는 곳 | 處 곳 처 | ■ 곳, 처소
■ 머무르다
■ 처리하다 |

– 흐리게 나타난 한자어 위에 겹쳐서 쓰고 음을 적어라 –

| 室 집 실 | ■ 집, 방
■ 거처
■ 아내 | 居室 ⬜ | ▷ 나는 居室에서 텔레비젼을 보고 있었다. |
| | | 거처하는   방 ▶ 가족이 일상 모여서 생활하는 공간, 거처하는 방. | |

| 別 다를 별 | ■ 다르다
■ 나누다   따로
■ 구별하다 | 別居 ⬜ | ▷ 그는 한동안 別居중이던 가족과 다시 합했다. |
| | | 따로   삶 ▶ 부부나 한집안 식구가 따로 떨어져 삶. | |

| 罰 벌할 벌 | ■ 벌하다
■ 벌주다
■ 벌 | 處罰 ⬜ | ▷ 잘못을 했다면 기꺼이 處罰을 받겠다. |
| | | 처리함   벌로 ▶ 형벌에 처함, 또는 그 벌. | |

| 要 요긴할 요 | ■ 요긴하다
■ 요구하다
■ 중요하다 | 要處 ⬜ | ▷ 경비원을 몇몇 要處에 배치하였다. |
| | | 중요한   곳 ▶ 가장 중요한 부분. | |

한 글자 더

| 築 쌓을 축 | ■ 쌓다
■ 다지다
■ 짓다 |

ノ ト ト ゲ ゲ 竹 竹 竹 筑 筑 筑 築 築

☆ 나뭇공이로 다져서 쌓음.

| 建 세울 건 | ■ 새우다
■ 일으키다
■ 개진하다 | 建築 ⬜ | ▷ 요즘에는 주택을 建築할 때 에너지 절약에 많은 관심을 두고 있다. |
| | | 안을 세워   짓는 일 ▶ 구조물을 목적에 따라 설계하여 세우거나 쌓아 만드는 일. | |

| 增 더할 증 | ■ 더하다
■ 늘다
■ 늘리다 | 增築 ⬜ | ▷ 도서관 건물이 2층에서 3층으로 增築될 예정이다. |
| | | 늘리어   지음 ▶ 이미 지어져 있는 건축물에 덧붙여 더 늘리어 지음. | |

알아보기

■ 한자어와 한자어를 이루는 개별 한자의 뜻을 알아보자.
■ 아래 한자어의 음을 적고 그 뜻을 생각하며 글을 읽어 보자.
■ 공부할 한자의 뜻을 알아보고 필순에 따라 바르게 써 보자.

朱紅 [　　　] ▸ 주홍빛.

「 청소를 마치고 차를 마실 때였습니다. 누가 초인종을 눌러서
나가 보니, 옆집에 사는 찬호 어머니셨습니다. 찬호 어머니는
朱紅 빛 펜지 화분을 들고 들어오셨습니다.
　　"은하 어머니, 꽃 市場엔 溫室에서 키운
봄꽃들이 벌써 나왔어요. 은하네 주려고
하나 더 사왔으니 받으세요. 새로 사온
봄이에요."
　　"고마워요, 찬호 어머니."
　　펜지 화분 하나로 우리 집은 갑자기
환해졌습니다. 」

• 市場(시장) • 溫室(온실).　　＊초인종: 사람을 부르는 신호로 울리는 종.

朱는 나무( )에 그 나무의 줄기를 가리키는 표시 ―
가 있는 모습이다.　다른 나무와 달리 붉은 빛을 띠는
주목의 줄기를 가리키는 것으로, 주목 줄기의 〈붉은 빛〉
을 의미한다.

[새김] ▪ 붉다 ▪ 붉은 빛 ▪ 줄기(그루터기)

′ ′ ′ 牛 牛 朱			
朱	朱	朱	朱
朱	朱	朱	朱

紅은 '실', '무명'을 뜻하는 糸(사)와 '일', '만들다'는
뜻의 工(공)을 결합한 것이다.　실이나 천 따위를 붉게
물들이는 데 쓰는 잇꽃(홍화)의 이름으로, 〈붉은 빛〉을 의
미한다.

[새김] ▪ 붉다 ▪ 붉은 모양 ▪ 붉은 빛

′ ′ 幺 幺 争 糸 糸 糽 紅 紅			
紅	紅	紅	紅
紅	紅	紅	紅

새기고 익히기

■ 한자의 뜻을 새기고 그 한자로 이루어진 한자어를 익히자.
　■ 한자의 뜻을 연결하여 한자어의 뜻을 생각해 보자.
　■ 한자어의 뜻을 알고 예문을 통해 그 쓰임을 익히자.

朱 붉을 주	■ 붉다 ■ 붉은 색 ■ 줄기		紅 붉을 홍	■ 붉다 ■ 붉은 모양 ■ 붉은 꽃

－ 흐리게 나타난 한자어 위에 겹쳐서 쓰고 음을 적어라 －

黃 누를 황
■ 누렇다
■ 땅(오행으로)
■ 중앙

朱黃 [　　]
붉고　　누른빛
▷ 빨강 물감에 노랑 물감을 섞으면 朱黃빛 물감이 된다.
▶ 주황빛(빨강과 노랑의 중간 빛).

魚 물고기 어
■ 물고기

紅魚 [　　]
붉은 빛깔의　　물고기
▷ 紅魚를 회쳐서 파, 마늘 깨소금, 참기름을 넣고 초고추장에 버무려 먹었다.
▶ 등은 갈색이고 길이가 1.5미터 정도인 가오릿과의 바다물고기.

眞 참 진
■ 참, 참되다
■ 진실
■ 또렷하다

眞紅 [　　]
또렷한　　붉은빛
▷ 마당에는 眞紅빛 고추를 널어놓고 있었다.
▶ 다홍빛(짙고 산뜻한 붉은빛).

鮮 고울 선
■ 곱다　■ 생선
■ 깨끗하다
■ 싱싱하다

鮮紅 [　　]
곱고 깨끗한　　붉은빛
▷ 사과나무에 탐스럽게 익은 鮮紅빛 사과가 많이 달려 있었다.
▶ 산뜻하고 맑은 붉은빛.

한 글자 더

庭 뜰 정
■ 뜰, 마당
■ 집안
■ 관청

☆ 집 안에 있는 마당.

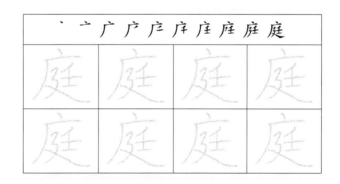

`、 ＾ 广 广 庐 庐 庄 庭 庭 庭`

庭	庭	庭	庭
庭	庭	庭	庭

家 집 가
■ 집　■ 집안
■ 일가(가족)
■ 전문가

家庭 [　　]
한가족이　　생활하는 곳
▷ 여행하던 중 우연히 알게 된 그곳 사람의 家庭에 초대받았다.
▶ 한 가족이 생활하는 집.

法 법 법
■ 법
■ 방법
■ 불교의 진리

法庭 [　　]
법을 다루어 판결하는　　곳(관청)
▷ 나는 法庭에서 그의 결백을 증언하였다.
▶ 법원이 소송 절차에 따라 송사를 심리하고 판결하는 곳.

57

알아보기

■ 한자어와 한자어를 이루는 개별 한자의 뜻을 알아보자.
■ 아래 한자어의 음을 적고 그 뜻을 생각하며 글을 읽어 보자.
■ 공부할 한자의 뜻을 알아보고 필순에 따라 바르게 써 보자.

落葉 [   ] ▶ 나뭇잎이 떨어짐, 또 그 나뭇잎.

「 싸늘한 바람이 코끝을 스쳐 갔다. 나는 목을 한번 움츠렸다가
천천히 길을 걸었다. 기다란 골목길을 돌아 큰 길로 나왔다.
길 옆에 있는 플라타너스에서 떨어진 이파리들이 바닥에
흩어져 있었다. 발끝에서
바시락거리는 소리가 났다.
나는 落葉을 툭툭찼다.
가지가 드러난 나무들이
한 줄로 늘어선 길을 따라
계속 걸었다. 차들이
빠른 速度로 오갔다. 」

• 速度(속도). * 움츠리다: (춥거나 겁울 먹거나 기가 꺽이거나 풀이 죽거나 하여서)몸이나 몸의 일부를 몹시 오그리어 작아지게 하다.

𥁞은 그릇(ㅂ)에 빗물이 떨어지는(𤃠) 모습이다. 나중에 '초목'을 뜻하는 艹를 결합하였다.　빗방울이나 나뭇잎이 〈떨어져 내림〉을 뜻한다.

[새김] ▪떨어지다 ▪버리다 ▪마을

⺀	艹	艹	苎	莎	莎	莎	茨	落	落	落
落	落	落	落							
落	落	落	落							

枼은 나무(木)의 가지에 맺힌 겨울눈에서 잎이 돋아남(㞕)을 나타낸다. 나중에 艹를 결합하였다.　묵은 가지에서 새로이 돋아나는 〈잎〉을 의미한다.

[새김] ▪잎, 잎사귀 ▪세대, 시대 ▪갈래

⺀	艹	艹	苎	芷	苹	苹	葶	葉	葉	葉
葉	葉	葉	葉							
葉	葉	葉	葉							

58

새기고 익히기

■ 한자의 뜻을 새기고 그 한자로 이루어진 한자어를 익히자.
　■ 한자의 뜻을 연결하여 한자어의 뜻을 생각해 보자.
　■ 한자어의 뜻을 알고 예문을 통해 그 쓰임을 익히자.

落 떨이질 락	■ 떨어지다 ■ 버리다 ■ 마을	葉 잎 엽	■ 잎, 잎사귀 ■ 세대, 시대 ■ 갈래

– 흐리게 나타난 한자어 위에 겹쳐서 쓰고 음을 적어라 –

急 급할 급	■ 급하다 ■ 긴요하다 ■ 빠르다 ■ 갑자기

急落 □ ▷ 부동산 경기 침체로 주택값이 急落하였다.
갑자기　떨어짐 ▶ 물가나 시세 따위가 갑자기 떨어짐.

望 바랄 망	■ 바라다 ■ 기대하다 ■ 바라보다

落望 □ ▷ 지원했던 대학에 불합격 소식을 들은 오빠의 얼굴에는 落望한 기색이 역력하였다.
떨어져 버림　바램이 ▶ 희망을 잃음.

紅 붉을 홍	■ 붉다 ■ 붉은 모양 ■ 붉은 빛

紅葉 □ ▷ 신록이 푸르를 때 봄을 느끼고, 紅葉이 짙어질 때 가을을 느낀다.
붉은　잎 ▶ 붉은 잎, 붉게 물든 단풍잎.

末 끝 말	■ 끝, 마지막 ■ 하찮은 ■ 가루

末葉 □ ▷ 19세기 末葉에 세계 여러 나라에 많은 일들이 있었다.
마지막 부분　한 시대의 ▶ 어떤 시대를 셋으로 나눌 때 그 마지막 부분을 이르는 말.

한 글자 더

園 동산 원	■ 동산 ■ 뜰 ■ 밭

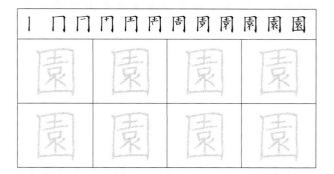

丨 冂 冂 冃 冃 冐 周 周 圉 圉 園 園

☆ 주로 과실 나무를 심은 밭.

庭 뜰 정	■ 뜰, 마당 ■ 집안 ■ 관청

庭園 □ ▷ 그 집의 庭園에는 장미꽃이 활짝 피어 있었다.
마당과　뜰 ▶ 집안에 있는 뜰이나 꽃밭.

農 농사 농	■ 농사 ■ 농부 ■ 농사짓다

農園 □ ▷ 우리는 화훼 農園에 들러 잘 가꾸어 놓은 여러 가지 꽃들을 구경했다.
농사짓는　뜰과 밭 ▶ 주로 원예 작물을 심어 가꾸는 농장.

한자성어

■ 한자 성어에 담긴 함축된 의미를 파악하고 그 쓰임을 익히자.

■ 한자 성어의 음을 적고 그에 담긴 의미와 적절한 쓰임을 익혀라.

類	類	相	從

▶ 같은 무리끼리 서로 사귐.

▷ 類類相從이라더니, 고만고만한 녀석들끼리 모였구나.

豪	言	壯	談

▶ 호기롭고 자신있게 말함. 또는 그 말.

▷ 양 팀의 감독들은 서로 자기팀이 절대로 지지 않을 것이라고 豪言壯談했다.

虛	張	聲	勢

▶ 실속은 없으면서 큰소리치거나 허세를 부림.

▷ 그의 말과 행동이 虛張聲勢인지 아닌지는 두고 보면 알 일이다.

一	罰	百	戒

▶ 한 사람을 벌주어 백 사람을 경계한다는 뜻으로, 다른 사람에게 경각심을 불러일으키기 위하여 본보기로 한 사람에게 엄한 처벌을 하는 일을 이르는 말.

▷ 앞으로 학교 폭력은 一罰百戒로 엄하게 다스리기로 했다.

金	枝	玉	葉

▶ 금으로 된 가지와 옥으로 된 잎이라는 뜻으로, 임금의 가족을 높여 이르는 말. 귀한 자손을 이르는 말.

▷ 그 집은 하나뿐인 딸아이를 金枝玉葉으로 귀하게 키웠다.

畫	蛇	添	足

▶ 뱀을 다 그리고 나서 있지도 아니한 발을 덧붙여 그려 넣는다는 뜻으로, 쓸데없는 군짓을 하여 도리어 잘못되게 함을 이르는 말. 줄여서 사족(蛇足)이라고 한다.

▷ 너의 변명은 그것으로 끝내라. 더이상 하면 蛇足이 된다.

(초목의)가지
■ 팔다리
■ 버팀목

■ 더하다
■ 보태다
■ 덧붙이다

· 유유상종 · 호언장담 · 허장성세 · 일벌백계 · 금지옥엽 · 화사첨족

더 살펴 익히기

■ 한자가 지닌 여러가지 뜻과 한자어를 한 번 더 살펴 익히자.

■ 아래 한자가 지닌 뜻과 그 뜻을 지니는 한자어를 줄로 이어라.

옷, 입다 ·	· 服從( )▶ 남의 명령이나 의사를 그대로 따라서 좇음.
服 좇다, 따르다 ·	· 韓服( )▶ 우리나라의 고유한 옷.
약을 마시다 ·	· 服用( )▶ 약을 먹음.
등, 뒤 ·	· 背後( )▶ 등의 뒤, 어떤 일의 드러나지 않은 이면.
背 저버리다 ·	· 背反( )▶ 믿음과 의리를 저버리고 돌아섬.
내리다(강) ·	· 降伏( )▶ 적이나 상대편의 힘에 눌리어 굴복함.
降 항복하다(항) ·	· 降雨( )▶ 비가 내림. 또는 그 비.
곳 ·	· 善處( )▶ 형편에 따라 잘 처리함.
處 처리하다 ·	· 出處( )▶ 사물이나 말 따위가 생기거나 나온 근거.

■ [朱]와 비슷한 뜻을 지닌 한자에 모두 ○표 하여라. ⇨ [紅 · 黃 · 赤 · 丹]

■ [昇]과 상대되는 뜻을 지닌 한자에 ○표 하여라. ⇨ [上 · 乘 · 降 · 倒]

■ 아래의 뜻을 지닌 한자성어가 되도록 ( ) 안에 한자를 써 넣고 완성된 성어의 독을 적어라.

▶ 입은 다르나 <u>목소리</u>는 같다는 뜻으로, 여러 사람의 말이 한결같음을 이르는 말.	⇨ 異口同( )	
▶ 대를 <u>쪼개는</u> 기세라는 뜻으로, 적을 거침없이 물리치고 쳐들어가는 기세를 이르는 말.	⇨ ( )竹之勢	
▶ <u>좋은</u> 일에는 흔히 방해되는 일이 많음. 또는 그런 일이 많이 생김.	⇨ ( )事多魔	
▶ 목적 달성을 위하여 수단과 방법을 가리지 아니하는 온갖 <u>모략</u>이나, 술책.	⇨ 權( )術數	
▶ 사람의 <u>생각</u>으로는 미루어 헤아릴 수 없이 이상하고 야릇함.	⇨ 不可( )議	
▶ 지난날의 잘못이나 허물을 고쳐 올바르고 <u>착하게</u> 됨.	⇨ 改過遷( )	

· 복종. 한복. 복용 · 배후. 배반 · 항복. 강우 · 선처. 출처 / 聲 · 破 · 好 · 謀 · 思 · 善

어휘력 다지기

■ 가족들은 할아버지 [遺言   ]을 따랐다. • • 물려받아 내려옴, 또는 그렇게 전해짐,

■ 곱슬머리는 자식에게 [遺傳   ]된다. • • 같은 조상으로부터 갈려 나온 친족,

■ 또다시 [同族   ]간에 전쟁은 없어야 해. • • 죽음에 이르러 말을 남김, 또는 그 말,

■ 우리 집안은 [血族   ]이 많지 않아요. • • 혼자 삶, 또는 홀로 지냄,

■ 국내 [居住   ] 외국인이 늘어 간다. • • 같은 겨레,

■ [獨居   ] 노인들에게 도시락을 제공. • • 주거(일정한 곳에 머물러 삶),

■ 어려운 [處地   ]에 있는 친구를 도왔다. • • 어떤 정세나 사건에 대하여 알맞은 조치를 취함,

■ 두 사람 사이에서 [難處   ]한 입장이다. • • 처하여 있는 사정이나 형편,

■ 상황 변화에 신속히 [對處   ]하도록 해. • • 이럴 수도 없고 저럴 수도 없이 처신하기 곤란함,

■ 학교 도서실 확장을 [建議   ]했다. • • 건물 따위를 새로 만듦, 새로 지음,

■ 태조 이성계는 조선을 [建國   ]하였지. • • 개인이나 단체가 의견이나 희망을 내놓음,

■ [新築   ]한 교사로 우리 교실을 옮겼다. • • 나라가 세워짐, 또는 나라를 세움,

■ 이곳 산성은 고려 때에 [築造   ]되었다. • • 분홍색, 분홍빛(하얀빛을 띤 엷은 붉은빛),

■ 하양에다 빨강을 섞으면 [粉紅   ]이 돼. • • 쌓아서 만듦,

■ 집값이 큰 폭으로 [下落   ]하였다네. • • 당선과 낙선을 아울러 이르는 말,

■ 상을 못 받았다고 [落心   ]하지 마라. • • 값이나 등급 따위가 떨어짐,

■ 적은 표차로 [當落   ]이 결정되었어. • • 바라던 일이 이루어지지 아니하여 마음이 상함,

■ 새로 돋는 [松葉   ]으로 술을 담갔다. • • 학교 마당이나 운동장,

■ 방학중이라 [校庭   ]은 한산하였어요. • • 솔잎(소나무의 잎),

■ [親庭   ] 부모님이 아이를 돌봐 주셔. • • 도시에서 떨어진 시골이나 교외를 이르는 말,

■ 도시를 떠나 [田園   ] 생활을 하려하네. • • 결혼한 여자의 부모 형제 등이 살고 있는 집,

·유언 ·유전 ·동족 ·혈족 ·거주 ·독거 ·처지 ·난저 ·대처 ·선의 ·건국 ·신축 ·축조 ·분홍 ·하락 ·닉심 ·딩락 ·송엽 ·교정 ·친정 ·전원

■ 한자어가 되도록 □ 안에 공통으로 넣을 한자를 보기에서 찾아 □ 안에 쓰고 , 그 한자어의 음을 적어라.

□ ⇨	□産	□言	□傳		□ ⇨	□罰	居□	□身

□ ⇨	建□	增□	□造		□ ⇨	朱□	□松	□葉

□ ⇨	□望	□果	下□		□ ⇨	家□	校□	法□

보기

葉·遺·築·朱·枝·建·處·紅·居·族·庭·落·園

■ 아래의 뜻을 지닌 한자어가 되도록 위의 보기에서 알맞은 한자를 찾아 □ 안에 써 넣어라.

▶ 주로 부부를 중심으로 한, 친족 관계에 있는 사람들의 집단.

▷ 오랜만에 家□ 사진을 찍었다.

▶ 일정한 곳에 머물러 삶, 또는 그런 집 .

▷ 이곳은 住□ 환경이 매우 좋다.

▶ 사람이 들어 살거나, 일을 하거나, 물건을 넣어 두기 위하여 지은 집을 통틀어 이르는 말.

▷ 이곳에 대형 □物 을 세울 계획이다.

▶ 주황색(빨강과 노랑의 중간색).

▷ □黃 빛으로 물든 석양이 아름답다.

▶ 나뭇잎이 떨어짐, 말라서 떨어진 나뭇잎.

▷ 가을이 깊어가니 落□ 이 지는구나.

▶ 집 안에 있는 뜰이나 꽃밭.

▷ 庭□ 이 있는 아담한 집이면 좋겠다.

▶ 식물의 가지와 잎, 본질적이거나 중요하지 아니하고 부차적인 부분.

▷ □葉 적인 문제에 매달리지 말아라.

· 유산. 유언. 유전 · 처벌. 거처. 처신 · 건축. 증축. 축조 · 주홍. 홍송. 홍엽 · 낙망. 낙과. 하락 · 가정. 교정. 법정 / · 가족 · 주거 · 건물 · 주황 · 낙엽 · 정원 · 지엽

■ 한자의 음과 훈을 되새기며 필순에 따라 바르게 써 보자.

遺 남길 유	辶(책받침)/총 16획	族 겨레 족	方(모방)/총 11획

丶口中虫虫串串眚眚貴潰潰遺

丶ᅩ方方方扩扩扩族族

居 살 거	尸(주검시엄)/총 8획	處 곳 처	广(범호엄)/총 11획

フコ尸尸屏居居

丶ᅡ广广卢虍虗虘處處處

建 세울 건	廴(민책받침)/총 9획	築 쌓을 축	竹(대죽)/총 16획

フコョヨ聿聿建建

丿ᅩ竹竹竹竹笁笁箈箈築

朱 붉을 주	木(나무목)/총 6획	紅 붉을 홍	糸(실사)/총 9획

丿ᅩ二牛牛朱

乚幺幺乡糸糸糽紅紅

落 떨어질 락. 낙	艹(초두머리)/총 13획	葉 잎 엽	艹(초두머리)/총 13획

丶ᅩ廾莎莎莎茨落落落

丶ᅩ廾艹茻茻茻葉葉葉葉

庭 뜰 정	广(엄호)/총 10획	園 동산 원	口(큰입구몸)/총 13획

丶ᅳ广广庐庐庐庭庭

丨冂冂円円円周周園園園園

枝 가지 지	木(나무목)/총 획	添 더할 첨	氵(삼수변)/총 11획

一十才木术枋枝枝

丶丶氵氵沪沪沃添添添添

■ 공부할 한자의 모양을 살펴보며 음과 훈을 알아보자,

묶음 5-5

음 ■ 한자를 읽는 소리
아래 한자의 음을 찾아 적고 소리내어 읽어 보자.

- 바탕색과 글자색이 같은 것을 찾아 보자 -

豫		習		推		續	
承		測		繼		誤	
連		報		差		慣	

속 계 오 예 습 추

관 차 측 승 련 보

훈 ■ 한자의 뜻 새김
한자의 음을 적고 훈과 함께 외어 보자.

豫 미리	報 알릴	推 밀	測 헤아릴
誤 그르칠	差 다를	繼 이을	承 이을
習 익힐	慣 익숙할	連 잇닿을	續 이을

알아보기

■ 한자어와 한자어를 이루는 개별 한자의 뜻을 알아보자.
■ 아래 한자어의 음을 적고 그 뜻을 생각하며 글을 읽어 보자.
■ 공부할 한자의 뜻을 알아보고 필순에 따라 바르게 써 보자.

豫報 [　　] ▶ 앞으로 다가올 일을 미리 알림.

「 날씨는 바람, 氣溫, 구름, 비, 눈, 습도 등의 狀態를 통틀어서
가리키는 말입니다. 날씨는 普通 오늘과 내일이 다르고
하루에도 여러 번 바뀌기도 합니다. 그래서 사람들은
일기 豫報를 注意 깊게 듣습니다.
우리가 여행을 가거나 野外 活動을
할 때에도 가장 먼저 걱정하는 것이
날씨입니다. 」

• 氣溫(기온) • 狀態(상태): 사물·현상이 놓여 있는 모양이나 형편. • 普通(보통) • 注意(주의) • 野外(야외)
• 活動(활동). ＊통틀어: 있는 대로 모두 합하여. ＊여행: 일이나 유람할 목적으로 다른 고장이나 외국에 가는 일.

豫는 '미리', '먼저'를 뜻하는 予(예)와 '코끼리', '조
짐(징후)'를 뜻하는 象(상)을 결합한 것이다.   '큰 코끼
리'를 뜻하며, 코끼리들은 죽을 때가 되면 미리 정해진
곳으로 간다는 데서, 〈미리〉를 의미한다.

[새김] ▪미리, 먼저 ▪대비하다 ▪참여하다

⌐	予	予	矛	矛	豫	豫	豫	豫	豫	豫
豫		豫		豫		豫				
豫		豫		豫		豫				

報는 커다란 손(又)이 사람에게 차꼬(수갑)를 채우는
(報) 모습이다.   죄인에게 죄를 갚을 것을 〈알림〉을 의
미한다.

[새김] ▪알리다, 통지 ▪갚다. 갚음 ▪판가름하다

一	十	土	圶	幸	幸	圶	幸	封	報	報	報
報		報		報		報					
報		報		報		報					

■ 한자의 뜻을 새기고 그 한자로 이루어진 한자어를 익히자.
■ 한자의 뜻을 연결하여 한자어의 뜻을 생각해 보자.
■ 한자어의 뜻을 알고 예문을 통해 그 쓰임을 익히자.

豫	미리 예	▪ 미리하다 ▪ 먼저 ▪ 놀다	報	알릴 보	▪ 알리다, 통지 ▪ 갚다, 갚음 ▪ 판가름하다

– 흐리게 나타난 한자어 위에 겹쳐서 쓰고 음을 적어라 –

約	맺을 약	▪ 맺다 ▪ 약속하다 ▪ 줄이다

豫約 〔 〕

미리　　약속함 ▶ 미리 약속 함, 또는 미리 정한 약속,

▷ 제주도행 항공권을 豫約해라.

感	느낄 감	▪ 느끼다 ▪ 감응하다 ▪ 감동하다

豫感 〔 〕

미리　　느낌 ▶ 어떤 일이 일어나기 전에 암시적 또는 본능적으로 미리 느낌,

▷ 좋은 소식이 있을 것 같은 豫感이 든다.

警	경계할 경	▪ 경계하다 ▪ 깨우다 ▪ 경비

警報 〔 〕

경계하도록　　알림 ▶ 태풍,공습 따위의 위험이 닥쳐올 때 경계하도록 미리 알리는 일,

▷ 태풍 警報가 발효되면서 어선들이 정박지로 대피하였다.

答	대답할 답	▪ 대답하다 ▪ 답 ▪ 갚다

報答 〔 〕

갚음　　답하여 ▶ 남의 호의나 은혜를 갚음,

▷ 여러분의 성원에 報答하겠습니다.

한 글자 더

誤	그르칠 오	▪ 그르치다 ▪ 잘못하다 ▪ 헷갈리게 하다

`丶 亠 言 言 言 言 訂 誤 誤 誤 誤`

☆ 도리에 어긋나다. 실수하다, 잘못하다.
　잘못 짚다, 잘못 알다. 그릇된 길로 이끌다.

解	풀 해	▪ 풀다 ▪ 가르다 ▪ 이해하다

誤解 〔 〕

잘못　　이해함 ▶ 그릇되게 해석하거나 뜻을 잘못 앎, 또는 그런 해석이나 이해,

▷ 남들에게 誤解를 받을 만한 행동은 하지 말아라.

過	지날 과	▪ 지나다 ▪ 지나치다 ▪ 잘못, 허물

過誤 〔 〕

허물　　잘못이나 ▶ 부주의나 태만 따위에서 비롯된 잘못이나 허물,

▷ 지난날의 過誤를 진심으로 반성합니다.

■ 한자어와 한자어를 이루는 개별 한자의 뜻을 알아보자.
■ 아래 한자어의 음을 적고 그 뜻을 생각하며 글을 읽어 보자.
■ 공부할 한자의 뜻을 알아보고 필순에 따라 바르게 써 보자.

推測 ☐ ▶ 미루어 생각하여 헤아림.

「 씨름은 먼 옛날부터 행하여 오던 우리의 固有한
민족 競技의 하나로서, 民俗 놀이로 傳해 왔으며,
지금은 당당한 運動 競技 종목이 되었다.
고구려의 옛 무덤에는 씨름하는 모습의
壁畫가 그려져 있다. 이것으로 보아,
씨름은 고구려 때나 그 前부터
시작되었을 것으로 推測된다. 」

• 固有(고유): 본래부터 가지고 있는 특유한(일정한 사물만이 특별히 갖추고 있는) 것. • 競技(경기)
• 民俗(민속) • 傳(전) • 運動(운동) • 壁畫(벽화). * 당당하다: 남 앞에 내세울 만큼 모습이나 태도가 떳떳하다.

推는 '손'을 뜻하는 扌(수)와 '새'를 뜻하는 隹(추)를
결합한 것이다. 손으로 밀치듯 새가 날개짓으로 〈밀어
서 옮겨감〉을 의미한다.

[새김] ▪ 밀다, 밀치다 ▪ 옮다 ▪ 추측하다

一	十	才	扩	扩	扩	扩	拃	拃	推	推
推		推		推		推				
推		推		推		推				

測은 '물'을 뜻하는 氵(수)와 '표준', '모범으로 삼다'
는 뜻인 則(칙)을 결합한 것이다. 표준으로 삼는 그릇
으로 물의 양을 〈헤아림〉을 의미한다.

[새김] ▪ 헤아리다 ▪ 재다 ▪ 측량하다

`	`	氵	汀	汀	沪	浿	浿	測	測	測
測		測		測		測				
測		測		測		測				

■ 한자의 뜻을 새기고 그 한자로 이루어진 한자어를 익히자.
■ 한자의 뜻을 연결하여 한자어의 뜻을 생각해 보자.
■ 한자어의 뜻을 알고 예문을 통해 그 쓰임을 익히자.

推 밀 추	■ 밀다, 밀치다 ■ 옮다 ■ 헤아리다

測 헤아릴 측	■ 헤아리다 ■ 재다 ■ 측량하다

– 흐리게 나타난 한자어 위에 겹쳐서 쓰고 음을 적어라 –

進 나아갈 진	■ 나아가다 ■ 오르다

推進 [   ]
밀고　　나아감
▷ 로켓에는 고성능 推進 장치가 필요하다.
▷ 그 일은 계획대로 推進되고 있겠지?
▶ 물체를 밀어 앞으로 보냄. 목표를 향하여 밀고 나아감.

定 정할 정	■ 정하다 ■ 정해지다 ■ 안정시키다

推定 [   ]
미루어　　정함
▷ 지금까지의 조사로는 화재의 원인이 난로 과열로 推定된다.
▶ 미루어 생각하여 판정함.

量 헤아릴 량	■ 헤아리다 ■ 용량, 양 ■ 도량

測量 [   ]
잼　　용량, 양을
▷ 이 땅의 면적을 정확히 測量하려 한다.
▶ 기기를 써서 물건의 높이, 깊이, 넓이, 방향 따위를 잼.

豫 미리 예	■ 미리, 먼저 ■ 대비하다 ■ 참여하다

豫測 [   ]
미리　　헤아림
▷ 두 팀의 실력이 막상막하여서 결과를 豫測하지 못하겠다.
▶ 미리 헤아려 짐작함.

한 글자 더

差 다를 차	■ 다르다　■ 차이 ■ 어긋나다 ■ 나머지

☆ 일치하지 아니하다, 엇갈리다.
　 어느 수에서 다른 수를 뺀 나머지.

丶　丷　丷　並　苃　苃　差　莠　差

差　差　差　差

差　差　差　差

誤 그르칠 오	■ 그르치다 ■ 잘못하다 ■ 헛갈리게 하다

誤差 [   ]
잘못된　　차이
▷ 우주 로켓 발사에는 한치의 誤差도 허용되지 않는다.
▶ 실제로 셈하거나 측정한 값과 이론적으로 정확한 값과의 차이.

異 다를 이	■ 다르다 ■ 달리하다 ■ 기이하다

差異 [   ]
어긋나고　　다름
▷ 세대에 따라 사고 방식에 差異가 있다.
▶ 서로 같지 아니하고 다름. 또는 그런 정도.

■ 한자어와 한자어를 이루는 개별 한자의 뜻을 알아보자.
■ 아래 한자어의 음을 적고 그 뜻을 생각하며 글을 읽어 보자.
■ 공부할 한자의 뜻을 알아보고 필순에 따라 바르게 써 보자.

繼承 [　　] ▶ 조상의 전통이나 문화유산, 업적 따위를 물려받아 이어 나감.

「 우리가 흔히 범하기 쉬운 잘못은, 국제화 時代에 발맞추기
위해서는 낡은 것은 무조건 버려야 한다고 생각하는 것이다.
그러나 아무리 물질 문명이 發達하고, 국제화의 時代가 열려도,
우리는 우리 傳統 문화의 特性을 외면해서는 안 된다.
오히려 우리의 것을 더욱 發展시키고 꽃피워야
한다. 그 길이 우리 民族의 우수성을
세계에 자랑할 수 있는 길이고,
조상들의 빛나는 얼을 바르게
繼承하는 길이기 때문이다. 」

• 時代(시대) • 發達(발달) • 傳統(전통) • 特性(특성) • 發展(발전) • 民族(민족).　*얼: 정신의 줏대(꿋꿋이 지키는 기질).
*범하다: 잘못을 저지르다. 법률, 도덕, 규칙 따위를 어기다.　*외면하다: 마주치기를 꺼리어 피하거나 얼굴을 돌리다.

𢆶는 '실과 실을 이음'을 나타내는 𢆶과 '둘', '거듭'
의 뜻인 ニ를 결합한 것이다. 나중에 다시 糸를 결합하
였다.　실을 거듭 〈이어나감〉을 의미한다.

[새김] ▪잇다 ▪뒤를 잇다 ▪계속하다

∠	幺	糸	糸'	糸¹'	糸⁴'	糸⁴⁴	糸⁴⁴⁴	糸⁴⁴⁴⁴	糸⁴⁴⁴⁴⁴	糸⁴⁴⁴⁴	繼
繼		繼		繼		繼					
繼		繼		繼		繼					

𠂂은 두 손(𠂂)으로 명을 내릴 때 징표로 삼는 부절
(卩)을 받드는 모습이다.　윗사람의 명이나 뜻을 〈받아
들임〉을 의미한다.

[새김] ▪잇다 ▪받들다 ▪받아들이다

㇇	了	孑	孑	承	承	承	承
承		承		承		承	
承		承		承		承	

새기고 익히기

■ 한자의 뜻을 새기고 그 한자로 이루어진 한자어를 익히자.
- 한자의 뜻을 연결하여 한자어의 뜻을 생각해 보자.
- 한자어의 뜻을 알고 예문을 통해 그 쓰임을 익히자.

繼 이을 계 — 잇다, 뒤를 잇다, 계속하다

承 이을 승 — 잇다, 받들다, 받아들이다

- 흐리게 나타난 한자어 위에 겹쳐서 쓰고 음을 적어라 -

走 달릴 주 — 달리다, 달아나다, 가다

繼走 (이어서 달림) ▶ 이어달리기.

▷ 400m 繼走에서 우리 팀이 우승하였다.

後 뒤 후 — 뒤, 나중, 늦다, 뒤떨어지다

後繼 (뒤를 이음) ▶ 어떤 일이나 사람의 뒤를 이음.

▷ 손자는 할아버지의 後繼가 되기 위해 전통 옹기 제작 기법을 전수 받고 있다.

認 알 인 — 알다, 인정하다, 허가하다

承認 (받아들임 인정하고) ▶ 어떤 사실을 마땅하다고 받아들임.

▷ 나는 부모님의 承認 없이는 너와 여행을 갈 수 없어.

服 옷 복 — 옷, 의복, 좇다, 행하다, 약을 먹다

承服 (받아들여 좇음) ▶ 납득하여 따름.

▷ 안타깝지만 선거 결과에 承服할 수 밖에.

한 글자 더

連 잇닿을 련 — 잇닿다, 이어지다, 계속하다

필순: 一 厂 戸 㔾 亘 亘 車 連 連 連 連

連	連	連	連
連	連	連	連

結 맺을 결 — 맺다, 묶다, 매듭짓다, 엉기다

連結 (이어지거나 맺어짐) ▶ 사물과 사물 또는 현상과 현상이 서로 이어지거나 관계를 맺음.

▷ 우리 몸 속의 핏줄은 거미줄처럼 서로 連結되어 있다.

呼 부를 호 — 부르다, 숨을 내쉬다, 부르짖다

連呼 (계속하여 부름) ▶ 계속하여 부름. 연이어 외침.

▷ 무사 만루에 4번 타자가 타석에 들어서자 관중들은 그의 이름을 連呼하였다.

■ 한자어와 한자어를 이루는 개별 한자의 뜻을 알아보자.
■ 아래 한자어의 음을 적고 그 뜻을 생각하며 글을 읽어 보자.
■ 공부할 한자의 뜻을 알아보고 필순에 따라 바르게 써 보자.

習慣 [ ] ▶ 버릇.

「 讀書를 하면 知識을 넓힐 수 있다. 책 속에는 자기가 살고 있는 시대만이 아니라 過去나 未來에 관한 것도 있고, 세계 여러 나라 사람들의 생활과 생각도 들어 있으므로 讀書를 하면 광범위한 知識을 얻을 수 있다. 知識을 많이 얻음으로써 폭넓고 有能한 사람이 될 수 있다. 時間이 없다는 핑게를 대지 말고, 조그만 틈이라도 있으면 좋은 책을 찾아 차근차근 읽는 習慣을 붙이도록 하자. 」

• 讀書(독서) • 知識(지식) • 過去(과거) • 未來(미래) • 有能(유능) • 時間(시간)
* 광범위: 범위(일정하게 한정된 영역. 어떤 것이 미치는 한계)가 넓음. 또는 넓은 범위. * 폭넓다: 어떤 일의 범위나 영역이 크고 넓다.

ㅋㅋ은 새가 날개를 펼친 모습인 ㅋㅋ…羽(우)와 '날마다'를 뜻하는 ⊙…日(일)를 결합한 것이다. 나중에 ⊙이 白(백)으로 바뀌었다. 새끼 새가 나는 법이 익숙하도록 나날이 〈익힘〉을 의미한다.

[새김] ■ 익히다 ■ 익숙하다 ■ 습관, 버릇

ㄱ	ㄱ	ㅋ	ㅋ	ㅋ	ㅋ	ㅋ	羽	꾑	習	習

慣은 '마음', '의식'을 뜻하는 心 = 忄(심)과 '꿰다', '익숙하다'는 뜻인 貫(관)을 결합한 것이다. 몸과 마음에 꿰어져 익숙해진 〈버릇〉을 의미한다.

[새김] ■ 버릇 ■ 버릇이 되다 ■ 관례

'	'	忄	忄	忙	忙	慣	慣	慣	慣	慣

새기고 익히기

■ 한자의 뜻을 새기고 그 한자로 이루어진 한자어를 익히자.

■ 한자의 뜻을 연결하여 한자어의 뜻을 생각해 보자.

■ 한자어의 뜻을 알고 예문을 통해 그 쓰임을 익히자.

習 익힐 습	■ 익히다 ■ 익숙하다 ■ 습관, 버릇	慣 익숙할 관	■ 익숙하다 ■ 버릇이 되다 ■ 관례

– 흐리게 나타난 한자어 위에 겹쳐서 쓰고 음을 적어라 –

演 펼 연	■ 펴다 ■ 행하다 ■ 자세히 설명하다	演習 행하면서 익힘	▷ 아이들이 모여서 요즘 인기 있는 가수의 춤과 노래를 演習하고 있었다. ▶ 실지로 하는 것처럼 하면서 익힘.

復 돌아올 복	■ 돌아오다 ■ 회복하다 ■ 다시(부)	復習 다시 익힘	▷ 예습과 復習을 철저히 해라. ▶ 배운 것을 다시 익혀 공부함.

例 법식 례	■ 법식 ■ 관례 ■ 본보기	慣例 버릇이 된 법식	▷ 지금까지 오래도록 내려온 慣例를 무시할 수 없다. ▶ 전부터 해 내려오던 전례가 관습으로 굳어진 것.

性 성품 성	■ 성품 ■ 성질 ■ 남녀의 구별	慣性 버릇이 된 성질	▷ 브레이크를 밟았으나 달리던 慣性으로 이삼십 미터나 더 나아가서 멈추어 섰다. ▶ 물체가 정지 또는 등속도 운동의 상태를 지속하려는 성질.

한 글자 더

續 이을 속	■ 잇다 ■ 뒤를 잇다 ■ 계속하다

☆ 물물교환을 이어감.

ㄥ � 糸 糺 紦 紣 結 績 績 續 續 續

續 續 續 續

續 續 續 續

連 잇닿을 연	■ 잇닿다 ■ 이어지다 ■ 계속하다	連續 이어져서 계속됨	▷ 갑자기 총소리가 連續해서 세 번이나 울렸다. ▶ 끊이지 아니하고 죽 이어지거나 지속함.

存 있을 존	■ 있다 ■ 존재하다 ■ 살아 있다	存續 존재함 계속하여	▷ 사형 제도를 存續하는 나라가 점점 줄어들고 있다. ▶ 어떤 대상이 그대로 있거나 어떤 현상이 계속됨.

어휘력 다지기

■ 그 책은 곧 출간될 豫定 □ 이라 한다. • • 앞으로 배울 것을 미리 익힘.

■ 豫習 □ 과 복습은 학습 효과를 높인다. • • 정보를 제공함.

■ 일의 진행 상황을 報告 □ 하도록 해라. • • 미리 정하거나 예상함.

■ 시민의 提報 □ 로 사건의 범인을 검거. • • 일에 관한 내용이나 결과를 말이나 글로 알림.

■ 태풍 피해액이 백억으로 推算 □ 된다. • • 실지로 측량함.

■ 줄자로 담장 길이를 實測 □ 하였다. • • 집작으로 미루어 셈함. 또는 그런 셈.

■ 엉뚱한 그의 행동은 豫測 □ 을 불허해. • • 미리 헤아려 집작함.

■ 돈이 다라고 생각하면 誤算 □ 이란다. • • 잘못 보거나 잘못 생각함.

■ 약물 誤用 □ 으로 발생한 부작용이야. • • 잘못 셈함. 또는 그 셈. 추측이나 예상을 잘못함.

■ 키가 큰 동생을 오빠로 誤認 □ 하였다. • • 잘못 사용함.

■ 내가 400m 繼走 □ 의 마지막 주자야. • • 하던 일이나 물품을 넘겨주거나 넘겨받음.

■ 도둑을 붙잡아 경찰에 引繼 □ 하였다. • • 이어달리기.

■ 민간에 傳承 □ 되어 오는 설화와 놀이. • • 습관이 되어버린 성질.

■ 그의 지각은 常習 □ 적이야. • • 문화, 풍속, 제도 따위를 이어받아 계승함.

■ 그는 찬물로 샤워하는 習性 □ 이 있어. • • 늘 하는 버릇.

■ 남녀 차별의 慣行 □ 은 버려야 한다. • • 여러 날을 계속함. 여러 날을 계속하여.

■ 불볕더위가 連日 □ 기승을 부리네. • • 오래전부터 해 오는 대로 함. 또는 관례에 따라서 함.

■ 순서대로 一連 □ 번호를 매겨두어라. • • 데리고 감. 강제로 데리고 감.

■ 범행 용의자를 경찰서로 連行 □ 했다. • • 하나로 이어지는.

■ 치료가 끝나 퇴원 手續 □ 을 밟았다. • • 고르거나 가지런하지 않고 차별이 있음.

■ 실적에 따라 임금을 差等 □ 하여 지급. • • 어떤 일을 하는 데 필요한 사무상의 일정한 절차.

·예정·예습·보고·제보·추산·실측·예측·오산·오용·오인·계주·인계·전승·상습·습성·관행·연일·일련·연행·수속·차등

■ 한자어가 되도록 □ 안에 공통으로 넣을 한자를 보기에서 찾아 □ 안에 쓰고 , 그 한자어의 음을 적어라.

| □ ⇨ | □約 | □見 | □言 | | □ ⇨ | 推□ | □量 | 豫□ |

| □ ⇨ | □解 | □答 | □算 | | □ ⇨ | 繼□ | □認 | □服 |

| □ ⇨ | 演□ | 學□ | □性 | | □ ⇨ | 連□ | 持□ | □出 |

보기

續 · 誤 · 慣 · 差 · 繼 · 推 · 添 · 習 · 測 · 報 · 連 · 承 · 豫

■ 아래의 뜻을 지닌 한자어가 되도록 위의 보기에서 알맞은 한자를 찾아 □ 안에 써 넣어라.

▶ 통지하여 보고함, 또는 그 보고,

▷ 기다리던 합격 [通□] 를 받고 기뻤다.

▶ 알고 있는 것을 바탕으로 알지 못하는 것을 미루어 생각함,

▷ 나의 [□理] 는 거의 들어맞았어.

▶ 둘 이상의 대상을 각각 등급이나 수준 따위의 차이를 두어서 구별함,

▷ 아직도 인종 [□別] 의 벽이 있구나.

▶ 중간에서 이어줌,

▷ 올림픽 개막식 [中□] 방송을 시청.

▶ 이미 있는 것에 덧붙이거나 보탬,

▷ 방부제가 [□加] 되지 않은 식품이야.

▶ 어떤 사회에서 오랫동안 지켜 내려와 그 사회 성원들이 널리 인정하는 질서나 풍습,

▷ 아직도 남성 중심의 [□習] 이 남았군.

▶ 휴일이 이틀 이상 계속되는 일, 또는 그 휴일,

▷ 이번 [□休] 에는 무엇을 하려하니?

· 예약.예견.예언 · 추측.측량.예측 · 오해.오답.오산 · 계승.승인.승복 · 연습.학습.습성 · 연속.지속.속출 / · 통보 · 추리 · 차별 · 중계 · 첨가 · 관습 · 연휴

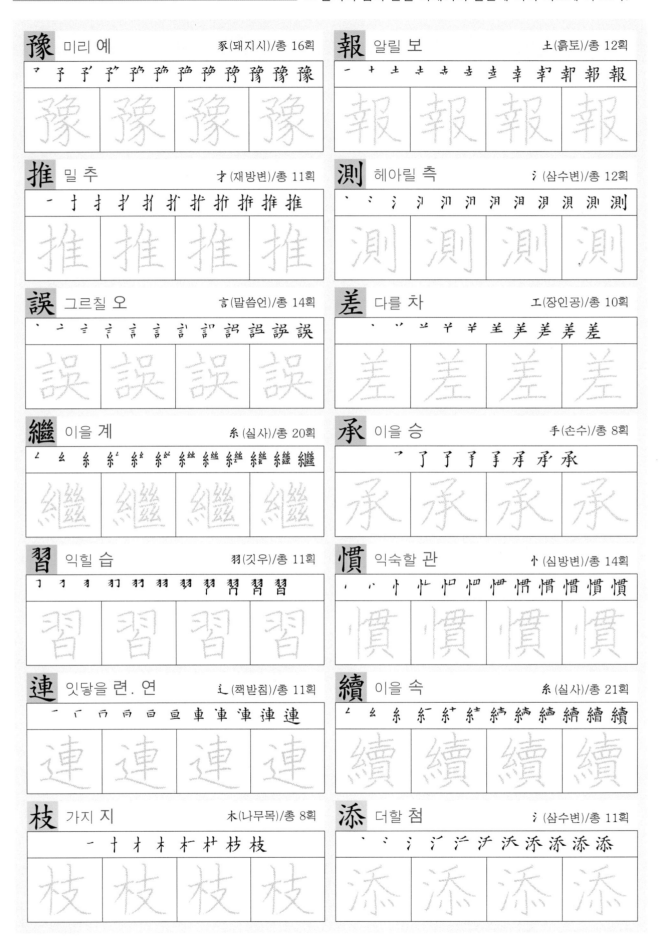

豫 미리 예　　　　豕(돼지시)/총 16획
マ マ マ マ゙ マ゙ァ マ゙ァ マ゙ァ゚ 豫 豫 豫 豫 豫 豫
豫 豫 豫 豫

報 알릴 보　　　　土(흙토)/총 12획
一 十 土 圥 圥 幸 幸 幸 報 報 報 報
報 報 報 報

推 밀 추　　　　才(재방변)/총 11획
一 十 才 扌 扩 扩 扩 扩 拊 拊 推 推
推 推 推 推

測 헤아릴 측　　　　氵(삼수변)/총 12획
丶 丶 氵 氵 沪 沪 泪 泪 泪 測 測 測
測 測 測 測

誤 그르칠 오　　　　言(말씀언)/총 14획
丶 一 三 言 言 言 言 訂 訳 誤 誤 誤
誤 誤 誤 誤

差 다를 차　　　　工(장인공)/총 10획
丶 丷 丷 犬 犬 羊 羊 差 差 差
差 差 差 差

繼 이을 계　　　　糸(실사)/총 20획
乚 幺 糸 糸 糸 糸 糸 糸 繼 繼 繼 繼
繼 繼 繼 繼

承 이을 승　　　　手(손수)/총 8획
一 了 了 了 手 承 承 承
承 承 承 承

習 익힐 습　　　　羽(깃우)/총 11획
丁 刁 刁 羽 羽 羽 羽 習 習 習 習
習 習 習 習

慣 익숙할 관　　　　忄(심방변)/총 14획
丶 丶 忄 忄 忄 忄 忛 慣 慣 慣 慣 慣
慣 慣 慣 慣

連 잇닿을 련.연　　　　辶(책받침)/총 11획
一 厂 闩 甪 甫 百 亘 車 車 連 連
連 連 連 連

續 이을 속　　　　糸(실사)/총 21획
乚 幺 糸 糸 紨 紨 緈 緈 續 續 續 續
續 續 續 續

枝 가지 지　　　　木(나무목)/총 8획
一 十 才 木 木 朾 枝 枝
枝 枝 枝 枝

添 더할 첨　　　　氵(삼수변)/총 11획
丶 丶 氵 氵 沃 沃 沃 添 添 添 添
添 添 添 添

■ 공부할 한자의 모양을 살펴보며 음과 훈을 알아보자,

묶음 5-6

음 ■ 한자를 읽는 소리
아래 한자의 음을 찾아 적고 소리내어 읽어 보자.

─ 바탕색과 글자색이 같은 것을 찾아 보자 ─

江	秀	汚	邊
鐵	淨	橋	染
麗	沒	淸	沈

청 침 변 철 수 려

교 오 정 강 염 몰

훈 ■ 한자의 뜻 새김
한자의 음을 적고 훈과 함께 외어 보자.

淸 맑을	淨 깨끗할	汚 더러울	染 물들
沈 잠길	沒 빠질	鐵 쇠	橋 다리
江 강	邊 가	秀 빼어날	麗 고울

알아보기

■ 한자어와 한자어를 이루는 개별 한자의 뜻을 알아보자.
■ 아래 한자어의 음을 적고 그 뜻을 생각하며 글을 읽어 보자.
■ 공부할 한자의 뜻을 알아보고 필순에 따라 바르게 써 보자.

清淨 [ ] ▶ 맑고 깨끗함.

「 텔레비전 방송에서는 서해안과 남해안의 여러 곳에 있는
아름다운 海上 國立 公園들을 보여 주었다. 푸른 바다와
크고 작은 섬, 그리고 복잡한 해안에 여러 가지 꽃과 새들이
어우러진 모습은 한 폭의 그림 같았다.
특히 섬이 많아서 다도해라고 하는
南海에는 다도해 海上 國立 公園과
한려 海上 國立 公園이 있다.
清淨 地域인 이곳에서는
양식업을 많이 한다. 」

• 海上(해상) • 國立(국립) • 公園(공원) • 南海(남해) • 地域(지역).　　＊해안: 바다와 육지가 맞닿은 부분.
＊양식업: 물고기나 해초, 버섯 따위를 인공적으로(사람이 하는 일로) 길러서 번식하게 하는 생산업.

清은 '물'을 뜻하는 水(수)= 氵 와 '푸른 빛', '고요하다' 는 뜻인 靑(청)을 결합한 것이다.　물이 잔잔하고 푸른빛이 선명하게 〈맑음〉을 의미한다.

[새김] ▪맑다 ▪깨끗하다 ▪차갑다

ヽ ヽ 氵 氵 汁 浐 浐 清 清 清
清 清 清 清
清 清 清 清

淨은 '물'을 뜻하는 水(수)= 氵 와 '멈추다', '다스리다' 는 뜻인 爭(쟁)을 결합한 것이다.　물의 움직임을 멈추어 티끌을 가라앉혀서 〈깨끗하게 함〉을 뜻한다.

[새김] ▪깨끗하다 ▪깨끗이 하다 ▪맑다

ヽ ヽ 氵 氵 浐 浐 浐 淨 淨 淨
淨 淨 淨 淨
淨 淨 淨 淨

새기고 익히기

■ 한자의 뜻을 새기고 그 한자로 이루어진 한자어를 익히자.
  ▪ 한자의 뜻을 연결하여 한자어의 뜻을 생각해 보자.
  ▪ 한자어의 뜻을 알고 예문을 통해 그 쓰임을 익히자.

清	맑을 청	▪ 맑다 ▪ 깨끗하다 ▪ 차갑다	淨	깨끗할 정	▪ 깨끗하다 ▪ 깨끗이 하다 ▪ 맑다

– 흐리게 나타난 한자어 위에 겹쳐서 쓰고 음을 적어라 –

純	순수할 순	▪ 순수하다 ▪ 꾸밈없다 ▪ 오로지

清純 [   ] ▷ 그녀는 清純하고 앳된 모습을 지녔다.
깨끗하고　순수함 ▶ 깨끗하고 순수함.

算	셈 산	▪ 셈, 계산 ▪ 수효 ▪ 슬기

清算 [   ] ▷ 집을 담보로 한 은행의 부채를 清算하였다.
깨끗하게　셈함 ▶ 서로 간에 채무 채권 관계를 셈하여 깨끗이 해결함.

化	될 화	▪ 되다 ▪ 바꾸다 ▪ 달라지다

淨化 [   ] ▷ 식물은 오염된 공기를 淨化하는 작용을 한다.
깨끗하게　됨(함) ▶ 불순하거나 더러운 것을 깨끗하게 함.

水	물 수	▪ 물 ▪ 강물, 냇물 ▪ 평평하다

淨水 [   ] ▷ 요즘은 수돗물도 淨水해서 먹는다.
깨끗하게 함　물을 ▶ 물을 깨끗하고 맑게 함. 또는 그 물.

한 글자 더

沈	잠길 침	▪ 잠기다 ▪ 빠지다 ▪ 가라앉다

☆ 물 밑바닥으로 내려앉다.
　기운, 마음 등이 줄어들거나 약해지다.

丶 丶 氵 氵 氵 沪 沙 沈

沈	沈	沈	沈
沈	沈	沈	沈

着	붙을 착	▪ 붙다 ▪ 입다 ▪ 시작하다 ▪ 나타나다(저)

沈着 [   ] ▷ 너무 서두르지 말고 沈着하게 말해라.
가라앉혀　두다 ▶ 행동이 들뜨지 아니하고 차분함.

默	잠잠할 묵	▪ 잠잠하다 ▪ 묵묵하다 ▪ 말이 없다

沈默 [   ] ▷ 두 사람 사이에는 오랜 沈默이 이어졌다.
빠져 있음　잠잠함에 ▶ 아무 말도 없이 잠잠히 있음. 또는 그런 상태.

알아보기

■ 한자어와 한자어를 이루는 개별 한자의 뜻을 알아보자.
■ 아래 한자어의 음을 적고 그 뜻을 생각하며 글을 읽어 보자.
■ 공부할 한자의 뜻을 알아보고 필순에 따라 바르게 써 보자.

汚染 [　　] ▶ 더러워짐, 더러움에 물듦.

「 "아버지, 이것 좀 보세요. 물고기가 죽어 있어요."

아버지께서는 물고기를 자세히 살펴보셨습니다.

물고기에서 냄새가 심하게 났습니다.

"工場 폐수가 어디서 흘러들어

온 게로구나. 냄새가 고약하지?

이 강은 물이 깨끗하기로

이름난 곳이었는데, 이젠 이

강물도 汚染이 되었구나."

아버지께서 안타까운 表情을

지으며 말씀하셨습니다. 」

• 工場(공장) • 表情(표정). *폐수: 공장이나 광산 등지에서 쓰고 난 뒤에 버리는 물.
*고약하다: 맛, 냄새 따위가 비위에 거슬리게 나쁘다. 얼굴 생김새가 흉하거나 험상궂다. 성미(성질) 언행(말과 행동) 따위가 사납다.

汚는 '물' 뜻하는 氵(수)와 '굽다(길이 굽어 돌다)'는 뜻인 亐…于(우)…亐를 결합한 것이다. 물길이 굽어서 제대로 흐르지 못해 괴어 있는 물이 〈더러움〉을 의미한다.

[새김] ▪더럽다 ▪괴어있는 물 ▪욕되다

` ` 氵 氵 污 污 污			
汚	汚	汚	汚
汚	汚	汚	汚

染은 '머리감다', '물에 적시다'는 뜻인 沐(목)과 '여러번'을 뜻하는 九(구)를 결합한 것이다. 물감 푼 물에 여러번 담그어 〈물들임〉을 의미한다.

[새김] ▪물들다 ▪옮다 ▪더럽히다

` ` 氵 氵 沈 染 染 染			
染	染	染	染
染	染	染	染

새기고 익히기

■ 한자의 뜻을 새기고 그 한자로 이루어진 한자어를 익히자.
■ 한자의 뜻을 연결하여 한자어의 뜻을 생각해 보자.
■ 한자어의 뜻을 알고 예문을 통해 그 쓰임을 익히자.

| 汚 | 더러울 오 | ■ 더럽다
■ 괴어있는 물
■ 욕되다 | 染 | 물들 염 | ■ 물들다
■ 옮다
■ 더럽히다 |

- 흐리게 나타난 한자어 위에 겹쳐서 쓰고 음을 적어라 -

| 損 | 덜 손 | ■ 덜다 ■ 잃다
■ 손해
■ 상하게 하다 |

汚損 [ ] ▷ 남에게 빌린 물건은 汚損되지 않도록 주의하여 사용해야 한다.

더럽히고 상하게 함 ▶ **더럽히고 손상함.**

| 名 | 이름 명 | ■ 이름
■ 이름나다
■ 평판 |

汚名 [ ] ▷ 은인을 배신한 그에게는 씻을 수 없는 汚名이 따라다니게 되었다.

더러워진 이름 ▶ **더러워진 이름이나 명예.**

| 料 | 헤아릴 료 | ■ 헤아리다
■ 삯 ■ 값
■ 거리(재료) |

染料 [ ] ▷ 이것은 천연 染料로 인체에 무해합니다.

물들이는 재료 ▶ **옷감 따위에 빛깔을 들이는 물질.**

| 傳 | 전할 전 | ■ 전하다
■ 옮기다
■ 알리다 ■ 전기 |

傳染 [ ] ▷ 너의 눈병이 傳染될까 겁난다.
▷ 나쁜 버릇은 쉽게 傳染된다.

옮아 물듦 ▶ **병이 남에게 옮음. 다른 사람의 습관 따위에 영향을 받아 물듦.**

한 글자 더

| 沒 | 빠질 몰 | ■ 빠지다
■ 가라앉다
■ 다하다 |

☆ 물의 소용돌이 속으로 빠짐.

| ` | ⺀ | ⺀ | 沪 | 沕 | 汐 | 沒 |

沒 沒 沒 沒
沒 沒 沒 沒

| 沈 | 잠길 침 | ■ 잠기다
■ 빠지다
■ 가라앉다 |

沈沒 [ ] ▷ 화물선과 충돌한 어선이 沈沒하였다.

빠져서 가라앉음 ▶ **물속에 가라앉음.**

| 頭 | 머리 두 | ■ 머리 ■ 맨 앞
■ 우두머리
■ 근처 |

沒頭 [ ] ▷ 그는 온종일 시험 공부에만 沒頭하였다.

다하다 머리 씀을 ▶ **어떤 일에 온 정신을 다 기울여 열중함.**

알아보기

■ 한자어와 한자어를 이루는 개별 한자의 뜻을 알아보자.
■ 아래 한자어의 음을 적고 그 뜻을 생각하며 글을 읽어 보자.
■ 공부할 한자의 뜻을 알아보고 필순에 따라 바르게 써 보자.

鐵橋 [ ]

▶ 철을 주재료로 하여 놓은 다리.

「 "저기 좀 보아라. 나무는 해마다 심어도 돌보는
사람이 없으니, 저렇게 되었단다."
　아버지께서 가리키시는 산에는 나무가 별로
없었습니다. 조금 후, 기차는 도심지로 들어서고
있었습니다. 기차가 鐵橋를 지날 때, 강물이
보였습니다. 강물은 흐리고 지저분 하였습니다.
　"저 강물은 이 도시 사람들이 먹는
수도물이 될 텐데……."
　아버지의 말씀에 정희는 무척 걱정이
되었습니다. 」

* 도심지: 도시의 중심이 되는 구역.

鐵은 '쇠붙이'를 뜻하는 金(금)과 '강하다', '단단하
다'는 뜻인 戴(질)을 결합한 것이다. 　그때까지 사용해
오던 청동보다 훨씬 굳고 단단한 쇠붙이인 〈철〉을 의미
한다.

[새김] ■ 쇠 ■ 단단하다 ■ 굳다

ノ	ト	ヒ	牟	金	釒	針	鉎	鐽	鐵	鐵	鐵

鐵	鐵	鐵	鐵
鐵	鐵	鐵	鐵

橋는 '나무'를 뜻하는 木(목)과 '우듬지 부러진 나무'
를 뜻하는 喬(교)를 결합한 것이다. 　나무의 우듬지(맨
꼭대기 줄기)를 잘라내고 양쪽 사이를 건너다닐 수 있도
록 가로 질러 놓은 〈다리〉를 의미한다.

[새김] ■ 다리 ■ 가름대 나무 ■ 가마

一	十	才	朽	杼	杯	桥	栝	桥	橋	橋	橋

橋	橋	橋	橋
橋	橋	橋	橋

■ 한자의 뜻을 새기고 그 한자로 이루어진 한자어를 익히자.
  ■ 한자의 뜻을 연결하여 한자어의 뜻을 생각해 보자.
  ■ 한자어의 뜻을 알고 예문을 통해 그 쓰임을 익히자.

鐵 | 쇠 / 철 | ■ 쇠, 철 / ■ 단단하다 / ■ 굳다

橋 | 다리 / 교 | ■ 다리 / ■ 가름대 나무 / ■ 가마

― 흐리게 나타난 한자어 위에 겹쳐서 쓰고 음을 적어라 ―

材 | 재목 / 재 | ■ 재목 / ■ 재료 / ■ 자질

철로 된 / 재료 ▶ 철로 된 재료.

▷ 철교는 鐵材로 만들어진 다리이다.

壁 | 벽 / 벽 | ■ 벽, 담 / ■ 울타리 / ■ 벼랑

단단한 / 벽 ▶ 쇠로 된 것처럼 견고한 벽, 매우 견고한 것을 비유적으로 이름.

▷ 우리 팀은 鐵壁 수비로 상대편의 공격을 잘 막아냈다.

製 | 지을 / 제 | ■ 짓다 / ■ 만들다 / ■ 마르다

쇠로 / 만듦 ▶ 쇠로 만듦, 또는 그런 물건.

▷ 뒷마당에 있는 鐵製 사다리를 가져 와라.

石 | 돌 / 석 | ■ 돌 / ■ 굳다 / ■ 섬(10말)

돌 / 다리 ▶ 돌다리.

▷ 이 石橋는 역사적 가치가 있는 것으로 우리 마을의 자랑거리다.

한 글자 더

秀 | 빼어날 / 수 | ■ 빼어나다 / ■ 뛰어나다 / ■ 아름답다

一 二 千 千 禾 秀 秀

才 | 재주 / 재 | ■ 재주 / ■ 재능 / ■ 근본. 바탕

뛰어난 / 재주 ▶ 뛰어난 재주, 또는 머리가 좋고 재주가 뛰어난 사람.

▷ 나도 한 때는 秀才 소리를 들었단다.

優 | 넉넉할 / 우 | ■ 넉넉하다 / ■ 보다 낫다 / ■ 연기자

빼어나고 / 뛰어남 ▶ 여럿 가운데 뛰어남.

▷ 이 물건은 품질이 優秀하고 가격도 저렴하다.

알아보기

■ 한자어와 한자어를 이루는 개별 한자의 뜻을 알아보자.
■ 아래 한자어의 음을 적고 그 뜻을 생각하며 글을 읽어 보자.
■ 공부할 한자의 뜻을 알아보고 필순에 따라 바르게 써 보자.

江邊 [   ] ▶ 강가.

「 그 동안 여러 사람들이 꾸준히 노력한 結果, 차츰 강물이
맑아지기 시작했습니다. 물고기들도 뛰놀고 새들도 날아왔습니다.
이제 사람들은 漢江에서 낚시질을 하고,
江 위에는 유람선이 떠다닙니다.
江邊에 만들어진 公園에서는
運動을 하거나 散策을 하기도
합니다. 푸른 漢江을 바라보는
사람들의 마음도 더욱
아름다워지고 있습니다. 」

• 結果(결과) • 漢江(한강) • 公園(공원) • 運動(운동) • 散策(산책).   * 유람선: 구경하는 손님을 태우고 다니는 배.

工은 '물'을 뜻하는 氵(수)와 '움직여 일을 하다'는 뜻
인 工(공)을 결합한 것이다.   중국 대륙을 길게 흐르는
'양자강'을 일컫는 말로, 길게 흐르는 큰 내인 〈강〉을 의
미한다.

[새김] ■강 ■큰 내 ■양자강

` ｀ 氵 汀 江 江			
江	江	江	江
江	江	江	江

邊은 '보이지 아니하다'는 뜻인 臱…臱(면)과 '가다'
는 뜻인 彳…辵(착)=辶을 결합한 것이다.   중심지에
서 멀리 떨어진 가장자리 지역인 〈변방〉을 의미한다.

[새김] ■가(가장자리) ■변 ■변방 ■곁

' 冂 自 自 臭 臭 臱 臱 臱 湈 邊 邊			
邊	邊	邊	邊
邊	邊	邊	邊

새기고 익히기

■ 한자의 뜻을 새기고 그 한자로 이루어진 한자어를 익히자.
　■ 한자의 뜻을 연결하여 한자어의 뜻을 생각해 보자.
　■ 한자어의 뜻을 알고 예문을 통해 그 쓰임을 익히자.

江 강 ■ 강 ■ 큰 내 ■ 양자강

邊 가 ■ 가(가장자리) ■ 변방 ■ 변 ■ 곁

― 흐리게 나타난 한자어 위에 겹쳐서 쓰고 음을 적어라 ―

漢 한수 한 ■ 한수(물이름) ■ 한나라(중국) ■ 사나이	漢江 [ ] 한　강 ▶ 우리나라 중부를 흐르는 강.	▷ 漢江에 놓여진 다리가 몇 개나 되니?

| 村 마을 촌 ■ 마을 ■ 시골 ■ 촌스럽다 | 江村 [   ] 강가의　마을 ▶ 강가에 있는 마을. | ▷ 한가롭게 떠있는 흰구름 아래 江村의 풍경이 평화롭게 느껴졌다. |

| 路 길 로 ■ 길 ■ 거쳐가는 길 ■ 드러나다 | 路邊 [   ] 길　가 ▶ 길가. | ▷ 路邊에 차를 세우고 있는 것은 위험한 일이다. |

| 海 바다 해 ■ 바다 ■ 바닷물 ■ 넓다 | 海邊 [   ] 바다의　가장자리 ▶ 바닷가. | ▷ 우리는 파도 소리를 들으며 海邊을 따라 걸었다. |

한 글자 더

麗 고울 려 ■ 곱다 ■ 아름답다 ■ 짝을 이루다

☆ 옛글자 𪎮 는 아름다운 한 쌍의 뿔을 가진 사슴의 모습이다.

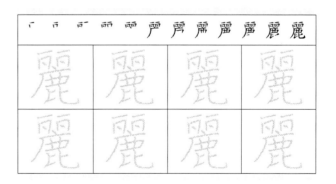

| 秀 빼어날 수 ■ 빼어나다 ■ 뛰어나다 ■ 아름답다 | 秀麗 [   ] 빼어나게　아름답다 ▶ 빼어나게 아름답다. | ▷ 다도해의 秀麗한 풍광을 바라보며 모두들 우와! 하며 탄성을 질렀다. |

| 華 빛날 화 ■ 빛나다 ■ 화려하다 ■ 꽃 | 華麗 [   ] 빛나고　아름다움 ▶ 환하게 빛나며 곱고 아름다움. | ▷ 밤하늘에 펼쳐진 華麗한 불꽃놀이는 축제 분위기를 한껏 높였다. |

한자성어

■ 한자 성어의 음을 적고 그에 담긴 의미와 적절한 쓰임을 익혀라.

千	差	萬	別

▶ 여러 가지 사물이 모두 차이가 있고 구별이 있음.

▷ 지구상에 살아가는 사람들의 먹거리는 지역이나 환경에 따라 千差萬別이다.

神	出	鬼	沒

▶ 귀신같이 나타났다가 사라진다는 뜻으로, 그 움직임을 쉽게 알 수 없을 만큼 자유자재로 나타나고 사라짐을 비유적으로 이르는 말.

▷ 神出鬼沒한 탈주범의 이야기가 시중의 화젯거리다.

獨	不	將	軍

▶ 무슨 일이든 자기 생각대로 혼자서 처리하는 사람, 혼자서는 장군이 될 수 없다는 뜻으로, 남과 의논하고 협조하여야 함을 이르는 말.

▷ 그는 獨不將軍이라서 남의 말을 좀처럼 듣지 않는다.

百	害	無	益

▶ 해롭기만 하고 하나도 이로운 바가 없음.

▷ 담배는 건강에 百害無益하다고 한다.

長	蛇	陣

▶ 많은 사람이 줄을 지어 길게 늘어선 모양을 이르는 말, 예전의 병법에서, 한 줄로 길게 벌인 군진의 하나.

▷ 프로 야구 결승전의 입장권을 구입하려는 사람들로 매표구는 벌써 부터 長蛇陣을 이루고 있었다.

錦	上	添	花

▶ 비단 위에 꽃을 더한다는 뜻으로, 좋은 일 위에 또 좋은 일이 더하여 짐을 비유적으로 이르는 말.

▷ 이 옷은 내가 좋아하는 브랜드로 세련된 디자인에 가격도 싸니 나에게는 錦上添花 아니냐?

陣 진 칠 진
■ 진을 치다
■ 진, 대열

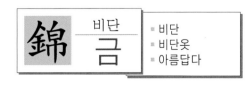

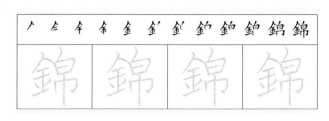

錦 비단 금
■ 비단
■ 비단옷
■ 아름답다

·천차만별 ·신출귀몰 ·독불장군 ·백해무익 ·장사진 ·금상첨화

더 살펴 익히기

■ 한자가 지닌 여러가지 뜻과 한자어를 한 번 더 살펴 익히자.

■ 아래 한자가 지닌 뜻과 그 뜻을 지니는 한자어를 줄로 이어라.

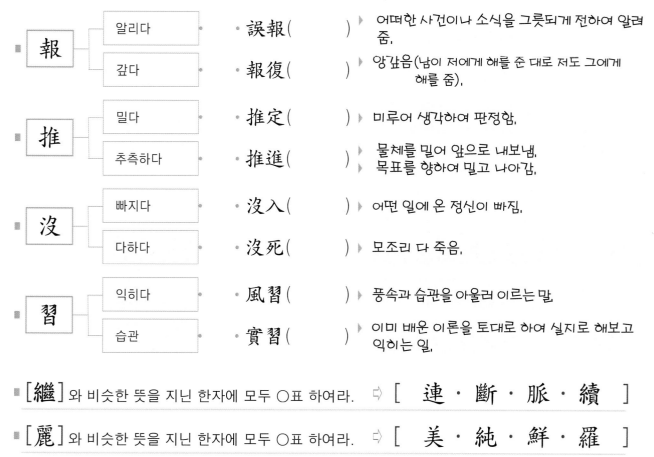

報 ── 알리다 · · 誤報(   ) ▶ 어떠한 사건이나 소식을 그릇되게 전하여 알려 줌.

報 ── 갚다 · · 報復(   ) ▶ 앙갚음(남이 저에게 해를 준 대로 저도 그에게 해를 줌).

推 ── 밀다 · · 推定(   ) ▶ 미루어 생각하여 판정함.

推 ── 추측하다 · · 推進(   ) ▶ 물체를 밀어 앞으로 내보냄. 목표를 향하여 밀고 나아감.

沒 ── 빠지다 · · 沒入(   ) ▶ 어떤 일에 온 정신이 빠짐.

沒 ── 다하다 · · 沒死(   ) ▶ 모조리 다 죽음.

習 ── 익히다 · · 風習(   ) ▶ 풍속과 습관을 아울러 이르는 말

習 ── 습관 · · 實習(   ) ▶ 이미 배운 이론을 토대로 하여 실지로 해보고 익히는 일.

■ [繼]와 비슷한 뜻을 지닌 한자에 모두 ○표 하여라. ⇨ [連 · 斷 · 脈 · 續]

■ [麗]와 비슷한 뜻을 지닌 한자에 모두 ○표 하여라. ⇨ [美 · 純 · 鮮 · 羅]

■ [添]과 비슷한 뜻을 지닌 한자에 모두 ○표 하여라. ⇨ [染 · 加 · 益 · 增]

■ 아래의 뜻을 지닌 한자성어가 되도록 ( ) 안에 한자를 써 넣고 완성된 성어의 독을 적어라.

▶ 뱀을 다 그리고 나서 있지도 아니한 발을 덧붙여 그려 넣는다는 뜻으로, 쓸데없는 군짓을 하여 도리어 잘못되게 함을 이르는 말. 줄여서 사족(蛇足)이라고 한다.	畵蛇添( )	
▶ <u>오기롭고</u> 자신있게 말함. 또는 그 말.	( )言壯談	
▶ 한 사람을 <u>벌주어</u> 백 사람을 경계한다는 뜻으로, 다른 사람에게 경각심을 불러일으키기 위하여 본보기로 한 사람에게 엄한 처벌을 하는 일을 이르는 말.	一( )百戒	
▶ 금으로 된 <u>가지</u>와 옥으로 된 잎이라는 뜻으로, 임금의 가족을 높여 이르는 말. 귀한 자손을 이르는 말	金( )玉葉	
▶ 실속은 <u>없으면서</u> 큰소리치거나 허세를 부림.	( )張聲勢	
▶ 같은 <u>무리</u>끼리 서로 사귐.	類( )相從	

· 오보·보복·추정·추진·몰입·몰사·풍습·실습 / 足·豪·罰·枝·虛·類

어휘력 다지기

■ 하늘이 구름 한 점 없이 清明 ⬜ 하다. • • 성품이 깨끗하고 재물에 대한 욕심이 없어 가난함.

■ 그는 清貧 ⬜ 한 선비의 삶을 살았어. • • 날씨가 맑고 밝다, 소리가 맑고 밝다.

■ 댐의 건설로 水沒 ⬜ 된 고향마을. • • 오염된 물이나 땅 따위가 저절로 깨끗해짐.

■ 자연 생태계는 自淨 ⬜ 능력이 있다. • • 물속에 잠김.

■ 생활 汚水 ⬜ 를 정화 처리하는 시설. • • 염료로 실이나 천 따위에 물을 들임, 또는 그런 일.

■ 빌린 책이 汚損 ⬜ 되지 않도록 해라. • • 구정물(무엇을 씻거나 빨거나 하여 더러워진 물).

■ 흰머리가 많아 染色 ⬜ 을 해야겠네. • • 더럽히고 손상함.

■ 사고 소식으로 沈痛 ⬜ 한 분위기였어. • • 깊이 파고들거나 빠짐.

■ 경기에 패해 팀의 분위가 消沈 ⬜ 하다. • • 슬픔이나 걱정 따위로 몹시 마음이 괴롭거나 슬픔.

■ 그는 작품 제작에 沒入 ⬜ 하고 있었다. • • 의기나 기세 따위가 사그라지고 까라짐.

■ 서해 바다에서 보는 日沒 ⬜ 은 장관. • • 전기 철도, 전기 철도 위를 달리는 전동차.

■ 해적이 자주 出沒 ⬜ 하는 해역을 통과. • • 해가 짐.

■ 나는 電鐵 ⬜ 을 타고 통학하였다. • • 어떤 현상이 나타났다 사라졌다 함.

■ 약속은 꼭 지키는 것이 나의 鐵則 ⬜. • • 아주 낡고 오래된 쇠, 또는 그 조각.

■ 古鐵 ⬜ 을 모아서 고물상에 팔았다. • • 바꾸거나 어길 수 없는 중요한 법칙.

■ 통영과 거제도를 잇는 거제 大橋 ⬜ 야. • • 강과 호수를 아울러 이르는 말, 시골이나 자연.

■ 도시를 떠나 江湖 ⬜ 에 묻혀 살고파. • • 몸과 몸의 주위.

■ 우리 周邊 ⬜ 에서 늘 볼 수 있는 광경. • • 규모가 큰 다리.

■ 그는 身邊 ⬜ 에 위협을 느끼고 있었어. • • 어떤 대상의 둘레.

■ 한국 영화사에 기록될 秀作 ⬜ 이란다. • • 아름답고 곱다.

■ 그녀의 美麗 ⬜ 한 용모에 모두 반했다. • • 우수한 작품.

· 청명 · 청빈 · 수몰 · 자정 · 오수 · 오손 · 염색 · 침통 · 소침 · 몰입 · 일몰 · 출몰 · 전철 · 철칙 · 고철 · 대교 · 강호 · 주변 · 신변 · 수작 · 미려

■ 한자어가 되도록 □ 안에 공통으로 넣을 한자를 보기에서 찾아 □ 안에 쓰고, 그 한자어의 뜻을 생각하며 음을 적어라.

□道 □板 □材			□化 □水 自□		
□染 □物 □名			沈□ 日□ □頭		
海□ 周□ 身□			□才 優□ □作		

보기
江·鐵·陣·麗·秀·淨·沒·淸·橋·汚·邊·染·沈

■ 아래의 뜻을 지닌 한자어가 되도록 위의 보기에서 알맞은 한자를 찾아 □ 안에 써 넣어라.

▶ 맑고 깨끗함.

▶ 병원체인 미생물이 동물이나 식물의 몸 안에 들어가 증식하는 일.

▶ 가라앉아 내림.

▶ 철을 주재료로 하여 놓은 다리.

▶ 전쟁이나 경기를 따위를 치르기 위하여 진을 침.

▶ 강과 산이란 뜻으로, 자연의 경치를 이르는 말.

▶ 빼어나게 아름다움.

▷ 오염되지 않은 [淨] 한 호수란다.

▷ 감기 바이러스에 [感] 된 증세야.

▷ 지반 [下] 로 건물 붕괴가 우려된다.

▷ 열차는 한강 [鐵] 를 지나고 있었다.

▷ 키 큰 선수를 앞으로 [布] 시켰다.

▷ 아름다운 우리 [山] 을 두루 다녔어.

▷ 다도해의 [秀] 한 풍광을 바라보며.

·철도. 철판. 철재 · 정화. 정수. 자정 · 오염. 오물. 오명 · 침몰. 일몰. 몰두 · 해변. 주변. 신변 · 수재. 우수. 수작 / · 청정 · 감염 · 침하 · 철교 · 포진 · 강산 · 수려

■ 한자의 음과 훈을 되새기며 필순에 따라 바르게 써 보자.

清	맑을 청	氵(삼수변)/총 11획
`丶丶氵汁汁泸清清清清`		
清 清 清 清		

淨	깨끗할 정	氵(삼수변)/총 11획
`丶丶氵氵氵浐浐浄浄淨淨`		
淨 淨 淨 淨		

汚	더러울 오	氵(삼수변)/총 6획
`丶丶氵氵汙汚`		
汚 汚 汚 汚		

染	물들 염	木(나무목)/총 9획
`丶丶氵氵汎染染染染`		
染 染 染 染		

沈	잠길 침	氵(삼수변)/총 7획
`丶丶氵氵沪沙沈`		
沈 沈 沈 沈		

沒	빠질 몰	氵(삼수변)/총 7획
`丶丶氵氵沪汐沒`		
沒 沒 沒 沒		

鐵	쇠 철	金(쇠금)/총 21획
`亽ト乍牟金釒鉖鉖鍏鐽鐵鐵`		
鐵 鐵 鐵 鐵		

橋	다리 교	木(나무목)/총 16획
`一十木栌栌桥桥桥橋橋橋`		
橋 橋 橋 橋		

江	강 강	氵(삼수변)/총 6획
`丶丶氵氵江江`		
江 江 江 江		

邊	가 변	辶(책받침)/총 19획
`丶冖自自臬臬臱臱夐澷邊邊`		
邊 邊 邊 邊		

秀	빼어날 수	禾(벼화)/총 7획
`一二千禾禾秀秀`		
秀 秀 秀 秀		

麗	고울 려	鹿(사슴록)/총 19획
`一厂厂丽丽严严厝厝麗麗麗`		
麗 麗 麗 麗		

陣	진 칠 진	阝(좌부변)/총 10획
`阝阝阡阞阞阤陣陣`		
陣 陣 陣 陣		

錦	비단 금	金(쇠금)/총 16획
`亽ト牟金金釗釦鈤鉑錦錦錦`		
錦 錦 錦 錦		

■ 공부할 한자의 모양을 살펴보며 음과 훈을 알아보자.

묶음 5-7

음 ■ 한자를 읽는 소리
아래 한자의 음을 찾아 적고 소리내어 읽어 보자.

- 바탕색과 글자색이 같은 것을 찾아 보자 -

終 □ 選 □ 始 □ 治 □

再 □ 逆 □ 政 □ 起 □

擧 □ 辯 □ 轉 □ 熱 □

선 정 시 기 재 변

열 거 전 치 역 종

훈 ■ 한자의 뜻 새김
한자의 음을 적고 훈과 함께 외어 보자.

政 정사	治 다스릴	選 가릴	擧 들
熱 더울	辯 말씀	始 비로소	終 마칠
逆 거스를	轉 구를	再 두 번	起 일어날

알아보기

■ 한자어와 한자어를 이루는 개별 한자의 뜻을 알아보자.
■ 아래 한자어의 음을 적고 그 뜻을 생각하며 글을 읽어 보자.
■ 공부할 한자의 뜻을 알아보고 필순에 따라 바르게 써 보자.

政治 [　　] ■ 나라를 다스리는 일.

「 政治 는 우리의 일상 생활과 직접적인 관련이 있다. 예를 들어, 학급에서 자리 配置를 결정하는 경우, 番號順으로 앉자는 의견, 일찍 오는 順으로 앉자는 의견, 키 작은 학생들은 무조건 앞에 앉아야 한다는 의견 등 학생들 간에 多樣한 의견이 나올 수 있다. 이러한 의견들은 모두가 만족하는 방향으로 조정되어야 한다. 政治란 이렇게 사람들 간의 多樣한 의견이나 利害 關係를 조정하는 활동이다. 」

• 配置(배치) • 番號順(번호순) • 多樣(다양) • 利害(이해) • 關係(관계). *일상: 날마다 반복되는 생활.
*관련: 둘 이상의 사람, 사물, 현상 따위가 서로 관계를 맺어 매여 있음. 또는 그 관계. *조정: 어떤 기준이나 실정에 맞게 정돈함.

 政 政

은 '바르다', '다스리다'는 뜻인 ⇢ 正(정)과 '~하게 하다'는 뜻인 ⇢ 攴(복)=攵을 결합한 것이다. 비뚤어지거나 구부러진 것을 〈쳐서 바르게 다스림〉을 의미한다.

[새김] ■ 정사 ■ 바루다 ■ 치다

一 丁 下 正 正 政 政 政
政	政	政	政
政	政	政	政

 治

治는 '물'을 뜻하는 氵(수)와 '기르다'는 뜻인 台(이)를 결합한 것이다. 농사와 생활에 필요한 물과 물길을 늘리고 바로잡아 〈다스림〉을 의미한다.

[새김] ■ 다스리다 ■ 고치다 ■ 바로잡다

丶 丶 氵 氵 氵 治 治 治
治	治	治	治
治	治	治	治

■ 한자의 뜻을 새기고 그 한자로 이루어진 한자어를 익히자.
■ 한자의 뜻을 연결하여 한자어의 뜻을 생각해 보자.
■ 한자어의 뜻을 알고 예문을 통해 그 쓰임을 익히자.

政	정사 / 정	▪ 정사 ▪ 바루다 ▪ 치다	治	다스릴 / 치	▪ 다스리다 ▪ 고치다 ▪ 바로잡다

- 흐리게 나타난 한자어 위에 겹쳐서 쓰고 음을 적어라 -

權	권세 / 권	▪ 권세, 권력 ▪ 권한, 권리 ▪ 저울대

政權 [   ]
정사상의　권력 ▶ 정치상의 권력, 또는 정치를 담당하는 권력.

▷ 政權이 바뀌면서 많은 정치 사회 제도가 변화되었다.

策	꾀 / 책	▪ 꾀, 계책 ▪ 대쪽 ▪ 점대

政策 [   ]
정사상의　계책 ▶ 정치적 목적을 실현하기 위한 방책.

▷ 도심의 교통 체증을 해소하기 위한 교통 政策이 필요하다.

統	거느릴 / 통	▪ 거느리다 ▪ 줄기 ▪ 계통 ▪ 합치다

統治 [   ]
거느려　다스림 ▶ 나라의 지역을 도맡아 다스림.

▷ 권위주의적 統治에서 민주적 정치로 전환.

法	법 / 법	▪ 법 ▪ 방법 ▪ 불교의 진리

法治 [   ]
법에 의하여　다스림 ▶ 법률에 의하여 나라를 다스림.

▷ 우리나라는 法治국가이다, 고로 누구나 법을 지켜야 한다.

한 글자 더

熱	더울 / 열	▪ 덥다 ▪ 열, 더운 기운 ▪ 열을 내다

☆ 불에서 뻗치는 뜨거운 기운.

一	十	土	夫	丼	埶	埶	刲	執	執	熱	熱

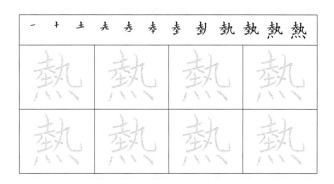

加	더할 / 가	▪ 더하다 ▪ 가하다 ▪ 가입하다

加熱 [   ]
가함　열을 ▶ 어떤 물질에 열을 가함, 어떤 사건에 열기를 더함.

▷ 얼어붙은 수도관을 加熱하여 녹였다.
▷ 선거 열기가 지금 한창 加熱되고 있다.

低	낮을 / 저	▪ 낮다 ▪ (값이)싸다 ▪ 숙이다

低熱 [   ]
온도가 낮은　열 ▶ 온도가 낮은 열.

▷ 납은 다른 금속에 비하여 低熱에서 녹는 금속이다.

알아보기

■ 한자어와 한자어를 이루는 개별 한자의 뜻을 알아보자.
■ 아래 한자어의 음을 적고 그 뜻을 생각하며 글을 읽어 보자.
■ 공부할 한자의 뜻을 알아보고 필순에 따라 바르게 써 보자.

選擧 [   ]　■ 일정한 조직이나 집단이 대표자나 임원을 뽑는 일.

「 민주주의 政治에서 가장 두드러진 특징은 국민이 직접 나라의
일을 맡아 볼 대표자를 選擧를 통해 뽑는 일이다. 그러나 국민
들의 뜻을 가장 잘 代身해 줄 훌륭한 指導者를 뽑아야 함에도
불구하고, 사람들은 아직도 親分에
따라 자기와 가까운 사람에게
무조건 投票하는 경우가 많다.
심지어는 政治에 慾心이 많은
사람들이 부정한 방법으로
選擧를 하여, 민주주의 발전을
방해하기도 하였다. 」

• 政治(정치) • 代身(대신) • 指導者(지도자) • 親分(친분) • 投票(투표) • 慾心(욕심)
*불구하다: 얽매여 거리끼지 아니하다. *심지어: 더욱 심하다 못하여 나중에는. *부정: 올바르지 아니하거나 옳지 못함.

選은 '공순하다'는 뜻인 巽(손)과 '가다', '하다'는
뜻인 辵(착)=辶을 결합한 것이다.　공손하고 온순하
며 덕이 있는 인재를 〈가려 뽑음〉을 의미한다.

[새김] ▪가리다 ▪고르다 ▪뽑다 ▪선거하다

'	⁷	⁶	⁶⁶	⁶⁶	⁶⁶	嬲	巽	巽	選	選	選
選		選		選		選					
選		選		選		選					

擧는 '함께하다'는 뜻인 與(여)와 '손(도움이 될 힘이나
행위)'을 뜻하는 手(수)를 결합한 것이다.　함께 손을
모아 〈들어 올려 일으킴〉을 의미한다.

[새김] ▪들다 ▪일으키다 ▪행하다 ▪온통, 모든

'	ˊ	ˊ	ˊ	⁶⁶	⁶⁶	⁶⁶	⁶⁶	⁶⁶	與	與	擧
擧		擧		擧		擧					
擧		擧		擧		擧					

새기고 익히기

■ 한자의 뜻을 새기고 그 한자로 이루어진 한자어를 익히자.
■ 한자의 뜻을 연결하여 한자어의 뜻을 생각해 보자.
■ 한자어의 뜻을 알고 예문을 통해 그 쓰임을 익히자.

選 가릴 선	■ 가리다 ■ 고르다 ■ 뽑다 ■ 선거하다	擧 들 거	■ 들다 ■ 행하다 ■ 일으키다 ■ 온통, 모든

– 흐리게 나타난 한자어 위에 겹쳐서 쓰고 음을 적어라 –

當 마땅 당	■ 마땅, 마땅히 ■ 당하다 ■ 맡다	當選 [　]	▷ 공정한 일처리와 능력을 인정받은 후보가 시장에 當選됐다.
		마땅하게 　 뽑힘 ▶ 선거에서 뽑힘, 심사나 선발에서 뽑힘,	

別 다를 별	■ 다르다 ■ 따로 ■ 나누다 ■ 구별하다	選別 [　]	▷ 사과를 따 빛깔이 좋고 크기가 큰 것들을 選別하여 따로 포장을 했다.
		가려서 　 따로 나눔 ▶ 가려서 따로 나눔,	

動 움직일 동	■ 움직이다 ■ 옮기다 ■ 일어나다	擧動 [　]	▷ 그는 아직 병이 완쾌되지 않아서 擧動이 자유롭지 못하다.
		행하는 　 움직임 ▶ 몸을 움직임, 또는 그런 짓이나 태도,	

論 논할 논	■ 논하다 ■ 말하다 ■ 문제삼다	擧論 [　]	▷ 오늘 토론에서는 우리나라 출생률 감소의 문제점이 擧論되었다.
		들어 올림 　 논할 문제로 ▶ 어떤 사항을 논제로 삼아 제기하거나 논의함,	

한 글자 더

辯 말씀 변	■ 말씀 ■ 말하다 ■ 말을 잘하다 ■ 조리가 있다

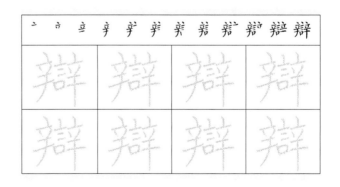

熱 더울 열	■ 덥다 ■ 열, 더운 기운 ■ 열을 내다	熱辯 [　]	▷ 그는 국어 교육의 중요성에 대해 熱辯을 토하였다.
		열을 내어 　 말함 ▶ 열렬하게 사리를 밝혀 옳고 그름을 따지는 말,	

護 보호할 호	■ 보호하다 ■ 지키다 ■ 돕다	辯護 [　]	▷ 그는 어려움에 처한 친구의 입장을 辯護 하며 나섰다.
		말을 잘하여 　 도와줌 ▶ 남의 이익을 위하여 변명하고 감싸서 도와줌,	

알아보기

■ 한자어와 한자어를 이루는 개별 한자의 뜻을 알아보자.
■ 아래 한자어의 음을 적고 그 뜻을 생각하며 글을 읽어 보자.
■ 공부할 한자의 뜻을 알아보고 필순에 따라 바르게 써 보자.

始終 [　　] ■ 처음과 끝, 처음부터 끝까지,

「"청군, 이겨라! 청군, 이겨라!"

"백군, 이겨라! 백군, 이겨라!"

우리들의 應援 소리에 運動場이 떠나갈 듯했다.

이어달리기는, 시간이 흐를수록 흥미롭게

進行되었다. 종반에는 혜진이가

역전을 시키더니, 마지막 走者

주성이가 청군을 아슬아슬하게

앞지르며 決勝줄을 끊었다.

始終 손에 땀을 쥐게 하는

競技였다. 」

• 應援(응원) • 運動場(운동장) • 進行(진행) • 走者(주자) • 決勝(결승) • 競技(경기)

* 종반: 운동 경기나 바둑, 장기 따위에서 승부(이김과 짐)의 마지막 단계. * 역전: 형세가 뒤집힘. 또는 형세를 뒤집음.

始

終

는 '시집보내다'는 뜻인 母···女(녀)와 '기뻐하다',
'기르다'는 뜻인 台(이)를 결합한 것이다. 시집
보냄으로 비로소 아이를 기르는 기쁨이 〈비롯됨〉을 의
미한다.

은 노끈 양쪽 끝에 매듭을 지어 놓은 모습이다. 나중
에 '실'을 뜻하는 糸(사)를 결합하였다. 마침내 실이
다하여 〈끝났음〉을 의미한다.

[새김] ■ 비로소 ■ 비롯하다 ■ 처음, 시초

[새김] ■ 마치다 ■ 끝나다 ■ 끝, 마지막

ㄥ	ㄥ	女	女	始	始	始	始

始	始	始	始
始	始	始	始

ㄥ	ㄥ	纟	纟	糸	糸	糸	終	終	終

終	終	終	終
終	終	終	終

■ 한자의 뜻을 새기고 그 한자로 이루어진 한자어를 익히자.
■ 한자의 뜻을 연결하여 한자어의 뜻을 생각해 보자.
■ 한자어의 뜻을 알고 예문을 통해 그 쓰임을 익히자.

始 비로소 시	■ 비로소 ■ 시작하다 ■ 처음, 시초	終 마칠 종	■ 마치다 ■ 끝, 끝나다 ■ 다하다

– 흐리게 나타난 한자어 위에 겹쳐서 쓰고 음을 적어라 –

初 처음 초	■ 처음 ■ 첫, 첫째 ■ 비로소

始初 □ ▷ 그 일은 始初부터 잘못되어 있었다.
시작하는 　처음 ▶ 맨 처음.

原 근원 원	■ 근원, 근본 ■ 원래 ■ 벌판, 들판

原始 □ ▷ 아마존 밀림의 원주민은 채집과 사냥을 하면서 原始 생활을 하고 있었다.
원래대로 　처음 시작된 ▶ 시작하는 처음, 처음 시작된 그대로 있어 발달하지 아니한 상태.

末 끝 말	■ 끝 ■ 마지막 ■ 하찮은 ■ 가루

終末 □ ▷ 너는 지구의 終末을 이야기하는 사람들을 어떻게 생각하니?
마지막 　끝 ▶ 계속된 일이나 현상의 맨 끝.

最 가장 최	■ 가장, 제일 ■ 모두 ■ 중요한 일

最終 □ ▷ 그는 대표 선수를 선발하는 最終 심사를 남기고 있었다.
가장 　끝 ▶ 맨 나중.

한 글자 더

再 두 재	■ 두, 두 번 ■ 거듭, 재차 ■ 다시 한 번

☆ 같은 일을 거듭 함.

一 厂 丌 而 再 再

再 再 再 再
再 再 再 再

現 나타날 현	■ 나타나다 ■ 드러나다 ■ 지금 ■ 실재

再現 □ ▷ 그는 사고 당시의 상황을 再現하였다.
다시 한 번 　나타냄 ▶ 다시 나타남. 또는 다시 나타냄.

考 생각할 고	■ 생각하다 ■ 헤아리다 ■ 살펴보다

再考 □ ▷ 우리의 계획을 再考해야 할 사정이 발생하였다.
다시 한 번 　생각함 ▶ 어떤 일이나 문제 따위에 대하여 다시 생각함.

알아보기

■ 한자어와 한자어를 이루는 개별 한자의 뜻을 알아보자.
- 아래 한자어의 음을 적고 그 뜻을 생각하며 글을 읽어 보자.
- 공부할 한자의 뜻을 알아보고 필순에 따라 바르게 써 보자.

逆轉 [   ]

■ 형세가 뒤집어짐, 거꾸로 회전함.

「 드디어 票를 사서 野球場 안으로 들어갔다. 하늘에는 커다란 풍선이 떠 있었고, 電光板은 選手들의 이름과 競技場 여기저기의 모습을 보여 주고 있었다. 아버지와 나는 3루측 관람석에 앉았다. 그 날 따라 競技는 逆轉에 逆轉을 거듭해 매우 흥미진진하였다. 내가 좋아하는 팀의 選手가 안타를 치고 나가자, 3루측 관중들은 일제히 환호성을 질렀다. 」

• 票(표) • 野球場(야구장) • 電光板(전광판) • 選手(선수) • 競技場(경기장)
* 관람석: 연극, 영화, 운동 경기, 미술품 따위를 구경할 수 있도록 마련한 좌석.

屰은 사람이 거꾸로 뒤집어진 모습인 屰 … 屰(역)과 '뒷걸음질 치는 발'을 뜻하는 止을 결합한 것이다. 나중에 止은 辵(착)=辶으로 바뀌었다. 〈거꾸로 감〉을 의미한다.

새김 ▪ 거스르다 ▪ 어기다 ▪ 거꾸로.

丶 丷 䒑 ⺷ 屰 屰 逆 逆 逆 逆			
逆	逆	逆	逆
逆	逆	逆	逆

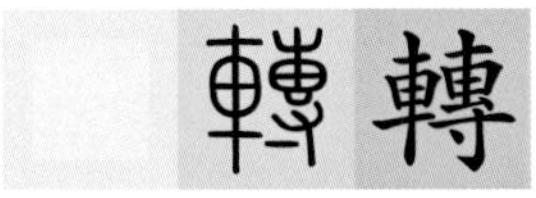

轉은 '둥글다'는 뜻인 專(단)과 '수레바퀴'를 뜻하는 車(차)를 결합한 것이다. 둥근 수레바퀴가 〈구름〉을 의미한다.

새김 ▪ 구르다, 돌다 ▪ 옮기다 ▪ 바꾸다

一 丆 百 亘 車 軻 軻 轉 轉 轉 轉 轉			
轉	轉	轉	轉
轉	轉	轉	轉

새기고 익히기

한자의 뜻을 새기고 그 한자로 이루어진 한자어를 익히자.

■ 한자의 뜻을 연결하여 한자어의 뜻을 생각해 보자.
■ 한자어의 뜻을 알고 예문을 통해 그 쓰임을 익히자.

| 逆 | 거스를
역 | ▪ 거스르다
▪ 어기다
▪ 거꾸로 | 轉 | 구를
전 | ▪ 구르다, 돌다
▪ 옮기다
▪ 바꾸다 |

― 흐리게 나타난 한자어 위에 겹쳐서 쓰고 음을 적어라 ―

| 拒 | 막을
거 | ▪ 막다
▪ 막아 지키다
▪ 거절하다 |

拒逆 ▢
거절하고　거스름　▶ 윗사람의 뜻이나 지시 따위를 따르지 않고 거스름.

▷ 그는 아버지의 뜻을 拒逆할 수 없어서 그 일을 계속하였다.

| 順 | 순할
순 | ▪ 순하다
▪ 좇다
▪ 차례, 순서 |

逆順 ▢
거꾸로 된　순서　▶ 거꾸로 된 순서.

▷ 이번에는 逆順으로 시작하겠다.

| 回 | 돌아올
회 | ▪ 돌아오다
▪ 돌다
▪ 번 ▪ 횟수 |

回轉 ▢
돌다　돌다　▶ 어떤 것을 축으로 물체 자체가 빙빙 돎.

▷ 커다란 프로펠러가 回轉하면서 거센 바람을 일으켰다.

| 運 | 옮길
운 | ▪ 옮기다 ▪ 부리다
▪ 움직이다
▪ 운(운수) |

運轉 ▢
움직여　부림　▶ 기계나 자동차 따위를 움직여 부림.

▷ 졸려서 運轉을 못 하겠다.

한 글자 더

| 起 | 일어날
기 | ▪ 일어나다
▪ 일으키다
▪ 우뚝 솟다 |

一 十 土 丰 丰 走 走 起 起 起

☆ 몸을 일으켜 활발히 움직임.

| 再 | 두
재 | ▪ 두, 두 번
▪ 거듭
▪ 다시 한 번 |

再起 ▢
다시　일어남　▶ 역량이나 능력 따위를 모아서 다시 일어남.

▷ 그 선수는 부상의 어려움을 딛고 再起에 성공하였다.

| 因 | 인할
인 | ▪ 인하다
▪ 까닭
▪ 원인 |

起因 ▢
일어나게 된　까닭　▶ 일이 일어나게 된 까닭, 어떠한 것에 원인을 둠.

▷ 집값 하락은 무엇보다도 인구의 감소에 起因한 것이라 생각된다.

99

어휘력 다지기

■ 민원 行政 [　] 절차를 간소화 하였다. · · 정치나 사무를 행함.

■ 국민의 대표가 國政 [　] 을 운영한다. · · 병을 완전히 낫게 함.

■ 경찰 당국은 治安 [　] 유지에 힘쓴다. · · 나라의 정치.

■ 그의 폐암은 完治 [　] 판정을 받았다. · · 국가 사회의 안녕과 질서를 유지 보전함.

■ 심사를 거쳐 우수작을 選定 [　] 하였다. · · 어떤 사람의 이름을 입에 올려 말함.

■ 모두들 무공해 식품을 選好 [　] 한다. · · 여럿 가운데서 어떤 것을 뽑아 정함.

■ 그가 모범 학생으로 擧名 [　] 되었다. · · 여럿 가운데서 특별히 가려서 좋아함.

■ 오늘 먹은 음식을 列擧 [　] 해 보아라. · · 어떤 물질에 열을 가함. 어떤 사건에 열기를 더함.

■ 물이 끓을 때까지 加熱 [　] 하도록 해라. · · 여러 가지 예나 사실을 낱낱이 죽 늘어놓음.

■ 동아리 활동에 熱意 [　] 가 대단하구나. · · 대항하여 변론함. 또는 그런 변론.

■ 그는 묻는 말에 答辯 [　] 을 회피하였다. · · 어떤 일을 이루기 위하여 온갖 정성을 다하는 마음.

■ 나는 불공정한 판정에 抗辯 [　] 하였다. · · 물음에 대하여 밝혀 대답함. 또는 그런 대답.

■ 차의 始動 [　] 을 걸고 바로 출발하였다. · · 행동이나 일 따위를 시작함.

■ 작전에 따라 공격을 開始 [　] 하였다. · · 처음으로 움직이기 시작함. 또는 그렇게 되게 함.

■ 경기 終了 [　] 1분 전에 터진 결승골. · · 공격을 받던 편에서 거꾸로 맞받아 하는 공격이나 공세.

■ 결론도 없이 회의가 終結 [　] 되었어. · · 어떤 행동이나 일 따위가 끝나거나 끝마침.

■ 공격 기회를 놓치고 逆攻 [　] 당했어. · · 일을 끝냄.

■ 逆境 [　] 을 이겨내고 마침내 성공했지. · · 일의 형세가 좋은 쪽으로 바뀜. 병의 증세가 나아짐.

■ 그의 병세는 점차 好轉 [　] 되어 갔어. · · 다시 발생함. 또는 다시 일어남.

■ 그의 증언에 의문을 提起 [　] 하였다. · · 일이 순조롭지 않아 매우 어렵게 된 처지나 환경.

■ 같은 사고가 再發 [　] 되지 않도록 하자. · · 의견이나 문제를 내어놓음.

· 행정 · 국정 · 치안 · 완치 · 선성 · 선호 · 서명 · 열거 · 가열 · 얼의 · 답변 · 항변 · 시동 · 개시 · 종료 · 종결 · 역공 · 역경 · 호전 · 제기 · 재발

■ 한자어가 되도록 □ 안에 공통으로 넣을 한자를 보기에서 찾아 □ 안에 쓰고 , 그 한자어의 뜻을 생각하며 음을 적어라.

| □ ⇨ | □治 | □權 | 行□ |
| □ ⇨ | □任 | □定 | □出 |

| □ ⇨ | □氣 | 發□ | 加□ |
| □ ⇨ | □了 | □末 | 最□ |

| □ ⇨ | 拒□ | □順 | □風 |
| □ ⇨ | □現 | □次 | □生 |

보기

錦 · 終 · 再 · 擧 · 辯 · 逆 · 選 · 始 · 政 · 轉 · 熱 · 起 · 治

■ 아래의 뜻을 지닌 한자어가 되도록 위의 보기에서 알맞은 한자를 찾아 □ 안에 써 넣어라.

▶ 자기 일을 스스로 다스림.

▷ 학급회의 통해 | 自 | | 활동을 한다.

▶ 손을 위로 들어 올림, 찬성과 반대, 경례 따위의 의사를 나타내는 경우에 쓰인다.

▷ 태극기를 향해 | | 手 | 경례를 했다.

▶ 어떤 잘못이나 실수에 대하여 구실을 대며 그 까닭을 말함.

▷ 그는 자기 잘못에 | | 明 | 만 늘어놨어.

▶ 한 겨레나 가계의 맨 처음이 되는 조상.

▷ 우리 민족의 | | 祖 | 는 단군이라 한다.

▶ 다른 방향이나 상태로 바뀌거나 바꿈.

▷ 우리, 기분 | | 換 | 하러 야외로 나가자.

▶ 충청남도와 전라북도의 경계를 이루면서 군산 만으로 흘러드는강.

▷ 공주, 부여 등은 | | 江 | 을 끼고 있다.

▶ 의견이나 문제를 내어놓음.

▷ 그 사건에 대해 의문을 | 提 | | 하였다.

· 정치. 정권. 행정 · 선임. 선정. 선출 · 열기. 발열. 가열 · 종료. 종말. 최종 · 거역. 역순. 역풍 · 재현. 재차. 재생 / · 자치 · 거수 · 변명 · 시조 · 전환 · 금강 · 제기

되새기기

政 정사 정
攵(등글월문) / 총 9획

一 一 T T T T 正 政 政 政

政 政 政 政

治 다스릴 치
氵(삼수변) / 총 8획

丶 丶 氵 氵 氵 沿 治 治

治 治 治 治

選 가릴 선
辶(책받침) / 총 16획

選 選 選 選

擧 들 거
手(손수) / 총 18획

擧 擧 擧 擧

熱 열 열
灬(연화발) / 총 15획

一 十 土 去 去 去 教 執 執 熱 熱

熱 熱 熱 熱

辯 말씀 변
辛(매울신) / 총 21획

辯 辯 辯 辯

始 비로소 시
女(계집녀) / 총 8획

乚 乚 女 女 女 始 始 始

始 始 始 始

終 마칠 종
糸(실사) / 총 15획

終 終 終 終

逆 거스를 역
辶(책받침) / 총 10획

逆 逆 逆 逆

轉 구를 전
車(수레거) / 총 18획

轉 轉 轉 轉

再 두 번 재
冂(멀경몸) / 총 6획

一 冂 冂 冂 再 再

再 再 再 再

起 일어날 기
走(달릴주) / 총 10획

一 十 土 丰 丰 走 起 起 起

起 起 起 起

陣 진 칠 진
阝(좌부변) / 총 10획

阝 阝 阝 阵 阵 阵 陣 陣

陣 陣 陣 陣

錦 비단 금
金(쇠금) / 총 16획

錦 錦 錦 錦

묶음 5-8

음 ■ 한자를 읽는 소리
아래 한자의 음을 찾아 적고 소리내어 읽어 보자.

- 바탕색과 글자색이 같은 것을 찾아 보자 -

却	哀	恨	恩
惠	歎	願	移
謝	植	忘	厚

은	원	이	각	애	한
후	망	탄	혜	사	식

훈 ■ 한자의 뜻 새김
한자의 음을 적고 훈과 함께 외어 보자.

恩	은혜	惠	은혜	忘	잊을	却	물리칠
恨	한	歎	탄식할	移	옮길	植	심을
哀	슬플	願	원할	厚	두터울	謝	사례할

알아보기

■ 한자어와 한자어를 이루는 개별 한자의 뜻을 알아보자.
■ 아래 한자어의 음을 적고 그 뜻을 생각하며 글을 읽어 보자.
■ 공부할 한자의 뜻을 알아보고 필순에 따라 바르게 써 보자.

恩惠 [ ]

■ 베풀어주는 혜택.

「 禮節은 우리의 말과 行動으로 나타납니다. 우리의 마음 씀씀이가
곧 禮節로 나타나게 되는 것이지요. 그래서 우리 조상들은
오래 前부터 禮節을 所重하게 생각하여 왔습니다.

　禮節은 家庭에서부터 시작됩니다.
家庭에는 父母님이 계십니다.
父母님에 대한 禮節은 나에게
베푸시는 恩惠의 所重함을
깨닫는 데서부터 시작됩니다. 」

• 禮節(예절) • 行動(행동) • 前(전) • 所重(소중) • 家庭(가정) • 父母(부모)
* 씀씀이: 돈이나 혹은 마음 따위를 쓰는 형편(일이 되어가는 방법이나 순서 또는 결과).

恩은 '인하다', '비롯하다'는 뜻인 因(인)과 '마음'을
뜻하는 心(심)을 결합한 것이다. 마음에서 비롯하여
베푸는 〈온정과 혜택〉을 의미한다.

[새김] ■ 은혜 ■ 혜택 ■ 고맙게 여기다

丨 冂 冃 冎 因 因 恩 恩 恩			
恩	恩	恩	恩
恩	恩	恩	恩

는 '오로지'를 뜻하는 ᐁ┈ 叀(전)과 '마음'을 뜻하
는 ᐁ┈ 心(심)을 결합한 것이다. 오로지 올곧은 마
음으로 베푸는 〈은혜와 사랑〉을 의미한다.

[새김] ■ 은혜, 사랑 ■ 베풀다 ■ 어질다

一 亠 亡 亩 亩 車 車 車 車 惠 惠 惠			
惠	惠	惠	惠
惠	惠	惠	惠

■ 한자의 뜻을 새기고 그 한자로 이루어진 한자어를 익히자.
■ 한자의 뜻을 연결하여 한자어의 뜻을 생각해 보자.
■ 한자어의 뜻을 알고 예문을 통해 그 쓰임을 익히자.

| 恩 은혜 은 | ■ 은혜
■ 혜택
■ 고맙게 여기다 | 惠 은혜 혜 | ■ 은혜, 사랑
■ 어질다
■ 베풀다 |

― 흐리게 나타난 한자어 위에 겹쳐서 쓰고 음을 적어라 ―

| 德 덕 덕 | ■ 덕, 은덕
■ 덕을 베풀다
■ 크다 | 恩德 [　] | ▷ 스승의 恩德도 부모의 은혜처럼 저버릴 수 없는 것이다. |

은혜와　덕　▶ 은혜와 덕, 또는 은혜로운 덕,

| 報 알릴 보 | ■ 알리다
■ 갚다
■ 판가름하다 | 報恩 [　] | ▷ 왜 '5월은 報恩의 달'이라 하는지 그 뜻을 알 수 있겠니? |

갚음　은혜를　▶ 은혜를 갚음,

| 受 받을 수 | ■ 받다
■ 얻다
■ 받아들이다 | 受惠 [　] | ▷ 학생의 학업 성과를 기준으로 장학금 受惠 대상자를 선정하였다. |

받음　혜택을　▶ 은혜를 입음, 또는 혜택을 받음,

| 特 특별할 특 | ■ 특별하다
■ 뛰어나다
■ 수소(황소) | 特惠 [　] | ▷ 그 회사의 신입 사원 特惠 채용에 대한 의혹이 제기되었다. |

특별한　혜택　▶ 특별한 은혜나 혜택,

한 글자 더

| 恨 한 한 | ■ 한, 한하다
■ 뉘우치다
■ 억울하다 |

☆ 억울하거나 원통하거나 원망스럽게 생각하여 뉘우치거나 맺힌 마음.

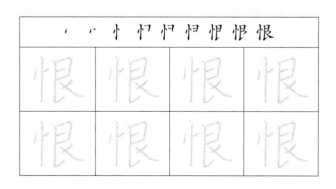

| 痛 아플 통 | ■ 아프다
■ 아픔, 고통
■ 몹시, 매우 | 痛恨 [　] | ▷ 그는 뜻하지 않은 화재로 전재산을 잃고 痛恨의 눈물을 흘렸다. |

몹시　한스러움　▶ 몹시 분하거나 억울하여 한스럽게 여김,

| 餘 남을 여 | ■ 남다
■ 남기다
■ 나머지 | 餘恨 [　] | ▷ 죽기 전에 북에 두고 온 고향을 한번 가 볼 수 있다면 餘恨이 없겠다. |

남은　한　▶ 풀지 못하고 남은 원한,

알아보기

■ 한자어와 한자어를 이루는 개별 한자의 뜻을 알아보자.
■ 아래 한자어의 음을 적고 그 뜻을 생각하며 글을 읽어 보자.
■ 공부할 한자의 뜻을 알아보고 필순에 따라 바르게 써 보자.

忘却 [　　] ■ 잊어버림,

「 사람들은 自然 속에서 즐거움을 누리면서도 自然의
고마움을 忘却하고 계속 自然을 파괴하고 있다.
自然은 限없이 强하고, 限없이 忍耐하고, 限없이
人間에게 베풀기만 할 것이라고
착각하고 있다. 우리는 自然을
보는 눈을 새롭게 하고, 自然을
살리기 위해 우리가 할 수 있는
일부터 시작해야 한다. 」

• 自然(자연) • 限(한) • 强(강) • 忍耐(인내) • 人間(인간).　　＊누리다: 생활 속에서 마음껏 즐기거나 맛보다.
＊파괴: 때려 부수거나 깨뜨려 헐어 버림. ＊착각: 어떤 사물이나 사실을 실제와 다르게 지각(알아서 깨달음)하거나 생각함.

[　] 忘　

忘은 '없어지다', '잃다'는 뜻인 亡(망)과 '마음', '생각'을 뜻하는 心(심)을 결합한 것이다.　마음이나 생각에서 〈없어지고 잃어버림〉을 의미한다.

[새김] ▪잊다 ▪기억 못하다 ▪잃어버리다

、 ㄴ 亡 产 忘 忘 忘			
忘	忘	忘	忘
忘	忘	忘	忘

[　] 却　

却은 '버리다', '내몰다'는 뜻인 去(거)와 영 내릴 때 신표로 삼는 '부절'을 뜻하는 卩(절)을 결합한 것이다. 영을 받아들이지 아니하고 〈물리침〉을 의미한다.

[새김] ▪물리치다 ▪물러나다 ▪치워 없애다

一 十 土 去 去 却 却			
却	却	却	却
却	却	却	却

■ 한자의 뜻을 새기고 그 한자로 이루어진 한자어를 익히자.
■ 한자의 뜻을 연결하여 한자어의 뜻을 생각해 보자.
■ 한자어의 뜻을 알고 예문을 통해 그 쓰임을 익히자.

| 忘 잊을 망 | ▪ 잊다
▪ 기억 못하다
▪ 잃어버리다 | 却 물리칠 각 | ▪ 물리치다
▪ 물러나다
▪ 치워 없애다 |

– 흐리게 나타난 한자어 위에 겹쳐서 쓰고 음을 적어라 –

| 不 아닐 불 | ▪ 아니다
▪ 아니하다
▪ 못하다 | 不忘 [ ]
아니함   잊지 ▶ 잊지 아니함. | ▷ 선생님의 진심어린 충고를 언제까지나 不忘토록 하겠습니다. |

| 冷 찰 냉 | ▪ 차다
▪ 식히다
▪ 쓸쓸하다 | 冷却 [ ]
차게 함   열을 없애 ▶ 식어서 차게 됨, 또는 식혀서 차게 함. | ▷ 자동차 엔진에는 冷却 장치가 필요하다. |

| 退 물러날 퇴 | ▪ 물러나다
▪ 물리치다
▪ 바래다 | 退却 [ ]
물러나다   물러나다 ▶ 뒤로 물러감. | ▷ 아군의 기세에 밀리던 적군은 허둥지둥 退却하였다. |

| 賣 팔 매 | ▪ 팔다
▪ 내놓다
▪ 배신하다 | 賣却 [ ]
팔아   치워 없앰 ▶ 물건을 팔아 버림. | ▷ 김 노인은 더 이상 농사를 지을 수 없어 농토를 賣却하였다. |

한 글자 더

| 歎 탄식할 탄 | ▪ 탄식하다
▪ 읊다, 노래하다
▪ 칭찬하다 |

一 卄 卅 芇 莒 荁 菓 菓 蓳 歎 歎 歎

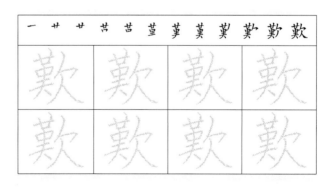

☆ 어렵고 힘들어서 숨을 한꺼번에 크게 내 쉼.

| 恨 한 한 | ▪ 한, 한하다
▪ 뉘우치다
▪ 억울하다 | 恨歎 [ ]
뉘우치며   탄식함 ▶ 원통하거나 뉘우치는 일이 있을 때 한숨을 쉬며 탄식함. | ▷ 이제 와서 더 배우지 못함을 恨歎해본들 무슨 소용 있겠나. |

| 感 느낄 감 | ▪ 느끼다
▪ 감응하다
▪ 감동하다 | 感歎 [ ]
감동하여   칭찬함 ▶ 감동하여 칭찬함. | ▷ 편의점에 침입한 강도를 제압한 청년의 용기와 행동에 모두들 感歎하였다. |

■ 한자어와 한자어를 이루는 개별 한자의 뜻을 알아보자.
- 아래 한자어의 음을 적고 그 뜻을 생각하며 글을 읽어 보자.
- 공부할 한자의 뜻을 알아보고 필순에 따라 바르게 써 보자.

移植 [　　] ■ 옮겨 심음.

「 텔레비젼에서 동훈 군의 딱한 事情을 보게 되었어요. 중학교 때에 부모가 돌아가시고, 졸지에 少年 家長이 되어 病席의 할머니까지 보살펴야 하는 동훈 군이 신부전증으로 고생한다는 사정이 너무나 안타까웠어요, 특히 신장을 移植하지 않으면, 3日에 한 번씩 피를 걸러 주어야 한다는 이야기를 듣고는 더욱 마음이 아팠어요, 그래서 제가 망설임 없이 동훈 군의 담당 의사 선생님께 電話를 드려 신장을 기증하겠다고 했지요. 」

• 事情(사정) • 少年(소년) • 家長(가장) • 病席(병석) • 電話(전화).   * 졸지에: 느닷없이 갑작스럽게.
* 담당: 어떤 일을 맡음. 어떤 일을 맡아서 하는 사람.   * 기증: 선물이나 기념으로 남에게 물품을 거저 줌.

移는 '벼'를 뜻하는 禾(화)와 '불어나다', '많다'는 뜻인 多(다)를 결합한 것이다.   불어난(몸집이 커진) 어린 벼를 본 밭으로 〈옮김〉을 의미한다.

植은 '나무'를 뜻하는 木(목)과 '곧다', '펴다'는 뜻인 直(직)을 결합한 것이다.   나무를 곧게 세워 〈심음〉을 의미한다.

[새김] ▪옮기다 ▪옮겨심다 ▪변하다

[새김] ▪심다 ▪세우다 ▪초목의 총칭

′ ′ ′ 千 千 千 秒 秒 秒 移 移 移			
移	移	移	移
移	移	移	移

一 十 オ 木 木 オ 柏 柏 柏 植 植 植			
植	植	植	植
植	植	植	植

새기고 익히기

■ 한자의 뜻을 새기고 그 한자로 이루어진 한자어를 익히자.
■ 한자의 뜻을 연결하여 한자어의 뜻을 생각해 보자.
■ 한자어의 뜻을 알고 예문을 통해 그 쓰임을 익히자.

| 移 | 옮길
이 | ■ 옮기다
■ 옮겨 심다
■ 변하다 | 植 | 심을
식 | ■ 심다
■ 세우다
■ 초목의 총칭 |

- 흐리게 나타난 한자어 위에 겹쳐서 쓰고 음을 적어라 -

| 動 | 움직일
동 | ■ 움직이다
■ 옮기다
■ 일어나다 |
| 移動 | | ▷ 4교시를 마치고 모두 급식실로 移動하였다. |

옮김 움직여 ▶ **움직여 옮김, 또는 움직여 자리를 바꿈.**

| 轉 | 구를
전 | ■ 구르다, 돌다
■ 옮기다
■ 바꾸다 |
| 移轉 | | ▷ 가게를 확장하면서 새 건물로 移轉하였다.
▷ 건물의 소유권이 아들에게 移轉되었다. |

옮김 바꾸어 ▶ **장소나 주소 따위를 다른 데로 옮김. 권리 따위를 넘김.**

| 假 | 거짓
가 | ■ 거짓 ■ 가짜
■ 임시적
■ 빌리다 |
| 假植 | | ▷ 묘목 시장에서 구해 온 감나무 묘목을 뒤뜰에 假植해 두었다. |

임시로 심음 ▶ **나무나 모종을 제자리에 심을 때까지 임시로 딴 곳에 심는 일.**

| 樹 | 나무
수 | ■ (자라고 있는)나무
■ 심다
■ 세우다 |
| 植樹 | | ▷ 4월은 植樹하기 좋은 시기이다. |

심음 나무를 ▶ **나무를 심음, 또는 심은 나무.**

한 글자 더

| 厚 | 두터울
후 | ■ 두텁다
■ 후하다
■ 두껍다 |

一 厂 厂 厂 厂 厅 厚 厚 厚

| 厚 | 厚 | 厚 | 厚 |
| 厚 | 厚 | 厚 | 厚 |

☆ 마음 쓰는 정도가 살뜰하게 크다.

| 溫 | 따뜻할
온 | ■ 따뜻하다
■ 온화하다
■ 온도 |
| 溫厚 | | ▷ 溫厚한 성품을 지닌 그 선생님은 언제나 부드러운 안색으로 우리를 대하셨다. |

온화하고 후함 ▶ **성품이 온화하고 후덕함.**

| 德 | 덕
덕 | ■ 덕, 은덕
■ 덕을 베풀다
■ 크다 |
| 厚德 | | ▷ 그는 성격이 원만하고 厚德한 사람이다. |

후함 덕이 ▶ **덕이 후함, 또는 그런 덕.**

알아보기

■ 한자어와 한자어를 이루는 개별 한자의 뜻을 알아보자.
■ 아래 한자어의 음을 적고 그 뜻을 생각하며 글을 읽어 보자.
■ 공부할 한자의 뜻을 알아보고 필순에 따라 바르게 써 보자.

哀願 [　　] ■ 애처롭게 간절히 바람.

「 "先生님, 親한 친구끼리 짝이 되게 해 주세요."

주영이가 先生님께 哀願하듯이 말씀드리자,

민수도 거들었다.

"先生님, 주영이는 보라와 짝이 되는 게

所願이래요. 한 번만 같이 앉게 해 주세요."

"그래? 그럼 좋아하는 사람끼리

짝을 지어 볼까?" 」

• 親(친) • 所願(소원). * 거들다: 남이 하는 일을 함께 하면서 돕다. 남의 말이나 행동에 끼어들어 참견하다.

😊는 '옷입다'는 뜻인 ⌢…衣(의)와 우는 '입'을 뜻
하는 ㅂ…口(구)를 결합한 것이다.   상복을 입고 울
며 〈슬퍼함〉을 의미한다.

[새김] ■ 슬프다 ■ 슬퍼하다 ■ 가엾다

`	一	亠	亠	壴	亡	亡	亡	哀
哀	哀	哀	哀					
哀	哀	哀	哀					

願은 '물줄기가 흐르는 근원'을 뜻하는 原(원)과 '머
리'를 뜻하는 頁(혈)을 결합한 것이다.   물줄기가 흘러
나오듯 항상 머리에 솟아나는 〈바램〉을 의미한다.

[새김] ■ 원하다 ■ 바라다 ■ 기원하다

一	厂	厂	厂	原	厉	厉	原	原	原	願	願	願
願	願	願	願									
願	願	願	願									

새기고 익히기

■ 한자의 뜻을 새기고 그 한자로 이루어진 한자어를 익히자.
■ 한자의 뜻을 연결하여 한자어의 뜻을 생각해 보자.
■ 한자어의 뜻을 알고 예문을 통해 그 쓰임을 익히자.

哀	슬플 애	■ 슬프다 ■ 슬퍼하다 ■ 가엽다

願	원할 원	■ 원하다 ■ 바라다 ■ 기원하다

― 흐리게 나타난 한자어 위에 겹쳐서 쓰고 음을 적어라 ―

痛	아플 통	■ 아프다 ■ 아픔, 고통 ■ 몹시, 매우

哀痛 ☐ ▷ 꽃다운 젊은 나이에 세상을 하직하다니 哀痛한 일이다.
슬프고　가슴 아픔　▶ 슬퍼하고 가슴 아파함.

調	고를 조	■ 고르다 ■ 가락 ■ 조절하다 ■ 조사하다

哀調 ☐ ▷ 그가 불어대는 풀피리 소리는 묘한 哀調를 띠고 있었다.
슬픈　가락　▶ 슬픈 곡조.

宿	잘 숙	■ 자다 ■ 묵다 ■ 지키다 ■ 본디

宿願 ☐ ▷ 섬 주민들의 宿願은 다리를 놓아 육지와 연결되는 것이었다.
오래 묵은　바람　▶ 오래전부터 품어 온 염원이나 소망.

請	청할 청	■ 청하다 ■ 바라건대 ■ 고하다

請願 ☐ ▷ 김 일병은 어머니가 위독하다는 소식에 부대장에게 특별휴가를 請願하였다.
청하고　원함　▶ 일이 이루어지도록 청하고 원함. 바라는 바를 들어 주기를 청함.

한 글자 더

謝	사례할 사	■ 사례하다 ■ (잘못을)빌다 ■ 사양하다

☆ 뜻을 분명히 취하여 말함.

言 言 言 言 訓 訓 訓 謝 謝 謝 謝 謝

謝 謝 謝 謝
謝 謝 謝 謝

厚	두터울 후	■ 두텁다 ■ 후하다 ■ 두껍다

厚謝 ☐ ▷ 강아지를 찾아주시면 厚謝하겠습니다.
후히게　시례함　▶ 후하게 사례함. 또는 그 사례.

過	지날 과	■ 지나다 ■ 지나치다 ■ 잘못, 허물

謝過 ☐ ▷ 그는 자신의 실수를 솔직하게 인정하고 즉시 謝過하였다.
빎　잘못을　▶ 자기의 잘못을 인정하고 용서를 빎.

한자성어

■ 한자 성어에 담긴 함축된 의미를 파악하고 그 쓰임을 익히자.

■ 한자 성어의 음을 적고 그에 담긴 의미와 적절한 쓰임을 익혀라.

起 死 回 生	
	▶ 거의 죽을뻔 하다가 도로 살아남.
	▷ 예선전 탈락 위기에 있던 우리 축구팀은 게임 종료 직전 극적으로 골을 넣어 起死回生하였다.

以 熱 治 熱	
	▶ 열은 열로서 다스림, 곧 열이 날 때 땀을 낸다든지, 더위를 뜨거운 차를 마셔서 이긴다는 따위를 이를 때 흔히 쓰는 말이다.
	▷ 以熱治熱이라는 데, 오늘은 날씨도 더우니 점심은 맵고 뜨거운걸 먹으면서 땀 한번 쭉 내볼까?

始 終 一 貫	
	▶ 일 따위를 처음부터 끝까지 한결같이 함.
	▷ 오늘 본 영화는 始終一貫 손에 땀을 쥐게 하는 긴장의 연속이었다.

自 初 至 終	
	▶ 처음부터 끝까지의 과정.
	▷ 어떻게 된 일인지 自初至終을 빠짐없이 이야기해 보아라.

一 觸 卽 發	
	▶ 한 번 건드리기만 해도 폭발할 것같아 몹시 위급한 상태.
	▷ 영해에 인접한 작은 섬의 영유권 다툼으로 두 나라 사이에 一觸卽發의 위기감이 감돌고 있다.

馬 脚 露 出	
	▶ 말의 다리가 드러난다는 뜻으로, 숨기려던 정체가 드러남을 이르는 말.
	▷ 회사 직원의 양심선언으로 馬脚露出이 되자 시민 단체에서 회사 경영진의 처벌을 요구하고 나섰다.

觸 닿을 촉	▪ 닿다 ▪ 찌르다 ▪ 느끼다

′ ケ 产 角 角 角 角 角 觸 觸 觸 觸

脚 다리 각	▪ 다리 ▪ 물건의 하부 ▪ 토대가 되는 것

丿 刀 月 月 月 肝 肝 肚 胠 胠 脚

· 기사회생 · 이열치열 · 시종일관 · 자초지종 · 일촉즉발 · 마각노출

더 살펴 익히기

■ 아래 한자의 뜻과 그 뜻을 지니는 한자어를 줄로 잇고 독음을 적어라.

擧	들다	· 擧國( )	▶ 온 나라, 또는 국민 전체.
	행하다	· 擧行( )	▶ 명령대로 시행함. 의식이나 행사 따위를 치름.
	온통, 다	· 擧手( )	▶ 손을 위로 들어 올림.
轉	구르다, 돌다	· 轉學( )	▶ 다니던 학교에서 다른 학교로 학적을 옮겨가서 배움.
	옮기다	· 自轉( )	▶ 저절로 돎. 천체가 스스로 고정된 축을 중심으로 회전함.
	부리다	· 運轉( )	▶ 기계나 자동차 따위를 움직여 부림.
歎	탄식하다	· 感歎( )	▶ 감동하여 칭찬함.
	칭찬하다	· 痛歎( )	▶ 몹시 탄식함. 또는 그런 탄식.

■ [逆]과 상대되는 뜻을 지닌 한자에 ○표 하여라. ➡ [反 · 轉 · 順 · 起]

■ [終]과 상대되는 뜻을 지닌 한자에 ○표 하여라. ➡ [末 · 再 · 至 · 始]

■ [恩]과 비슷한 뜻을 지닌 한자에 ○표 하여라. ➡ [惠 · 願 · 愛 · 謝]

■ 아래의 뜻을 지닌 한자성어가 되도록 ( ) 안에 한자를 써 넣고 완성된 성어의 독을을 적어라.

▶ 무슨 일이든 자기 생각대로 <u>혼자서</u> 처리하는 사람, 혼자서는 장군이 될 수 없다는 뜻으로, 남과 의논 하고 협조하여야 함을 이르는 말. ➡ ( )不將軍

▶ 많은 사람이 줄을 지어 <u>길게</u> 늘어선 모양을 이르는 말. 예전의 병법에서, 한 줄로 길게 벌인 군진의 하나. ➡ ( )蛇陣

▶ 여러 가지 사물이 모두 <u>차이</u>가 있고 구별이 있음. ➡ 千( )萬別

▶ 귀신같이 나타났다가 <u>사라진다</u>는 뜻으로, 그 움직임 을 쉽게 알 수 없을 만큼 자유자재로 나타나고 사라 짐을 비유적으로 이르는 말. ➡ 神出鬼( )

▶ 비단 위에 꽃을 더한다는 뜻으로, 좋은 일 위에 또 좋은 일이 더하여짐을 비유적으로 이르는 말. ➡ 錦上添( )

▶ <u>해롭기</u>만 하고 하나도 이로운 바가 없음. ➡ 百( )無益

· 거국. 거행. 거수 · 전학. 자전. 운전 · 감탄. 통탄 / 獨 · 長 · 差 · 沒 · 花 · 害

어휘력 다지기

■ 초등학교 **恩師** 님을 찾아뵈었어요. • • 하늘이 베푼 은혜, 또는 자연의 은혜.

■ 우리를 키워주신 부모님의 **恩功** . • • 잊기 어려움.

■ 남해 다도해는 **天惠** 의 굴 양식장. • • 가르침을 받은 은혜로운 스승.

■ 그에 대한 고마움은 **難忘** 이란다. • • 은혜와 공로를 아울러 이르는 말.

■ 학생들의 개성을 **沒覺** 하는 교육. • • 깨달아 인식하지 못함.

■ 첫 골을 뽑아내자 **歡聲** 이 터졌다. • • 자기 나라를 떠나 다른 나라로 이주하는 일.

■ 극심한 가뭄에 **歎息** 만 나오네. • • 몹시 한탄하거나 탄식하는 소리, 몹시 감탄하는 소리.

■ 일가족이 외국으로 **移民** 을 갔다. • • 한탄하여 한숨을 쉼, 또는 그 한숨.

■ 그는 서울에서 시골로 **移住** 하였어. • • 일이나 형편이 시간의 경과에 따라 변하여 나감.

■ 사태의 **推移** 를 지켜보며 대응했다. • • 본래 살던 지역을 떠나 다른 지역으로 이동하여 정착함.

■ 오는 일요일에 **植木** 행사가 있다. • • 빽빽하게 심음.

■ 과일 나무는 절대 **密植** 하지 말아라. • • 나무를 심음, 또는 그 나무.

■ 이민 가족의 **哀話** 를 소재로 한 영화. • • 몹시 애처롭고 슬픔.

■ 그 노래의 가사가 매우 **哀切** 하구나. • • 슬픈 이야기.

■ 정월 대보름달을 보며 **所願** 을 빌어. • • 성격이 온화하고 덕이 많음.

■ 장애인 체험 활동을 **自願** 하였다. • • 바라고 원함, 또는 바라고 원하는 일.

■ 그는 성격이 **溫厚** 한 사람이야. • • 어떤 일을 자기 스스로 하고자 하여 나섬.

■ **重厚** 한 인품에 멋을 아는 노신사. • • 언행이나 선물 따위로 상대에게 고마움을 나타냄.

■ 자신의 잘못을 정중히 **謝罪** 하였다. • • 태도 따위가 정중하고 무게가 있다.

■ 감사한 마음으로 **謝禮** 를 하려한다. • • 지은 죄나 잘못에 대하여 용서를 빎.

■ 방부제를 **添加** 하지 않은 식품이야. • • 이미 있던 것에 덧붙이거나 보탬.

· 은사 · 은공 · 천혜 · 난망 · 몰각 · 탄성 · 탄식 · 이민 · 이주 · 추이 · 식목 · 밀식 · 애화 · 애절 · 소원 · 자원 · 온후 · 중후 · 사죄 · 사례 · 첨가

■ 한자어가 되도록 □ 안에 공통으로 넣을 한자를 보기에서 찾아 □ 안에 쓰고 , 그 한자어의 뜻을 생각하며 음을 적어라.

□ ⇨	□人	□惠	報□
□ ⇨	恨□	感□	□息
□ ⇨	所□	□書	志□

□ ⇨	冷□	賣□	棄□
□ ⇨	□動	□住	□轉
□ ⇨	感□	□過	□禮

┌─── 보기 ───┐
却 · 惠 · 謝 · 脚 · 植 · 歎 · 哀 · 恨 · 願 · 忘 · 厚 · 移 · 恩

■ 아래의 뜻을 지닌 한자어가 되도록 위의 보기에서 알맞은 한자를 찾아 □ 안에 써 넣어라.

▶ 특별한 은혜나 혜택.

▷ 너에게만 | 特 | □ |를 줄 수는 없어.

▶ 어떤 사실을 잃어버림.

▷ 참, 나의 역할을 잠시 | □ | 却 |하였네.

▶ 풀지 못하고 남은 원한.

▷ 살만큼 살았으니 | 餘 | □ |은 없다고?

▶ 종자나 모종을 제자리에 심을 때까지 임시로 딴 곳에 심는 일.

▷ 묘목을 우선 여기에 | 假 | □ |애 두어라.

▶ 어떤 목적으로 여기저기 돌아다님.

▷ 그의 범죄 | 行 | □ |이 다 드러났어.

▶ 소원이나 요구 따위를 들어 달라고 애처롭게 사정하여 간절히 바람.

▷ 그는 | □ | 願 |하면서 용서를 빌었다.

▶ 남에게 두터이 인정을 베푸는 마음.

▷ 베풀어주신 | □ | 意 |에 감사드립니다.

· 은인. 은혜. 보은 · 냉각. 매각. 기각 · 한탄. 감탄. 탄식 · 이동. 이주. 이전 · 소원. 원서. 지원 · 감사. 사과. 사례 / · 특혜 · 망각 · 여한 · 가식 · 행각 · 애원 · 후의

■ 한자의 음과 훈을 되새기며 필순에 따라 바르게 써 보자.

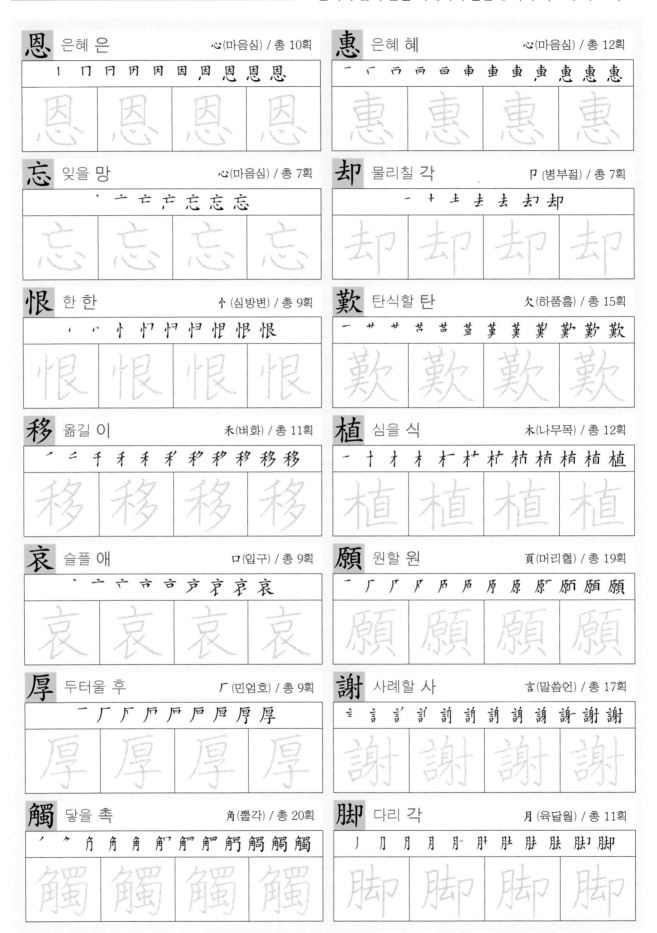

恩 은혜 은	心(마음심) / 총 10획
惠 은혜 혜	心(마음심) / 총 12획
忘 잊을 망	心(마음심) / 총 7획
却 물리칠 각	卩(병부절) / 총 7획
恨 한 한	忄(심방변) / 총 9획
歎 탄식할 탄	欠(하품흠) / 총 15획
移 옮길 이	禾(벼화) / 총 11획
植 심을 식	木(나무목) / 총 12획
哀 슬플 애	口(입구) / 총 9획
願 원할 원	頁(머리혈) / 총 19획
厚 두터울 후	厂(민엄호) / 총 9획
謝 사례할 사	言(말씀언) / 총 17획
觸 닿을 촉	角(뿔각) / 총 20획
脚 다리 각	月(육달월) / 총 11획

묶음 5-9

음 ■ 한자를 읽는 소리
아래 한자의 음을 찾아 적고 소리내어 읽어 보자.

– 바탕색과 글자색이 같은 것을 찾아 보자 –

頂	興	歌	週
致	觀	奮	覽
唱	極	隔	絶

격 절 주 치 흥 창
분 가 관 정 람 극

훈 ■ 한자의 뜻 새김
한자의 음을 적고 훈과 함께 외어 보자.

歌	노래	唱	부를	觀	볼	覽	볼
隔	사이뜰	週	돌	興	일	奮	떨칠
絶	끊을	頂	정수리	極	다할	致	이를

알아보기

■ 한자어와 한자어를 이루는 개별 한자의 뜻을 알아보자.
■ 아래 한자어의 음을 적고 그 뜻을 생각하며 글을 읽어 보자.
■ 공부할 한자의 뜻을 알아보고 필순에 따라 바르게 써 보자.

歌唱 [   ] ■ 노래를 부름.

「 오늘 歌唱 實技 평가가 있었다. 내가 부른 노래는
'나뭇잎배'였다. 시골에 살 때, 동무들과 시냇가에서
나뭇잎을 따다가 물에 띄워 놓고 누구 것이 빠른가,
누구 것이 第一 멀리 가나 하는 놀이를 하곤 했다.
그때 우리가 함께 부르던 노래가
바로 '나뭇잎배'였다. 나는 서울로
學校를 옮기게 되었지만, 그런 추억
때문에 나는 그 동무들과
이 노래를 잊을 수 없다. 」

• 實技(실기) • 第一(제일) • 學校(학교)
* 평가: 사물의 가치나 수준 따위를 평함.   * 추억: 지나간 일들을 돌이켜 생각함. 또는 그런 생각이나 일.

歌 [   ] 歌

歌는 '노랫소리'를 뜻하는 哥(가)와 '입을 크게 벌림'
을 나타내는 欠(하품 흠)을 결합한 것이다.   입을 크게
벌려서 곡조 있는 소리로 〈노래함〉을 의미한다.

[새김] ■ 노래 ■ 노래하다 ■ 읊조리다

一	一	一	可	可	可	哥	哥	哥	哥	歌	歌
歌		歌		歌		歌					
歌		歌		歌		歌					

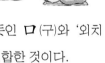

唱 [   ] 唱

唱은 '말하다', '입 밖에 내다'는 뜻인 口(구)와 '외치
다', '아름답다'는 뜻인 昌(창)을 결합한 것이다.
소리내어 외치거나 〈노래를 부름〉을 의미한다.

[새김] ■ 부르다 ■ 노래하다 ■ 말을 꺼내다

丨	冂	口	미	마	먀	먜	먜	먬	唱
唱		唱		唱		唱			
唱		唱		唱		唱			

118

■ 한자의 뜻을 새기고 그 한자로 이루어진 한자어를 익히자.
　■ 한자의 뜻을 연결하여 한자어의 뜻을 생각해 보자.
　■ 한자어의 뜻을 알고 예문을 통해 그 쓰임을 익히자.

歌 노래 가	■ 노래 ■ 노래하다 ■ 읊조리다		唱 부를 창	■ 부르다 ■ 노래하다 ■ 말을 꺼내다

- 흐리게 나타난 한자어 위에 겹쳐서 쓰고 음을 적어라 -

曲 굽을 곡	■ 굽다 ■ 곧지 않다 ■ 악곡

歌曲 [　]　▷ 아빠는 슈베르트의 歌曲을 좋아하신다.

노래하는　악곡　▶ 서양 음악에서, 시에 곡을 붙인 성악곡.

劇 심할 극	■ 심하다 ■ 놀이 ■ 연극

歌劇 [　]　▷ 歌劇으로 꾸며진 '피터팬'을 관람하였다.

노래로 하는　연극　▶ 오페라(음악을 중심으로 한 종합 무대 예술).

模 본뜰 모	■ 본뜨다 ■ 본, 본보기 ■ 모양

模唱 [　]　▷ 그는 특히 유명인들의 성대모사와 인기 가수의 模唱을 잘한다.

본떠서　노래함　▶ 남의 노래를 흉내내는 일.

獨 홀로 독	■ 홀로 ■ 혼자 ■ 홀몸

獨唱 [　]　▷ 합창이 끝나고 獨唱 순서로 이어졌다.

혼자서　노래함　▶ 성악에서, 혼자서 노래를 부름. 또는 그 노래.

한 글자 더

隔 사이 뜰 격	■ 사이가 뜨다 ■ 사이를 떼다 ■ 거리

☆ 멀어지다. 등한히하다. 구획짓다.

阝 阝 阝 阷 阷 阷 阷 隔 隔 隔 隔

隔	隔	隔	隔
隔	隔	隔	隔

間 사이 간	■ 사이 ■ 때 ■ 동안

間隔 [　]　▷ 사람들이 많아서 間隔을 좁혀 앉았다.
　▷ 그와 나 사이에 어떤 間隔이 느껴졌다.

사이가 뜬　거리　▶ 공간적, 시간적으로 벌어진 사이. 사람들의 관계가 벌어진 정도.

遠 멀 원	■ 멀다 ■ 멀리하다 ■ 깊다

遠隔 [　]　▷ 드론을 遠隔으로 조종하여 논밭에 농약 을 살포하였다.

멀리　떨어져 있음　▶ 멀리 떨어져 있음.

알아보기

■ 한자어와 한자어를 이루는 개별 한자의 뜻을 알아보자.
■ 아래 한자어의 음을 적고 그 뜻을 생각하며 글을 읽어 보자.
■ 공부할 한자의 뜻을 알아보고 필순에 따라 바르게 써 보자.

觀覽 [　　] ■ 연극 영화 경기 따위를 구경함.

「 미술관 마당의 한 편에는 '청소년을 위한 現代 미술전'이라는
현수막이 드리워져 있었다. 벌써 많은 아이들이 미술품을 보고 있었다.
우리는 먼저 西洋畫를 觀覽하였다.
寫眞처럼 事實的으로 表現한
그림도 있었지만, 사물의 특징을
몇 가지 색으로만 表現한 것도
있고, 점과 선, 면만으로 화폭을
꾸민 작품도 있었다. 」

• 美術展(미술전) • 西洋畫(서양화) • 寫眞(사진) • 事實的(사실적) • 表現(표현)
* 미술관: 미술품을 전시(여러 가지 물품을 한 곳에 벌여 놓고 보임)하는 시설.   * 현수막: 선전문·구호문 따위를 적어 걸어 놓은 막.
* 특징: 다른 것에 비하여 특별히 눈에 뜨이는 점.   * 화폭: 그림을 그려 놓은 천이나 종이의 조각.

𦥯은 황새가 서서 한 곳을 유심히 바라보고 있는 모습
이다. 나중에 '보다'는 뜻인 見(견)을 결합하였다.
주의 깊게 살피면서 〈바라봄〉을 의미한다.

[새김] ▪보다 ▪구경 ▪생각

＼	⺊	⺈	⺾	끗	쑤	쑤	雚	雚丨	觀	觀
觀		觀		觀		觀				
觀		觀		觀		觀				

覽은 '살펴보다'는 뜻인 監(감)과 '보이다', 나타나다'
는 뜻인 見(견)을 결합한 것이다.   보이는 것들을 〈두
루 살펴 봄〉을 의미한다.

[새김] ▪보다 ▪두루 보다 ▪살펴보다

⺊	丆	王	王	臥	臨	臨	臨	臥	覽	覽	覽
覽		覽		覽		覽					
覽		覽		覽		覽					

새기고 익히기

■ 한자의 뜻을 새기고 그 한자로 이루어진 한자어를 익히자.
■ 한자의 뜻을 연결하여 한자어의 뜻을 생각해 보자.
■ 한자어의 뜻을 알고 예문을 통해 그 쓰임을 익히자.

觀 볼 관	■ 보다 ■ 구경 ■ 생각	覽 볼 람	■ 보다 ■ 두루 보다 ■ 살펴보다

– 흐리게 나타난 한자어 위에 겹쳐서 쓰고 음을 적어라 –

察 살필 찰	■ 살피다 ■ 조사하다 ■ 자세하다

觀察 [   ]
봄   자세히 살펴 ▶ 사물이나 현상을 주의하여 자세히 살펴봄.
▷ 현미경으로 양파 세포를 觀察하였다.

衆 무리 중	■ 무리 ■ 많은사람 ■ 백성

觀衆 [   ]
구경하는   무리 ▶ 운동 경기 따위를 구경하기 위하여 모인 사람들.
▷ 觀衆들은 출연 가수의 노래에 호응하며 흥겹게 따라 불렀다.

測 헤아릴 측	■ 헤아리다 ■ 재다 ■ 측량하다

觀測 [   ]
살펴보며   재는 일 ▶ 어떤 상태, 추이, 변화 따위를 관찰하여 측정하는 일.
▷ 올해의 전국 평균 기온이 기상 觀測 이래 최고치를 기록하였다고 한다.

展 펼 전	■ 펴다 ■ 벌이다 ■ 더 나아지다

展覽 [   ]
펴서   봄 ▶ 펴서 봄.
▷ 이번에는 그 미술관에서 소장하고 있는 고서화를 展覽할 예정이다.

한 글자 더

週 돌 주	■ (한 바퀴)돌다 ■ 일주일

☆ 빠짐없이 골고루 거쳐 한바퀴 돎.

丿 刀 刀 凡 用 周 周 周 周 週 週 週

週 週 週 週
週 週 週 週

隔 사이 뜰 격	■ 사이가 뜨다 ■ 사이를 떼다 ■ 거리

隔週 [   ]
사이를 뗌   일주일 씩 ▶ 일주일을 거름. 또는 일주일씩 거르다.
▷ 매주 모이던 모임을 隔週로 바꾸었다.

期 기약할 기	■ 기약하다 ■ 때, 시기 ■ 기간

週期 [   ]
한 바퀴 도는   기간 ▶ 같은 현상이나 특징이 나타나고부터 되풀이되기 까지의 기간.
▷ 봄, 여름, 가을, 겨울은 매년 週期적으로 되풀이 된다.

알아보기

■ 한자어와 한자어를 이루는 개별 한자의 뜻을 알아보자.
■ 아래 한자어의 음을 적고 그 뜻을 생각하며 글을 읽어 보자.
■ 공부할 한자의 뜻을 알아보고 필순에 따라 바르게 써 보자.

興奮 [   ]

■ 어떤 자극을 받아 감정이 북받쳐 일어남, 또는 그 감정.

「 鬪牛士사가 소 앞에서 붉은 깃발을 휘두릅니다. 그러면 소는 세차게 날뛰며 뿔을 곤두세우고 달려듭니다. 이렇게 소에게 붉은 빛깔의 物件을 보이면 난폭하게 興奮한다고 말합니다. 그러나 動物學者들의 意見은 이것과 다릅니다. 소가 붉은 빛깔을 보면 興奮한다고 하는 것은, 소의 感覺을 사람의 感覺과 동일한 것으로 생각하는 데에서 생긴 잘못이라는 것입니다. 」

• 鬪牛士(투우사) • 物件(물건) • 動物學者(동물학자) • 意見(의견) • 感覺(감각). * 난폭: 행동이 몹시 거칠고 사나움.
* 곤두서다: 거꾸로 꼿꼿이 서다. (비유적으로)신경 따위가 날카롭게 긴장하다. * 동일: 어떤 것과 비교하여 똑같음.

𣎆은 '모두'를 뜻하는 凡(범)의 옛 글자인 Ħ와 함께 하는 여러 손인 𦥑를 결합한 것이다. 나중에 Ħ이 同(동)으로 바뀌었다. 모두 함께 참여하여 흥(재미나 즐거운 감정)을 〈일으킴〉을 의미한다.

[새김] ▪일다 ▪일으키다 ▪흥(흥취)

´	ſ	ﬁ	日	月	門	門	開	開	嗣	興	興
興	興	興	興								
興	興	興	興								

奮은 '새가 날개 펼쳐 떨치다'는 뜻인 奮(순)과 '밭', '사냥터'를 뜻하는 田(전)을 결합한 것이다. 새가 밭(사냥터)에서 날아오르며 날개를 힘껏 펼쳐 〈떨침〉을 의미한다.

[새김] ▪떨치다 ▪힘쓰다 ▪분격하다

一	广	大	木	本	杏	奄	奮	奮	奮	奮
奮	奮	奮	奮							
奮	奮	奮	奮							

새기고 익히기

■ 한자의 뜻을 새기고 그 한자로 이루어진 한자어를 익히자.
- 한자의 뜻을 연결하여 한자어의 뜻을 생각해 보자.
- 한자어의 뜻을 알고 예문을 통해 그 쓰임을 익히자.

興 일 흥	▪ 일다 ▪ 일으키다 ▪ 흥, 흥취	奮 떨칠 분	▪ 떨치다 ▪ 힘쓰다 ▪ 분격하다

— 흐리게 나타난 한자어 위에 겹쳐서 쓰고 음을 적어라 —

味 맛 미	▪ 맛 ▪ 기분 ▪ 취향 ▪ 뜻, 의의		▷ 나는 요즈음 한자 공부에 興味를 느끼고 있다.

흥과　　　취향　▶ 흥을 느끼는 재미, 마음이 끌린다는 감정을 수반하는 관심.

新 새 신	▪ 새, 새로운 ▪ 새롭게 다시 ▪ 처음으로		▷ 중국이 최대의 新興 시장으로 부각되고 있다.

새로　　일어남　▶ 어떤 사회적 사실이나 현상이 새로 일어남.

發 필 발	▪ 피다 ▪ 쏘다 ▪ 가다 ▪ 내다 ▪ 일으키다		▷ 난 뒤쳐지지 않으려고 더욱 奮發하였다.

떨쳐　　일어남　▶ 마음과 힘을 다하여 떨쳐 일어남.

鬪 싸울 투	▪ 싸우다 ▪ 싸움 ▪ 다투다		▷ 강적을 만나서 좋은 경기를 보여준 우리 팀의 奮鬪에 박수를 보냈다.

힘써　　　싸움　▶ 있는 힘을 다하여 싸우거나 노력함.

한 글자 더

極 다할 극	▪ 다하다 ▪ 지극하다 ▪ 극처, 끝	

☆ 더는 남아있지 아니하다.
　한계, 더할 수 없는 막다를 지경.

限 한할 한	▪ 한하다 ▪ 한정하다 ▪ 끝 ▪ 한계		▷ 그들은 極限 상황 속에서도 살아남으려는 의지를 버리지 않았다.

끝　　한계의　▶ 사물이 진행하여 도달할 수 있는 최후의 단계나 지점을 이름.

兩 두 양	▪ 두, 둘 ▪ 짝, 양쪽 ▪ 냥(무게 단위)		▷ 자석의 兩極은 서로 당기는 힘이 작용한다.

(짝이되는)두　극(극처)　▶ 양극과 음극, 북극과 남극.

알아보기

絶頂 [　　] ■ 사물의 정점, 산의 맨 꼭대기.

「 설악산 단풍이 이번주 **絶頂** 을 이룬다.
국립 공원 설악산 管理 事務所에 따르면
지난달 23일 대청봉(해발1708m)을 시작으로
붉게 물들어가는 설악산 단풍은 17일 현재
해발 600m 권금성까지 내려왔다. 국립공원
설악산 管理 事務所 측은 등산을 위주로 하는
산악인은 이번 週初, 일반 관광객은
이번 週末이 단풍관광의 適期가
될 것이라고 밝혔다. 」

• 管理(관리) • 事務所(사무소) • 週初(주초) • 週末(주말) • 適期(적기): 알맞은 시기.　＊위주: 으뜸으로 삼음.
＊산악인: 등산을 즐기거나 잘하는 사람.　＊일반: 특별하지 아니하고 평범한 수준. 또는 그런 사람들. 전체에 두루 해당되는 것.

𢇍은 칼(刀)로 실(𢇍)을 끊는 모습이다. 나중에 '꿰매
다', '깁다'는 뜻인 色(색)을 결합하였다.　꿰매는 일
이 끝나고(더이상 없어) 실을 〈끊음〉을 의미한다.

[새김] ■ 끊다 ■ 더이상 없다 ■ 뛰어나다

'	ﻍ	乡	幺	牟	糸	刹	刹	紹	紹	紹	絶	絶
絶		絶		絶		絶						
絶		絶		絶		絶						

傾은 위로 솟은 모습인 ↑ ⋯ 丁(정)과 몸의 가장 꼭대
기인 '머리'를 뜻하는 頁 ⋯ 頁(혈)을 결합한 것이다.
위로 솟은 것의 〈꼭대기〉를 의미한다.

[새김] ■ 정수리 ■ 꼭대기 ■ 이마

一	丁	丁	丁	疒	顶	頂	頂	頂	頂	頂
頂		頂		頂		頂				
頂		頂		頂		頂				

■ 한자의 뜻을 새기고 그 한자로 이루어진 한자어를 익히자.
■ 한자의 뜻을 연결하여 한자어의 뜻을 생각해 보자.
■ 한자어의 뜻을 알고 예문을 통해 그 쓰임을 익히자.

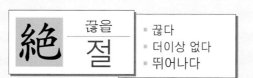

絕 끊을 절	▪ 끊다 ▪ 더이상 없다 ▪ 뛰어나다

頂 정수리 정	▪ 정수리 ▪ 꼭대기 ▪ 이마

– 흐리게 나타난 한자어 위에 겹쳐서 쓰고 음을 적어라 –

壁 벽	▪ 벽, 담 ▪ 울타리 ▪ 벼랑

絕壁 [　　　]
끊어진 　 벼랑
▷ 絕壁 아래에는 푸른 강물이 유유히 흐르고 있었다.
▶ 바위가 깎아 세운 것처럼 아주 높이 솟아 있는 험한 낭떠러지.

謝 사례할 사	▪ 사례하다 ▪ (잘못을)빌다 ▪ 대답하다

謝絕 [　　　]
사양하여 　 끊어 버림
▷ 그는 아들의 결혼 축의금을 謝絕한다고 하객들에게 알렸다.
▶ 사양하여 받지 아니함.

好 좋을 호	▪ 좋다 ▪ 좋아하다 ▪ 사랑하다

絕好 [　　　]
더이상 없이 　 좋음
▷ 이번 일이 나에게 다시없는 絕好의 기회라 생각했다.
▶ 무엇을 하기에 기회나 시기 따위가 더할 수 없이 좋음.

登 오를 등	▪ 오르다 ▪ 나가다 ▪ 올리다

登頂 [　　　]
오름 　 꼭대기에
▷ 그가 이끄는 등반대는 히말라야 최고봉 登頂에 성공했다.
▶ 산 따위의 꼭대기에 오름.

한 글자 더

致 이를 치	▪ 이르다 ▪ 다하다 ▪ 풍치

☆ 힘을 끝까지 다하여 이름.

一 工 卫 至 至 至 到 致 致 致

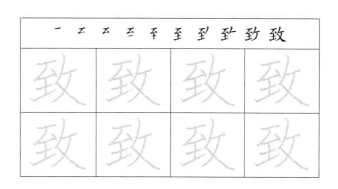

極 극	▪ 다하다 ▪ 지극하다 ▪ 극 ▪ 끝

極致 [　　　]
극에 　 이름
▷ 붉게 물든 가을의 지리산 계곡에서 아름다운 단풍의 極致를 보는 듯하였다.
▶ 더 갈 수 없는 극단에 이름. 도달할 수 있는 최고의 정취나 경지.

命 목숨 명	▪ 목숨 ▪ 명 ▪ 운명 ▪ 표적

致命 [　　　]
다한 지경에 이름 　 목숨이
▷ 과도한 환경 공해는 인체에 致命적일 수 있다.
▶ 죽을 지경에 이름.

어휘력 다지기

■ 그는 내가 가장 좋아하는 **歌手** 야. • • 노래나 시조 따위를 즐겨 부름,

■ 결혼식장에서 그가 **祝歌** 를 불렀어. • • 남의 노래를 흉내 내는 일,

■ 이 노래가 나의 **愛唱** 곡 이란다. • • 노래 부르는 것이 직업인 사람,

■ 익살스런 **模唱** 으로 배꼽을 잡았다. • • 축하의 뜻을 담은 노래,

■ 공연장은 **觀客** 들로 빈틈이 없었어. • • 글 따위를 여러 사람이 차례로 돌려 봄, 또는 그 글,

■ 빼어난 **景觀** 으로 많이 찾아오는 곳. • • 운동 경기, 공연, 영화 따위를 듣거나 보는 사람,

■ 여행 계획을 세워 **回覽** 을 돌렸다. • • 산이나 들, 강, 바다 따위의 자연이나 지역의 풍경,

■ 소득의 **隔差** 가 점점 더 벌어진다. • • 한 주일의 끝날 무렵, 주로 토요일 부터 일요일까지,

■ 리모컨은 **遠隔** 조정기이다. • • 빈부, 임금, 기술 수준 따위가 서로 벌어져 다른 정도,

■ 이번 **週末** 에는 산행을 하려한다. • • 멀리 떨어져 있음,

■ 우리는 **每週** 수요일에 모임을 한다. • • 쇠하였던 것이 다시 일어남, 또는 그렇게 되게 함,

■ 아직도 그 영화의 **感興** 이 남아있어. • • 각각의 주, 각각의 주마다,

■ 쇠퇴하는 농촌을 **復興** 시켜야 해. • • 마음속 깊이 감동받아 일어나는 흥취,

■ 우리 팀은 **奮戰** 끝에 승리하였어. • • 상대편의 요구, 제안 따위를 받아들이지 않고 물리침,

■ 친구 부탁이라 **拒絕** 할 수 없었어. • • 있는 힘을 다하여 싸움,

■ 그의 슛 동작은 참으로 **絕妙** 하였어. • • 비할 데가 없을 만큼 아주 묘함,

■ **山頂** 에 올라 멀리 동해를 보았어. • • 대상에 대하여 긍정적이고 능동적으로 활동함,

■ 나는 너의 계획에 **積極** 동참하련다. • • 산꼭대기 (산의 맨 위),

■ 첨단 로켓 제조 기술은 **極秘** 이다. • • 의견이나 주장 따위가 서로 맞아 일치함,

■ 그와 나는 의견이 **合致** 되었어. • • 사물의 정당한 조리, 또는 도리에 맞는 취지,

■ 달이 차면 다시 기우는 세상 **理致** . • • 극비밀(절대 알려져서는 안 되는 중요한 일),

· 가수 · 축가 · 애창 · 모창 · 관객 · 경관 · 회람 · 격차 · 원격 · 주말 · 매주 · 감흥 · 부흥 · 분전 · 거절 · 절묘 · 산정 · 적극 · 극비 · 합치 · 이치

■ 한자어가 되도록 □ 안에 공통으로 넣을 한자를 보기에서 찾아 □ 안에 쓰고, 그 한자어의 뜻을 생각하며 음을 적어라.

□ ⇨ □察	□客	主□

□ ⇨ □唱	□手	祝□

□ ⇨ 間□	□差	□週

□ ⇨ □味	□亡	□奮

□ ⇨ □頂	□交	□好

□ ⇨ 南□	□限	□秘

보기

週 · 覽 · 絕 · 隔 · 奮 · 觸 · 歌 · 興 · 觀 · 極 · 頂 · 致 · 唱

■ 아래의 뜻을 지닌 한자어가 되도록 위의 보기에서 알맞은 한자를 찾아 □ 안에 써 넣어라.

▶ 여러 사람이 목소리를 맞추어서 노래를 부름. 또는 그 노래.

▷ 우리 응원가를 신나게 [合□] 하였다.

▶ 연극, 영화, 운동 경기, 미술품 따위를 구경함.

▷ 그와 함께 영화를 [觀□] 하기로 했어.

▶ 이번 주일.

▷ [今□] 는 매우 바쁘게 지난 것 같아.

▶ 마음과 힘을 다하여 떨쳐 일어남.

▷ 잘하고 있지만, 더욱 [□發] 하여라.

▶ 외부의 자극이 피부 감각을 통하여 전해지는 느낌.

▷ 피부에 닿는 [感□] 이 매우 좋았어.

▶ 산 따위의 꼭대기에 오름.

▷ 히말라야 최고봉 [登□] 에 성공했어.

▶ 비교하는 대상들이 서로 어긋나지 아니하고 같거나 들어맞음.

▷ 너와 나의 생각이 [一□] 하였구나.

· 관찰. 관객. 주관 · 가창. 가수. 축가 · 간격. 격차. 격주 · 흥미. 흥망. 흥분 · 절정. 절교. 절호 · 남극. 극한. 극비 / · 합창 · 관람 · 금주 · 분발 · 감촉 · 등정 · 일치

되새기기

■ 한자의 음과 훈을 되새기며 필순에 따라 바르게 써 보자.

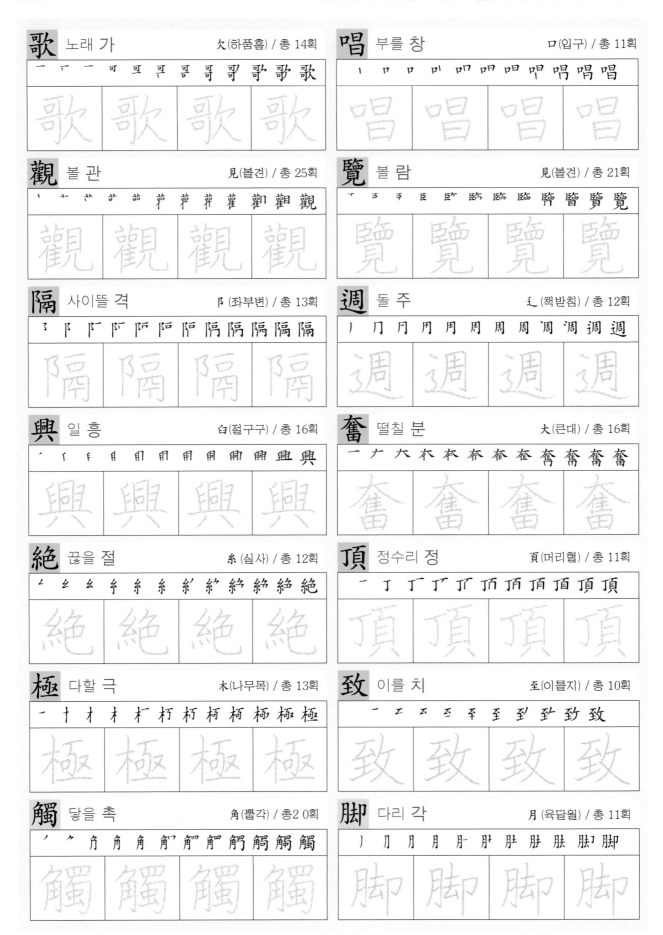

歌 노래 가　　欠(하품흠) / 총 14획
一 「 『 可 可 可 哥 哥 哥 歌 歌 歌

唱 부를 창　　口(입구) / 총 11획
丨 口 口 口 미 미 미 미 唱 唱 唱

觀 볼 관　　見(볼견) / 총 25획
丶 十 艹 芇 芇 菥 菥 菫 勸 勸 觀

覽 볼 람　　見(볼견) / 총 21획
丁 크 彐 臣 臦 臨 臨 臨 臂 臂 覽 覽

隔 사이뜰 격　　阝(좌부변) / 총 13획
丨 阝 阝 阝 阿 阿 阿 阿 隔 隔 隔 隔

週 돌 주　　辶(책받침) / 총 12획
丿 门 月 月 用 用 周 周 周 週 週 週

興 일 흥　　臼(절구구) / 총 16획
丶 冂 冂 铜 铜 铜 铜 铜 铜 铜 興 興

奮 떨칠 분　　大(큰대) / 총 16획
一 亣 六 木 本 杰 奞 奞 奮 奮 奮 奮

絶 끊을 절　　糸(실사) / 총 12획
幺 幺 纟 糸 糸 糸 紸 紹 絡 絕 絶

頂 정수리 정　　頁(머리혈) / 총 11획
一 丁 丁 丁 圢 圢 頂 頂 頂 頂 頂

極 다할 극　　木(나무목) / 총 13획
一 十 才 木 朾 朸 极 柯 柯 極 極 極

致 이를 치　　至(이를지) / 총 10획
一 工 工 至 至 至 致 致 致 致

觸 닿을 촉　　角(뿔각) / 총 20획
丿 ク 夕 角 角 角 角 觕 觕 觸 觸

脚 다리 각　　月(육달월) / 총 11획
丿 刀 月 月 肝 肝 脚 肸 脒 脒 脚

128

■ 공부할 한자의 모양을 살펴보며 음과 훈을 알아보자,

묶음 5-10

음 ■ 한자를 읽는 소리
아래 한자의 음을 찾아 적고 소리내어 읽어 보자.

- 바탕색과 글자색이 같은 것을 찾아 보자 -

훈 ■ 한자의 뜻 새김
한자의 음을 적고 훈과 함께 외어 보자.

舊 옛	型 모형	印 도장	章 글
證 증거	券 문서	喜 기쁠	悲 슬플
歡 기쁠	迎 맞을	嚴 엄할	格 격식

알아보기

■ 한자어와 한자어를 이루는 개별 한자의 뜻을 알아보자.
■ 아래 한자어의 음을 적고 그 뜻을 생각하며 글을 읽어 보자.
■ 공부할 한자의 뜻을 알아보고 필순에 따라 바르게 써 보자.

舊型 [　　]
■ 구식인 모양.

「 쓰다가 버리게 된 物件도 잘 고치면 쓸 수 있는 物件이 됩니다. 原來대로의 구실은 못 할지라도 그것을 利用하여 다른 쓸모 있는 物件으로 만들 수도 있습니다. 이것이 바로 폐품 活用입니다. 요즈음은 使用하기가 便利한 物件들이 나날이 쏟아져 나와서 어디서나 쉽게 物件을 구할 수 있습니다. 그래서인지 아직 더 쓸 수 있는 物件들을 단지 舊型이라 하여 마구 버리고 있는 것을 볼 수 있습니다. 」

• 物件(물건) • 原來(원래) • 利用(이용) • 活用(활용) • 使用(사용) • 便利(편리).
* 구실: 자기가 마땅히 해야 할 맡은 바 책임. * 쓸모: 쓸 만한 가치. 쓰이게 될 분야나 부분. * 폐품: 못 쓰게 되어 버린 물품.

는 둥지에 앉은 수리부엉이의 모습이다. '부엉이'를 뜻하며, 부엉이는 웅크리고 앉은 모습이 늙은이를 닮고 한곳에 오래 머물러 사는 데서, 〈오래됨〉, 〈늙은이〉를 의미한다.

[새김] ■ 옛, 예 ■ 오래된, 묵은 ■ 늙은이

`	⺿	艹	艻	莰	莕	萑	崔	萑	舊	舊	舊
舊	舊	舊	舊								
舊	舊	舊	舊								

은 밭(田)을 갈라 나눈(刀) 모양(井)을 나타낸다. 옛날에 밭을 사방 1리로 일정하게 갈라 나누었는데 그 모양이 정자(井)와 같았다. 나중에 田이 土로 바뀌었다. 〈일정한 모양의 틀〉을 의미한다.

[새김] ■ 모형 ■ 거푸집 ■ 본보기

一	二	干	开	刑	刑	型	型	型
型	型	型	型					
型	型	型	型					

새기고 익히기

■ 한자의 뜻을 새기고 그 한자로 이루어진 한자어를 익히자.
■ 한자의 뜻을 연결하여 한자어의 뜻을 생각해 보자.
■ 한자어의 뜻을 알고 예문을 통해 그 쓰임을 익히자.

舊 예 구	■ 옛, 예 ■ 오래된, 묵은 ■ 늙은이	型 모형 형	■ 모형 ■ 거푸집 ■ 본보기

– 흐리게 나타난 한자어 위에 겹쳐서 쓰고 음을 적어라 –

態 모습 태	■ 모습, 모양 ■ 상태 ■ 태도

▷ 정치인들은 정책 제시는 뒷전이고 서로 비난만 하는 舊態를 되풀이하고 있다.

옛 그대로의   모습   ▶ 뒤떨어진 예전 그대로의 모습.

復 돌아올 복	■ 돌아오다 ■ 회복하다 ■ 다시

▷ 산사태로 끊긴 길이 復舊되었다.

회복함   옛 상태로   ▶ 손실 이전 상태로 회복함.

模 본뜰 모	■ 본뜨다 ■ 본, 본보기 ■ 모양

▷ 조각 작품을 제작하기 위한 模型을 떴다.
▷ 정교하게 만들어진 模型 권총이었어.

본떠 만든   본보기   ▶ 모양이 같은 물건을 만들기 위한 틀. 실물을 모방하여 만든 것.

類 무리 류	■ 무리 ■ 닮다 ■ 나누다

▷ 올해 수능 시험에는 기출 문제와 유사한 類型이 많이 출제되었다.

닮은   모형(틀)   ▶ 성질이나 특징 따위가 공통적인 것끼리 묶은 하나의 틀.

한 글자 더

證 증거 증	■ 증거 ■ 증명하다 ■ 알리다

☆ 사실을 증명할 만한 근거나 표적. 확실함을 밝히다.

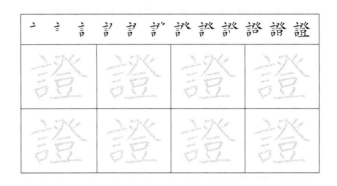

考 생각할 고	■ 생각하다 ■ 깊이 헤아리다 ■ 살펴보다

▷ 경복궁과 광화문은 철저한 考證을 통해 복원되었다.

깊이 헤아림 증거를 대어 ▶ 유물이나 문헌을 꼼꼼하게 검토하여 증거를 대어 설명함.

檢 검사할 검	■ 검사하다 ■ 단속하다 ■ 조사하다

▷ 그의 주장은 아직 학문적으로 檢證되지 않았다.

검사하여   증명함   ▶ 검사하여 증명함.

알아보기

■ 한자어와 한자어를 이루는 개별 한자의 뜻을 알아보자.
■ 아래 한자어의 음을 적고 그 뜻을 생각하며 글을 읽어 보자.
■ 공부할 한자의 뜻을 알아보고 필순에 따라 바르게 써 보자.

印章 ☐ ■ 도장.

「 선생님은 貯金 통장이 없는 우리 반 아이들에게
500원이 入金된 통장을 하나씩 만들어 주셨다.

"김수현."

빨간 印朱로 내 印章이 鮮明하게 찍힌
통장을 보니, 내 가슴은 콩콩 뛰었다.
'엄마 아빠가 가진 통장을 나도 가지게
되었구나! 나도 뭔가 해야할 일이
생겼구나' 나는 갑자기 어른이 된 듯한
氣分이 되어 어쩐지 어깨가 으쓱해지는
것이었다. 」

• 貯金(저금) • 入金(입금) • 印朱(인주): 도장을 찍는 데 쓰는 붉은빛의 재료. • 鮮明(선명) • 氣分(기분)
＊통장: 금융 기관에서 예금한 사람에게 출납의 상태를 적어 주는 장부. # 출납: 돈이나 물건을 내어 주거나 받아들임.

𖥔 은 영을 내릴 때 신표(증거가 되는 물건)로 삼는 부절
(𖥔)을 손(𖥔)으로 누르는 모습이다.   신표로 삼는 〈도
장을 찍음〉을 의미한다.

[새김] ▪ 도장 ▪ 찍다 ▪ 박히다

´ ㄟ ㅏ ㅌ 印 印			
印	印	印	印
印	印	印	印

𖥔 은 죄인이나 노예의 표지(다른 것과 구별되게 하는 표
시)를 새기는 형벌용 칼(𖥔)과 새겨 놓은 표지(⊕)를 결
합한 것이다.   표지로 새겨 넣은 〈글자나 무늬〉를 의미
한다.

[새김] ▪ 글, 문장 ▪ 단락 ▪ 표지

` ` ㅗ ㅗ 立 产 音 音 音 童 章			
章	章	章	章
章	章	章	章

■ 한자의 뜻을 새기고 그 한자로 이루어진 한자어를 익히자.
- 한자의 뜻을 연결하여 한자어의 뜻을 생각해 보자.
- 한자어의 뜻을 알고 예문을 통해 그 쓰임을 익히자.

- 흐리게 나타난 한자어 위에 겹쳐서 쓰고 음을 적어라 -

印 도장 인
- 도장
- 찍다
- 박히다

章 글 장
- 글, 문장
- 단락
- 표지

刻 새길 각
- 새기다
- 시각, 때
- 모질다

刻印
새겨져 / 박힘
▷ 어릴 적에 보고 느낀 할머니의 인자하신 모습이 내 기억 속에 깊이 刻印되어 있다.
▶ 도장을 새김, 머릿속에 새겨 넣듯 깊이 기억됨, 또는 그 기억,

象 코끼리 상
- 코끼리
- 꼴, 형상
- 본뜨다 ■ 징후

印象
박히다 / 형상이
▷ 그는 말이 없어 무뚝뚝한 印象을 준다.
▶ 어떤 대상에 대하여 마음속에 새겨지는 느낌,

文 글월 문
- 글월, 문장
- 글자
- 학문 ■ 문학

文章
글월 / 단락
▷ 단어의 뜻을 알아야만 그 文章의 뜻을 잘 이해할 수 있다.
▶ 생각·느낌·사상 등을 글로 표현한 것,

樂 노래 악
- 노래 ■ 음악
- 즐겁다(락)
- 좋아하다(요)

樂章
악곡의 / 단락
▷ 피아노 소나타는 세 개의 樂章으로 이루어져 있다.
▶ 다 악장 형식을 이루면서 하나하나 완결되어 있는 악곡의 장,

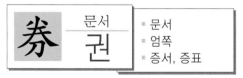

한 글자 더

券 문서 권
- 문서
- 엄쪽
- 증서, 증표

☆ 어음을 쪼갠 한 쪽.

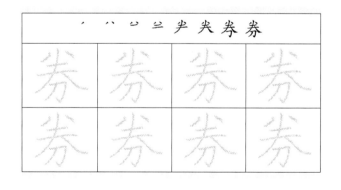

證 증거 증
- 증거
- 증명하다
- 알리다

證券
증거가 되는 / 문서
▷ 證券에 투자하여 돈을 벌 수도 있지만 손실이 발생할 수도 있다.
▶ 증거가 되는 문서나 서류, '유가증권'을 일상적으로 이르는 말,

福 복 복
- 복 ■ 행복
- 복을 내리다
- 상서롭다

福券
복을 내리는 / 표(증표)
▷ 福券이 당첨되기는 벼락 맞을 확률보다 낮다고 한다.
▶ 추첨 따위를 통하여 일치하는 표에 대해서 상금을 주는 표,

■ 한자어와 한자어를 이루는 개별 한자의 뜻을 알아보자.
■ 아래 한자어의 음을 적고 그 뜻을 생각하며 글을 읽어 보자.
■ 공부할 한자의 뜻을 알아보고 필순에 따라 바르게 써 보자.

喜悲 [   ]
■ 기쁨과 슬픔.

「 무대 위에서 公演할 것을 목적으로 쓰여진 희곡이 있다. 희곡도 소설처럼 作家가 想像해 낸 이야기지만, 소설처럼 서술하지 않고 인물의 대사와 지시문으로만 이야기를 엮어 나간다. 희곡은 그 길이에 따라 단막극과 장막극으로 구분되기도 한다. 그리고 內容에 따라 喜劇과 悲劇으로 나뉜다. 喜劇은 주인공의 행복이나 成功을 主要 內容으로 삼은 것이고, 悲劇은 주인공의 죽음이나 패배를 主要 內容으로 삼은 것이다. 」

죽느냐...
사느냐...

• 公演(공연) • 作家(작가) • 想像(상상) • 內容(내용) • 成功(성공) • 主要(주요).
* 서술: 사건이나 생각 따위를 차례대로 말하거나 적음. * 대사: 연극이나 영화 따위에서 배우가 하는 말. * 패배: 겨루어서 짐.

喜는 '승전악(싸움이나 경기에서 이기고 부르는 노래)', '화락하다(화평하게 즐겁다)'는 뜻인 壴…豈(개)와 '입 밖에 내다'는 뜻인 ㅂ…口(구)를 결합한 것이다. 좋은 일로 즐겁게 북을 치며 〈기뻐함〉을 의미한다.

[새김] ▪ 기쁘다 ▪ 즐겁다 ▪ 좋아하다

| 一 | 十 | 土 | 吉 | 吉 | 吉 | 吉 | 喜 | 喜 | 喜 | 喜 |

悲는 '그르다', '어긋나다'는 뜻인 非(비)와 '마음'을 뜻하는 心(심)을 결합한 것이다. 마음과 어긋나는 일로 〈슬퍼함〉을 의미한다.

[새김] ▪ 슬프다 ▪ 슬퍼하다 ▪ 동정

| ノ | ㅓ | ㅓ | ㅋ | ㅋ | 非 | 非 | 非 | 悲 | 悲 | 悲 |

새기고 익히기

■ 한자의 뜻을 새기고 그 한자로 이루어진 한자어를 익히자.
■ 한자의 뜻을 연결하여 한자어의 뜻을 생각해 보자.
■ 한자어의 뜻을 알고 예문을 통해 그 쓰임을 익히자.

| 喜 | 기쁠 희 | ■ 기쁘다
■ 즐겁다
■ 좋아하다 | | 悲 | 슬플 비 | ■ 슬프다
■ 슬퍼하다
■ 동정 |

– 흐리게 나타난 한자어 위에 겹쳐서 쓰고 음을 적어라 –

| 劇 | 심할 극 | ■ 심하다
■ 대단하다
■ 놀이 ■ 연극 |

즐겁게 다룬 연극
▷ 喜劇이 비극보다 어려우며 더 많은 것을 함축하고 있다.
▶ 웃음을 주조로하여 인간 사회의 문제점을 흥미있게 다룬 극형식,

| 色 | 빛 색 | ■ 빛, 빛깔
■ 낯빛 ■ 미색
■ 꿰매다 |

기뻐하는 낯빛
▷ 아버지께서 피자와 통닭을 들고 오시자 동생의 얼굴에는 喜色이 가득했다.
▶ 기뻐하는 얼굴빛,

| 觀 | 볼 관 | ■ 보다
■ 구경
■ 생각 |

슬프게만 바라봄
▷ 지금의 처지를 너무 悲觀하지 말고 굳은 마음으로 용기를 내라.
▶ 인생을 어둡게만 보아 슬퍼하거나 절망스럽게 여김,

| 報 | 알릴 보 | ■ 알리다 ■ 통지
■ 갚다
■ 판가름 하다 |

슬픈 통지
▷ 그는 부친이 위독하다는 悲報를 듣고 한동안 멍하니 아무 말도 못했다.
▶ 슬픈 기별이나 소식,

한 글자 더

| 嚴 | 엄할 엄 | ■ 엄하다
■ 엄격하다
■ 혹독하다 |

☆ 잡도리가 심하다. 매우 딱딱하고 강하다. 존경하고 어려워하다. 두려워하며 삼가다.

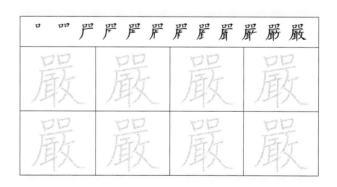

| 選 | 가릴 선 | ■ 가리다 ■ 뽑다
■ 고르다
■ 선거하다 |

엄격하게 가리어 뽑음
▷ 출품된 작품 중 우수한 작품을 嚴選하여 전시하였다.
▶ 엄격하고 공정하게 가리어 뽑음,

| 禁 | 금할 금 | ■ 금하다
■ 삼가다
■ 꺼리다 |

엄하게 금함
▷ 산불 방지 기간에는 입산을 嚴禁합니다.
▶ 엄하게 금지함,

135

알아보기

■ 한자어와 한자어를 이루는 개별 한자의 뜻을 알아보자.
■ 아래 한자어의 음을 적고 그 뜻을 생각하며 글을 읽어 보자.
■ 공부할 한자의 뜻을 알아보고 필순에 따라 바르게 써 보자.

歡迎 [   ]

■ 오는 사람을 기쁜 마음으로 반갑게 맞음.

「 민철아! 이번 여름 放學에는 우리 집에 와서
나하고 같이 지내자. 우리 마을 앞에는 맑은
냇물이 흐르고, 뒷산 숲에서는 새들이
지저귀고……. 아무튼, 올여름 즐겁게
보낼 수 있을 거야. 마음껏 놀아 가면서
공부도 하자꾸나. 어머니께 여쭈어 보았더니,
네가 온다면 크게 歡迎한다고 하셨어.
너도 父母님께 여쭈어 보고, 알려 주기 바란다. 」

• 放學(방학) • 父母(부모)

歡은 상서로운(복되고 길한 일이 일어날 조짐이 있는) 새로
여기는 '황새'를 뜻하는 雚(관)과 입을 크게 벌린 모양
인 欠(흠)을 결합한 것이다.   좋은 일로 즐거워하고
〈기뻐함〉을 의미한다.

[새김] ▪기쁘다 ▪기뻐하다 ▪즐거움

'	''	''''	吅	品	艹	萉	萉	雚	雚	歡	歡	歡
歡		歡		歡		歡						
歡		歡		歡		歡						

迎은 '우러르다', '기다리다'는 뜻인 卬(앙)과 '가다',
'하다'는 동작을 뜻하는 辵(착)=辶을 결합한 것이다.
오기를 기다려 공손히 〈맞이함〉을 의미한다.

[새김] ▪맞다 ▪맞추다 ▪맞이하다 ▪마중하다

'	亻	白	卬	卬	迎	迎	迎
迎		迎		迎		迎	
迎		迎		迎		迎	

새기고 익히기

■ 한자의 뜻을 새기고 그 한자로 이루어진 한자어를 익히자.
　■ 한자의 뜻을 연결하여 한자어의 뜻을 생각해 보자.
　■ 한자어의 뜻을 알고 예문을 통해 그 쓰임을 익히자.

歡 기쁠 환	■ 기쁘다 ■ 기뻐하다 ■ 즐거움	迎 맞을 영	■ 맞다 ■ 맞추다 ■ 맞이하다 ■ 마중하다

– 흐리게 나타난 한자어 위에 겹쳐서 쓰고 음을 적어라 –

呼 부를 호	■ 부르다 ■ 숨내쉬다 ■ 부르짖다	歡呼 〔　〕	▷ 타자가 홈런을 치자 관중들이 歡呼하며 큰 박수를 보냈다.

기뻐서　부르짖음 ▶ 기뻐서 큰 소리로 부르짖음.

談 말씀 담	■ 말씀 ■ 이야기 ■ 농담하다	歡談 〔　〕	▷ 나무 그늘 아래에 마을 할머니들이 모여 앉아 歡談을 나누고 있었다.

즐겁게　이야기 함 ▶ 정답고 즐겁게 서로 이야기 함, 또는 그런 이야기.

入 들 입	■ 들다 ■ 들어가다 ■ 들이다	迎入 〔　〕	▷ 그 회사는 신제품 개발에 경험이 많은 기 술자를 迎入하였다.

맞아　들임 ▶ 환영하여 받아들임.

合 합할 합	■ 합하다 ■ 모으다 ■ 맞다	迎合 〔　〕	▷ 그는 세태와 권력에 迎合할 줄 모르는 강 직한 사람이다.

맞춤　맞도록 ▶ 사사로운 이익을 위하여 아첨하며 좇음, 서로 뜻이 맞음.

한 글자 더

格 격식 격	■ 격식 ■ 자위, 자격 ■ 인품

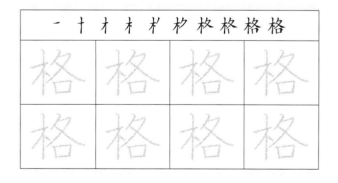

一 十 才 才 杉 柊 杦 格 格 格

格　格　格　格
格　格　格　格

昇 오를 승	■ 오르다 ■ 올리다 ■ 죽다	昇格 〔　〕	▷ 그 대학은 얼마전 2년제 대학에서 4년제 대학으로 昇格되었다.

오름　지위가 ▶ 지위나 등급 따위가 오름, 또는 지위나 등급 따위를 올림.

資 재물 자	■ 재물 ■ 자본 ■ 바탕 ■ 비용	資格 〔　〕	▷ 그는 참관인 資格으로 회의에 참석했다. ▷ 그는 지도자가 될 資格이 충분하다.

필요한 바탕　지위에 ▶ 일정한 신분이나 지위, 일정한 일을 하는 데 필요한 조건이나 능력.

한자성어

■ 한자 성어에 담긴 함축된 의미를 파악하고 그 쓰임을 익히자.

■ 한자 성어의 음을 적고 그에 담긴 의미와 적절한 쓰임을 익혀라.

隔世之感

▶ 오래지 않은 동안에 몰라보게 변하여 아주 다른 세상이 된 것 같은 느낌.

▷ 요즘 학생들은 보면 우리 때와는 많이 달라 隔世之感을 느끼게 된단다.

舊態依然

▶ 조금도 변하거나 발전한 데 없이 예전 모습 그대로임.

▷ 학교 교육 방식이 많이 바뀌었다고는 하나, 내가 보기에는 여전히 舊態依然하다.

莫逆之友

▶ 서로 거스름이 없는 친구라는 뜻으로, 허물이 없이 아주 친한 친구를 이르는 말.

▷ 그와는 어릴 때 싸움도 많이 했지만 나에게는 둘도 없는 莫逆之友란다.

一喜一悲

▶ 한편으로는 기뻐하고 한편으로는 슬퍼함. 또는 기쁨과 슬픔이 번갈아 일어남.

▷ 우리네 보통 사람들은 아주 조그만 일에도 一喜一悲하게 되는 경우가 많다.

群衆心理

▶ 많은 사람이 모였을 때에, 자제력을 잃고 쉽사리 흥분하거나 다른 사람의 언동에 따라 움직이는 일시적이고 즉흥적인 심리 상태.

▷ 그는 群衆心理에 휘말려서 평소와는 달리 자제력을 잃고 과격한 행동을 하고 말았다.

臨機應辯

▶ 그때그때 처한 사태에 맞추어 즉각 그 자리에서 결정하거나 처리함.

▷ 그것은 단지 골치 아픈 친구를 떼어내려고 臨機應辯으로 둘러댄 말이었어.

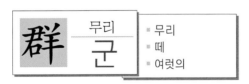

群 무리 군
- 무리
- 떼
- 여럿의

ㄱ ㄱ ㄱ 尹 尹 君 君 君' 君' 群 群 群

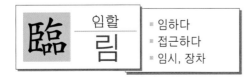

臨 임할 림
- 임하다
- 접근하다
- 임시, 장차

丨 厂 厂 厂 卧 卧 卧 臣 臨 臨 臨 臨

· 격세지감 · 구태의연 · 막역지우 · 일희일비 · 군중심리 · 임기응변

더 살펴 익히기

■ 한자가 지닌 여러가지 뜻과 한자어를 한 번 더 살펴 익히자.

■ 아래 한자의 뜻과 그 뜻을 지니는 한자어를 줄로 잇고 독음을 적어라.

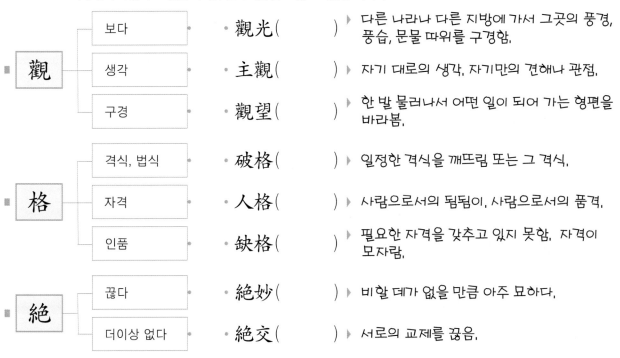

觀	보다	· 觀光( )	▶ 다른 나라나 다른 지방에 가서 그곳의 풍경, 풍습, 문물 따위를 구경함.
	생각	· 主觀( )	▶ 자기 대로의 생각. 자기만의 견해나 관점.
	구경	· 觀望( )	▶ 한 발 물러나서 어떤 일이 되어 가는 형편을 바라봄.
格	격식, 법식	· 破格( )	▶ 일정한 격식을 깨뜨림 또는 그 격식.
	자격	· 人格( )	▶ 사람으로서의 됨됨이, 사람으로서의 품격.
	인품	· 缺格( )	▶ 필요한 자격을 갖추고 있지 못함. 자격이 모자람.
絶	끊다	· 絶妙( )	▶ 비할 데가 없을 만큼 아주 묘하다.
	더이상 없다	· 絶交( )	▶ 서로의 교제를 끊음.

■ [觀]과 비슷한 뜻을 지닌 한자에 모두 ○표 하여라. ⇨ [景 · 覽 · 見 · 視]

■ [舊]과 상대되는 뜻을 지닌 한자에 ○표 하여라. ⇨ [古 · 終 · 末 · 新]

■ [喜]와 상대되는 뜻을 지닌 한자에 ○표 하여라. ⇨ [忍 · 好 · 悲 · 非]

■ 아래의 뜻을 지닌 한자성어가 되도록 ( ) 안에 한자를 써 넣고 완성된 성어의 독을을 적어라.

▶ 말의 다리가 <u>드러난다</u>는 뜻으로, 숨기려던 정체가 드러남을 이르는 말.	⇨	馬脚( )出	
▶ 거의 <u>죽을뻔</u> 하다가 도로 살아남.	⇨	起( )回生	
▶ 일 따위를 처음부터 끝까지 한결같이 함.	⇨	始( )一貫	
▶ 열은 열로서 <u>다스림</u>, 곧 열이 날 때 땀을 낸다든지, 더위를 뜨거운 차를 마셔서 이긴다는 따위를 이를 때 흔히 쓰는 말.	⇨	以熱( )熱	
▶ <u>처음</u>부터 끝까지의 과정.	⇨	自( )至終	
▶ 한 번 거드리기만 해도 폭발할 것같아 몹시 위급한 상태.	⇨	一觸卽( )	

· 관광. 주관. 관망 · 파격. 인격. 결격 · 절묘. 절교 / 露 · 死 · 終 · 治 · 初 · 發

어휘력 다지기

■ 공부한 한자로 이루어진 한자어를 익혀 어휘력을 다지자.
■ 글 속 한자어의 음을 적고, 그 뜻과 줄로 잇고, 쓰임을 익히자.

■ 그와는 전부터 알고 있는 舊面 [　] 이야. • • 새로운 유형이나 형태.

■ 체면을 중시하는 舊態 [　] 는 버려야 해. • • 예전부터 알고 있는 처지, 또는 그런 사람.

■ 나는 휴대폰을 新型 [　] 으로 바꾸었어. • • 뒤떨어진 예전 그대로의 모습.

■ 조그만 부주의가 大型 [　] 사고를 불러. • • 도장을 찍는 데 쓰는 붉은빛의 재료.

■ 도장에 印朱 [　] 를 묻혀서 찍어라. • • 같은 종류의 사물 가운데 큰 규격이나 규모.

■ 그의 기억속에 刻印 [　] 된 고향 풍경들. • • '물적 증거'를 줄여 이르는 말.

■ 도장이 없어서 指章 [　] 을 찍었어요. • • 도장을 새김, 머릿속에 새겨 넣듯 깊이 기억됨.

■ 범행을 뒷받침할 物證 [　] 을 발견했다. • • 손가락에 인주 따위를 묻혀 그 지문을 찍은 것.

■ 나의 결백을 立證 [　] 할 증거가 있지. • • 권리나 의무, 사실 따위를 증명하는 문서.

■ 차용 證書 [　] 를 받고 돈을 빌려주었어. • • 어떤 증거 따위를 내세워 증명함.

■ 한 달 치 食券 [　] 을 미리 사 놓았다. • • 매우 기뻐함, 또는 큰 기쁨.

■ 예약한 승차권을 發券 [　] 하였다. • • 식당 따위에서 내면 음식을 주도록 되어 있는 표.

■ 그들은 승리의 歡喜 [　] 에 들떠 있었다. • • 은행권, 채권, 승차권 따위를 발행함.

■ 승패에 따라 喜悲 [　] 가 교차하였어. • • 슬퍼하고 서러워함, 또는 그런 것.

■ 가난한 삶의 悲哀 [　] 를 그려낸 소설. • • 기뻐하고 즐거워하는 마음.

■ 수재로 전 재산을 잃은 悲痛 [　] 함. • • 기쁨과 슬픔을 아울러 이르는 말.

■ 이따위 선물로 歡心 [　] 을 사려하니? • • 몹시 슬퍼서 마음이 아픔.

■ 서민들의 哀歡 [　] 을 노래한 전래 민요. • • 엄하게 금지함.

■ 이곳은 무단 출입을 嚴禁 [　] 하고 있다. • • 슬픔과 기쁨을 아울러 이르는 말.

■ 교통 신호는 언제나 嚴守 [　] 해야 한다. • • 존경할 만한 위세가 있어 점잖고 엄숙함.

■ 그는 말과 행동에는 威嚴 [　] 이 있었다. • • 명령이나 약속 따위를 어김없이 지킴.

· 구면 · 구태 · 신형 · 대형 · 인주 · 각인 · 지장 · 물증 · 입증 · 증서 · 식권 · 발권 · 환희 · 희비 · 비애 · 애통 · 환심 · 애환 · 엄금 · 엄수 · 위엄

■ 한자어가 되도록 □ 안에 공통으로 넣을 한자를 보기에서 찾아 □ 안에 쓰고 , 그 한자어의 뜻을 생각하며 음을 적어라.

| □ ⇨ | 大□ | 新□ | 模□ | | □ ⇨ | □章 | □相 | 刻□ |

| □ ⇨ | □言 | 保□ | 立□ | | □ ⇨ | □觀 | □報 | □劇 |

| □ ⇨ | □呼 | □談 | 哀□ | | □ ⇨ | □格 | □禁 | □重 |

보기

喜·型·章·臨·嚴·歡·舊·印·悲·證·格·迎·券

■ 아래의 뜻을 지닌 한자어가 되도록 위의 보기에서 알맞은 한자를 찾아 □ 안에 써 넣어라.

▶ 구식 모양.

▷ 할아버지 휴대폰은 □ 型 이다.

▶ 감정을 말과 글로 표현할 때 완결된 내용을 나타내는 최소 단위.

▷ 그 느낌을 한 文 □ 으로 표현해 봐.

▶ 번호나 그림 따위의 특정 표시를 기입한 표, 추첨 따위를 통하여 일치하는 표에 대하여 상금이나 상품을 준다.

▷ 내가 산 福 □ 이 당첨되면 좋겠는데.

▶ 기쁨과 슬픔을 아울러 이르는 말.

▷ 선거 결과에 따라 □ 悲 가 교차했다.

▶ 오는 사람을 기쁜 마음으로 반갑게 맞음.

▷ 큰 박수로써 선수들을 歡 □ 하였다.

▶ 미리 얼마 동안으로 정하지 아니한 잠시 동안.

▷ 어제의 폭설로 □ 時 휴교를 하였다.

▶ 제품이나 재료의 품질, 모양, 크기, 성능 따위의 일정한 표준.

▷ 規 □ 에 맞는 부품을 써야 합니다.

·대형. 신형. 모형 · 인장. 인상. 각인 · 증언. 보증. 입증 · 비관. 비보. 비극 · 한호. 환담. 애환 · 엄격. 엄금. 엄중 / · 구형 · 문장 · 복권 · 희비 · 환영 · 임시 · 규격

되새기기

■ 한자의 음과 훈을 되새기며 필순에 따라 바르게 써 보자.

舊 옛 구	臼(절구구) / 총 18획
`丶 艹 艹 艹 莽 茬 萑 萑 崔 萑 舊 舊`	

型 모형 형	土(흙토) / 총 9획
`一 二 チ 开 刑 刑 型 型 型`	

印 도장 인	卩(병부절) / 총 6획
`丿 丿 丘 丘 臼 印 印`	

章 글 장	立(설립) / 총 11획
`丶 二 十 子 立 产 音 音 音 童 章`	

證 증거 증	言(말씀언) / 총 19획
`二 三 言 言 言 言 診 證 證 證 證 證`	

券 문서 권	刀(칼도) / 총 8획
`丶 丷 丷 半 半 券 券 券`	

喜 기쁠 희	口(입구) / 총 12획
`一 十 士 吉 吉 吉 吉 吉 吉 壴 喜 喜 喜`	

悲 슬플 비	心(마음심) / 총 12획
`丿 丿 扌 ヲ 非 非 非 非 非 悲 悲 悲`	

歡 기쁠 환	欠(하품흠) / 총 22획
`丶 十 艹 萨 品 萨 萨 萨 雚 雚 歡 歡 歡`	

迎 맞을 영	辶(책받침) / 총 8획
`丶 丿 卬 卬 卬 卬 迎 迎`	

嚴 엄할 엄	口(입구) / 총 20획
`口 吅 严 严 严 严 严 厬 厬 嚴 嚴 嚴`	

格 격식 격	木(나무목) / 총 10획
`一 十 才 才 木 杦 杦 柊 格 格`	

群 무리 군	羊(양양) / 총 13획
`フ ㄱ ㅋ 尹 尹 君 君 君 君' 群 群 群 群`	

臨 임할 림.임	臣(신하신) / 총 17획
`丨 丨 丨 卜 卧 卧 卧 臣 臣 臣 臨 臨 臨`	

142

공부할 한자

묶음 5-11

음 ■ 한자를 읽는 소리
아래 한자의 음을 찾아 적고 소리내어 읽어 보자.

- 바탕색과 글자색이 같은 것을 찾아 보자 -

腹		短		禍		比	
裁		根		縮		負	
部		率		斷		傷	

단	복	축	부	근	재
단	상	화	비	률	부

훈 ■ 한자의 뜻 새김
한자의 음을 적고 훈과 함께 외어 보자.

短	짧을	縮	줄일	比	견줄	率	비율
裁	마를	斷	끊을	禍	재앙	根	뿌리
負	질	傷	다칠	腹	배	部	떼

알아보기

短縮 [ ] ■ 짧게 줄어듦, 짧게 줄임,

「 저는 100미터 달리기의 記錄을 23.5초에서 20초 이내로
短縮한다는 目標를 세웠습니다. 그것은, 몸이 뚱뚱하고
둔한데다가 100미터 달리기의 記錄이 부끄럽기 때문입니다.
올해에는 體力을 단련하고 體重도 줄일
計劃입니다. 그래서 매일 저녁에는
꾸준히 달리기를 하고 있습니다.
처음엔 숨이 차고 힘이 들어서
몇 번이나 포기하고 싶었으나,
요즘은 참고 견디어 내고 있습니다. 」

• 記錄(기록) • 目標(목표) • 體力(체력) • 體重(체중) • 計劃(계획). * 이내: 일정한 범위나 한도의 안.
* 단련: 몸과 마음을 굳세게 함. * 포기: 하려던 일을 도중에 그만두어 버림. 자기의 권리나 자격, 물건 따위를 내던져 버림.

 短

短은 '화살'을 뜻하는 矢(시)와 사물의 생긴 모양이
'콩같이 작음'을 뜻하는 豆(두)를 결합한 것이다.
화살의 길이가 기준에 모자라게 〈짧음〉을 의미한다.

[새김] ■ 짧다 ■ 모자라다 ■ 부족하다

ノ	ㅏ	ㅗ	矢	矢	矢	矢	矩	知	短	短	短
短		短		短		短	
短		短		短		短	

縮

縮은 '무명실(솜으로 자은 실)'. '무명(무명실로 짠 천)'을
뜻하는 糸(사)와 '묵다'는 뜻인 宿(숙)을 결합한 것이
다. 솜이나 무명 등이 묵어서 부피나 길이가 〈줄어듦〉
을 의미한다.

[새김] ■ 줄이다 ■ 줄다 ■ 오그라들다

ㄴ	ㄠ	幺	糸	糸	紵	紵	紵	縮	縮	縮	縮
縮		縮		縮		縮	
縮		縮		縮		縮	

새기고 익히기

■ 한자의 뜻을 새기고 그 한자로 이루어진 한자어를 익히자.
■ 한자의 뜻을 연결하여 한자어의 뜻을 생각해 보자.
■ 한자어의 뜻을 알고 예문을 통해 그 쓰임을 익히자.

短 짧을 단
- 짧다
- 모자라다
- 부족하다

縮 줄일 축
- 줄이다
- 줄다
- 오그라들다

― 흐리게 나타난 한자어 위에 겹쳐서 쓰고 음을 적어라 ―

長 길 장
- 길다 ■ 어른
- 우두머리
- 자라다 ■ 낫다

長短 □
길고 / 짧음 ▶ 길고 짧음. 장단점(좋은 점과 나쁜 점).

▷ 長短은 대어 보아야 안다.
▷ 모든 일에는 長短이 있기 마련이다.

最 가장 최
- 가장, 제일
- 모두
- 중요한 일

最短 □
가장 / 짧음 ▶ 가장 짧음.

▷ 현재 100m 경주의 最短 기록은 몇 초냐?

壓 누를 압
- 누르다
- 내리누르다
- 억압하다

壓縮 □
내리눌러서 부피를 줄임 ▶ 압력을 가하여 그 부피를 줄임. 문장 따위를 짧게 줄임.

▷ 에어 컴프레서는 공기를 壓縮하는 장치.
▷ 데이터를 壓縮해서 전송하였다.

減 덜 감
- 덜다
- 줄다
- 빼다

減縮 □
덜어서 / 줄임 ▶ 덜어서 줄임.

▷ 고등학교 졸업생 수의 감소로 전체적인 대학 입학 정원을 減縮하게 되었다.

한 글자 더

裁 마를 재
- 마르다
- 결단하다
- 분별하다

☆ 옷을 짓기 위해 옷감을 칫수에 맞추어 베고 자름.

一	十	士	圭	圭	圭	未	未	未	裁	裁	裁

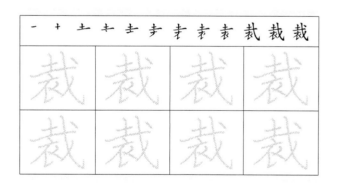

判 판단할 판
- 판단하다
- 판결하다
- 구별하다

裁判 □
분별하여 / 판단함 ▶ 옳고 그름을 따져 판단함.

▷ 그는 최종 裁判에서 무죄로 선고를 받아 명예를 회복할 수 있었다.

量 헤아릴 량
- 헤아리다
- 용량 ■ 양
- 도량

裁量 □
결단함 / 헤아려 ▶ 자기의 생각과 판단에 따라 일을 처리함.

▷ 기록적인 폭설로 학교장의 裁量에 따라 임시 휴교 조치를 하도록 하였다.

145

알아보기

■ 한자어와 한자어를 이루는 개별 한자의 뜻을 알아보자.
- 아래 한자어의 음을 적고 그 뜻을 생각하며 글을 읽어 보자.
- 공부할 한자의 뜻을 알아보고 필순에 따라 바르게 써 보자.

比率 [　　　]

■ 다른 수나 양에 대한 어떤 수나 양의 비.

「 노인의 복지를 위한 方案이 마련되어야 한다. 醫學의 발달과 소득 수준의 향상으로 평균 수명이 길어짐에 따라, 우리 사회도 점차 노인이 全體 인구에서 차지하는 **比率**이 높은 사회로 바뀌어 가고 있으며, 老後 생활과 노인 복지 문제가 중요한 관심사로 나타나게 되었다. 이에 따라, 停年 연장과 퇴직 후의 생활 문제에 대한 解決 方案이 마련되어야 한다. 」

• 方案(방안) • 醫學(의학) • 全體(전체) • 老後(노후) • 解決(해결)
• 停年(정년): 관청이나 학교, 회사 따위에 근무하는 공무원이나 직원이 직장에서 물러나도록 정하여져 있는 나이.
＊향상: 실력, 수준, 기술 따위가 나아짐. ＊연장: 시간이나 거리 따위를 본래보다 길게 늘림. ＊퇴직: 현재의 직업에서 물러남.

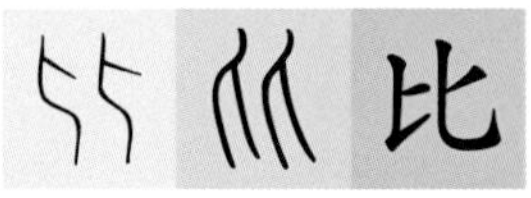

은 두 사람을 앞뒤로 나란히 세운 모습이다. 둘을 〈견주어서 비교함〉을 의미한다.

새김 ▪ 견주다 ▪ 비교하다 ▪ 비율

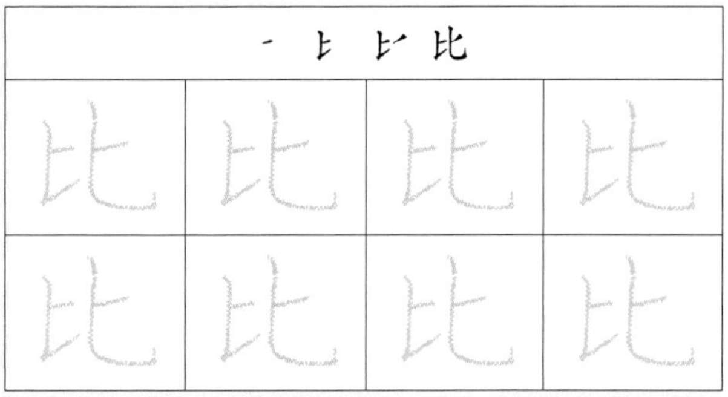

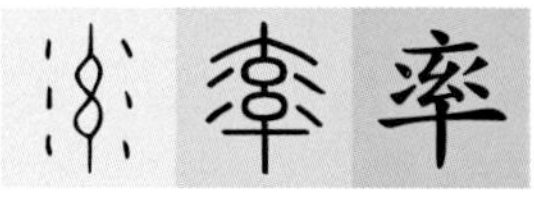

은 여러 가닥으로 꼰 굵은 동아줄의 모습이다. 배, 수레 따위를 묶거나 잡아매는 밧줄로, 배나 수레의 크기에 따라 밧줄의 굵기를 달리하는 데서, 〈비율〉을 의미한다.

새김 ▪ 비율 ▪ 거느리다(솔) ▪ 꾸밈없다(솔)

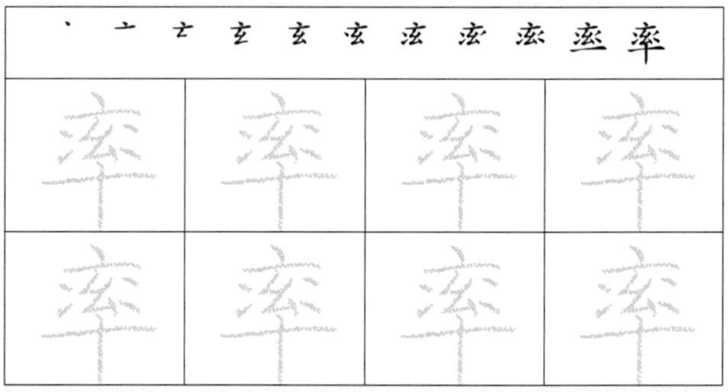

■ 한자의 뜻을 새기고 그 한자로 이루어진 한자어를 익히자.
- 한자의 뜻을 연결하여 한자어의 뜻을 생각해 보자.
- 한자어의 뜻을 알고 예문을 통해 그 쓰임을 익히자.

比	견줄 비	■ 견주다 ■ 비교하다 ■ 비율

率	비율 률	■ 비율 ■ 가볍다 ■ 거느리다(솔) ■ 꾸밈없다(솔)

― 흐리게 나타난 한자어 위에 겹쳐서 쓰고 음을 적어라 ―

等	무리 등	■ 무리 ■ 같다 ■ 등급 ■ 순위 ■ 구별하다

比等　　　▷ 결승전에서 맞붙은 두 팀은 우열을 가릴 수 없을 정도로 比等한 경기를 펼쳤다.

비교해 볼 때　거의 같음　▶ 비교하여 볼 때 서로 비슷함.

重	무거울 중	■ 무겁다 ■ 무게 ■ 중하다 ■ 겹치다

比重　　　▷ 가계 지출에서 교육비가 차지하는 比重이 점점 더 커지고 있다.

비교할 때　중한 정도　▶ 다른 것과 비교할 때 차지하는 중요도.

效	본받을 효	■ 본받다 ■ 힘쓰다 ■ 보람 ■ 효과

效率　　　▷ 창문을 열어 두면 냉방 效率이 떨어진다.

효과의　비율　▶ 들인 노력과 얻은 결과의 비율.

輕	가벼울 경	■ 가볍다 ■ 가벼이 여기다 ■ 함부로

輕率　　　▷ 그의 輕率한 언동은 친구들을 불쾌하게 했다.

함부로 하며　가벼움　▶ 말이나 행동이 조심성 없이 가벼움.

한 글자 더

斷	끊을 단	■ 끊다 ■ 나누다 ■ 결단하다

☆ 절단하다, 동강을 내다.
　그만두다, 중도에 그만두다.

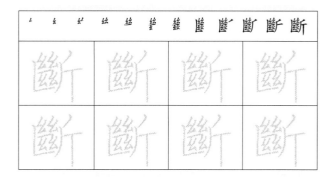

裁	마를 재	■ 마르다 ■ 결단하다 ■ 분별하다

裁斷　　　▷ 그는 능숙한 가위질로 옷감을 裁斷하고 있었다.

마르고　끊음　▶ 마름질. 옳고 그름을 가려 결정함.

面	낯 면	■ 낯, 얼굴 ■ 면, 표면 ■ 쪽

斷面　　　▷ 나무의 斷面에는 나이테가 선명했다.
　　　　　▷ 그에게서 또 다른 斷面을 볼 수 있었다.

끊어 낸　면　▶ 물체의 잘라 낸 면. 사물이나 사건의 한 부분적인 측면.

알아보기

■ 한자어와 한자어를 이루는 개별 한자의 뜻을 알아보자.
■ 아래 한자어의 음을 적고 그 뜻을 생각하며 글을 읽어 보자.
■ 공부할 한자의 뜻을 알아보고 필순에 따라 바르게 써 보자.

禍根 [　　] ■ 재앙의 근원.

「 일시적인 興奮에 사로잡혀 分別없는 행동을 함부로 감행하는 것을
젊은 血氣인 듯이 당연시한다면, 이것은 매우 잘못된 일일 뿐 아니라
일을 그르치는 것으로서, 禍根 을 후세에까지 남기게 될지도 모른다.
實際로 행동하는 것이 필요하지만, 아무리 뉘우쳐도
다시 回復할 수 없는 잘못을 無知나

경솔한 행동 때문에 저지른다면
불행의 씨를 뿌리는 것이다.
그러기에 사람은 해야 할 일이
있는 동시에, 해서는 안 될 일이
있는 것이다. 」

• 興奮(흥분) • 分別(분별) • 血氣(혈기) • 實際(실제) • 回復(회복) • 無知(무지). * 감행: 과감하게 실행함.
* 당연시: 당연한(일의 앞뒤 사정으로 볼 때 마땅히 그러한) 것으로 여김. * 경솔하다: 말이나 행동이 조심성 없이 가볍다.

는 점을 친 결과가 나타난 짐승의 뼈의 모습이다. 나
중에 '알리다' 는 뜻인 示(시)를 결합하였다.   옛날에
왕이 나라에 일이 있을 때 점을 쳐 '화(재앙)' 가 있을지를
물은 것으로, 〈화(재앙)〉를 의미한다.

[새김] ■ 재앙 ■ 재화 ■ 재난

| 一 | 二 | 千 | 禾 | 利 | 利 | 利 | 利 | 利 | 禍 | 禍 | 禍 |

根은 '나무' 를 뜻하는 木(목)과 '견고하다' 는 뜻인 艮
(간)을 결합한 것이다.   땅속으로 벋어 나무를 견고하
게 지탱시키는 〈뿌리〉를 의미한다.

[새김] ■ 뿌리 ■ 근본 ■ 뿌리 박다

| 一 | 十 | 才 | 木 | 札 | 村 | 柯 | 相 | 根 | 根 |

새기고 익히기

■ 한자의 뜻을 새기고 그 한자로 이루어진 한자어를 익히자.
■ 한자의 뜻을 연결하여 한자어의 뜻을 생각해 보자.
■ 한자어의 뜻을 알고 예문을 통해 그 쓰임을 익히자.

禍 재앙 화	■ 재앙 ■ 재화 ■ 재난	根 뿌리 근	■ 뿌리 ■ 근본 ■ 뿌리 박다

– 흐리게 나타난 한자어 위에 겹쳐서 쓰고 음을 적어라 –

戰 싸움 전	■ 싸움 ■ 전쟁 ■ 경기, 시합

戰禍 [　　]

▷ 전쟁 중인 그 두 나라의 국민들은 극심한 戰禍의 어려움을 겪고 있다.

전쟁으로 인한   재화 ▶ 전쟁으로 말미암은 재화, 또는 그런 피해,

福 복 복	■ 복 ■ 행복 ■ 복을 내리다 ■ 상서롭다

禍福 [　　]

▷ 우리의 길흉과 禍福은 모두 하늘의 뜻에 달려있다고 생각하는 사람들이 있다.

재앙과   복 ▶ 재화와 복록,

源 근원 원	■ 근원 ■ 수원 ■ 발원지

根源 [　　]

▷ 계곡물의 根源을 찾아 상류로 올라갔다.
▷ 스트레스를 만병의 根源으로 말한다.

근원   발원지 ▶ 물줄기가 나오기 시작하는 곳, 사물이 비롯되는 근본이나 원인,

絶 끊을 절	■ 끊다 ■ 더이상 없다 ■ 뛰어나다

根絶 [　　]

▷ 이번 기회에 부동산 투기 根絶 대책을 세워야 한다.

뿌리채   끊어 없앰 ▶ 다시 살아날 수 없도록 아주 뿌리채 없애 버림,

한 글자 더

腹 배 복	■ 배 ■ 속마음 ■ 중심 부분

☆ 숨을 들이쉬고 내쉴 때 마다 들어가고 나오고 하는 사람의 배.

丿 刀 月 月 月 月 肝 胪 胪 胪 腹 腹

腹　腹　腹　腹
腹　腹　腹　腹

空 빌 공	■ 비다 ■ 하늘 ■ 공중 ■ 헛되다

空腹 [　　]

▷ 이 약은 空腹에 드시면 효과가 좋습니다.

비어 있음   배 속이 ▶ 배 속이 비어 있는 상태, 또는 그 배 속,

案 책상 안	■ 책상 ■ 생각 ■ 상고하다 ■ 안 ■ 안건

腹案 [　　]

▷ 잠자코 내 말을 따라라, 나에게는 腹案이 있단다

속마음으로   생각함 ▶ 마음속에 품고 있는 생각이나 계획,

■ 한자어와 한자어를 이루는 개별 한자의 뜻을 알아보자.
■ 아래 한자어의 음을 적고 그 뜻을 생각하며 글을 읽어 보자.
■ 공부할 한자의 뜻을 알아보고 필순에 따라 바르게 써 보자.

負傷 [　] ■ 몸에 상처를 입음.

「 여러 시간에 걸친 大手術을 마친 의사 송씨는 뻐근한 몸을 두드리며
휴게실에서 차를 마시고 있었다. 그런데 채 숨도 돌리기도 전에
원내 방송에서 자기를 급히 찾는 소리가 들렸다.
부리나케 應急室로 가 보니, 교통
事故로 심한 負傷을 입은 患者가
일분일초를 다투고 있었다.

"이 患者, 즉시 手術 준비해요."
후배 醫師들과 看護師들이
手術 준비로 분주하게 움직였다. 」

• 大手術(대수술) • 應急室(응급실) • 事故(사고) • 患者(환자) • 醫師(의사) • 看護師(간호사)
• 應急(응급): 급한 대로 우선 처리함. 또는 급한 정황(일의 사정과 상황)에 대처함.   * 분주: 몹시 바쁘게 뛰어다님.

 負 負

負는 사람(ㄱ)이 돈(貝…貝)에 매여져 있음을 나타낸
다. 즉, 빚(갚아야 하거나 해결해야 하도록 지워진 것)을
〈짐〉을 의미한다.

[새김] ■ 지다(짐, 빚) ■ 지다(승부) ■ 입다(상처)

ˊ	ˏ	ˊ	冎	刍	角	负	負	負
負		負		負		負		
負		負		負		負		

 傷 傷

傷은 '사람'을 뜻하는 亻(인)과 '(화살맞은)상처'를 뜻
하는 煬(상)을 줄인 昜을 결합한 것이다.   몸이 상하
도록 〈다침〉을 의미한다.

[새김] ■ 다치다 ■ 상하다 ■ 근심하다

ˊ	亻	亻	亻	亻	仵	停	停	停	傷	傷	傷
傷		傷		傷		傷					
傷		傷		傷		傷					

■ 한자의 뜻을 새기고 그 한자로 이루어진 한자어를 익히자.
■ 한자의 뜻을 연결하여 한자어의 뜻을 생각해 보자.
■ 한자어의 뜻을 알고 예문을 통해 그 쓰임을 익히자.

| 負 | 질
부 | ▪ 지다(빚, 짐)
▪ 지다(승부)
▪ 입다(상처) | 傷 | 다칠
상 | ▪ 다치다
▪ 상하다
▪ 근심하다 |

― 흐리게 나타난 한자어 위에 겹쳐서 쓰고 음을 적어라 ―

| 自 | 스스로
자 | ▪ 스스로
▪ 자기, 자신
▪ ~부터. |

自負 [   ]
스스로   가짐(짐)
▷ 그는 주어진 여건에서 최선을 다했다고 自負했다.
▶ 스스로 자가 자신의 가치나 능력을 믿고 마음을 당당히 가짐.

| 勝 | 이길
승 | ▪ 이기다
▪ 낫다
▪ 뛰어나다 |

勝負 [   ]
이김과   짐
▷ 연장전에 가서야 勝負가 가려질 만큼 팽팽한 경기였다.
▶ 이김과 짐.

| 處 | 곳
처 | ▪ 곳, 처소
▪ 머무르다
▪ 처리하다 |

傷處 [   ]
다친   곳
▷ 산에 오르다 넘어져 무릎에 傷處가 났다.
▷ 전쟁으로 지울 수 없는 傷處가 남았다.
▶ 몸을 다쳐서 부상을 입은 자리, 피해를 입은 흔적.

| 損 | 덜
손 | ▪ 덜다 ▪ 잃다
▪ 손해를 보다
▪ 해치다 |

損傷 [   ]
해치거나   상함
▷ 이 세탁기는 세탁물의 損傷이 적다.
▷ 전란으로 인명과 재산의 損傷이 많았다.
▶ 물체가 깨지거나 상함, 병이 들거나 다침.

한 글자 더

| 部 | 떼
부 | ▪ 떼, 집단
▪ 나누다
▪ 부분 |

`丶 亠 立 产 音 音 音 部 部`

| 腹 | 배
복 | ▪ 배
▪ 속마음
▪ 중심 부분 |

腹部 [   ]
배의   부분
▷ 갑자기 腹部에 심한 통증이 있어서 급히 병원을 찾았다.
▶ 배의 부분, 갈비뼈의 가장자리와 볼기뼈 사이를 이른다.

| 位 | 자리
위 | ▪ 자리, 위치
▪ 지위
▪ 서 있다 |

部位 [   ]
부분의   위치
▷ 상처 部位를 소독한 후에 약을 발랐다.
▶ 전체에 대하여 어떤 특정한 부분이 차지하는 위치.

어휘력 다지기

■ 그 천재는 안타깝게도 短命 □ 하였어. • ・모양이나 규모 따위를 줄여서 작게 함.

■ 最短 □ 시간 내에 끝내도록 하여라. • ・목숨이 짧음.

■ 이 그림을 縮小 □ 복사할 수 있겠니? • ・가장 짧음.

■ 이 옷은 물로 세탁하면 收縮 □ 된다. • ・같은 종 안에서 암컷과 수컷의 개체 수의 비.

■ 남아 선호로 남녀 性比 □ 가 불균형. • ・근육 따위가 오그라듦, 부피나 규모가 줄어듦.

■ 예금의 利率 □ 이 많이 낮아졌구나. • ・일정한 시간에 할 수 있는 일의 비율.

■ 생산 能率 □ 을 올리는 작업 환경을. • ・원금에 대한 이자의 비율.

■ 그는 회장으로서 統率 □ 력이 있었다. • ・무리를 거느려 다스림.

■ 묻는 말에 率直 □ 히 답변하도록 해라. • ・거짓이나 숨김이 없이 바르고 곧다.

■ 싸움이 날 것 같아 仲裁 □ 를 하였어. • ・의사가 환자의 병 상태를 판단하는 일.

■ 소나기로 경기가 잠시 中斷 □ 되었다. • ・분쟁에 끼어들어 쌍방을 화해시킴.

■ 의사의 診斷 □ 결과 암은 아니란다. • ・중도에서 끊어지거나 끊음.

■ 그는 결국 미국 유학을 斷念 □ 하였어. • ・재앙과 화난을 아울러 이르는 말.

■ 불행이도 災禍 □ 가 끊이지 않았다. • ・품었던 생각을 아주 끊어 버림.

■ 민주주의의 根本 □ 은 인간 존중 사상. • ・남의 몸에 상처를 내어 해를 끼침.

■ 옮겨 심은 묘목의 着根 □ 이 잘되었네. • ・초목의 뿌리, 사물의 본질이나 본바탕.

■ 남에게 傷害 □ 를 입히면 처벌 받는다. • ・옮겨 심은 식물이 뿌리를 내림.

■ 손실이 크다고 너무 傷心 □ 하지 마라. • ・복부에 일어나는 통증을 통틀어 이르는 말.

■ 변화가 없는 코미디에 食傷 □ 하였다. • ・슬픔이나 걱정 따위로 속을 썩임.

■ 그 환자는 심한 腹痛 □ 을 호소하였어. • ・같은 음식이나 사물이 되풀이되어 물리거나 질림.

■ 고장난 部品 □ 을 새것으로 갈았지. • ・기계 따위의 어떤 부분에 쓰는 물품.

·단명·최단·축소·수축·성비·이율·능률·통솔·솔직·중재·중단·진단·단념·재화·근본·착근·상해·상심·식상·복통·부품

■ 한자어가 되도록 □ 안에 공통으로 넣을 한자를 보기에서 찾아 □ 안에 쓰고, 그 한자어의 뜻을 생각하며 음을 적어라.

□ ⇨	短□	□小	壓□

□ ⇨	比□	輕□	效□

□ ⇨	中□	分□	□面

□ ⇨	□絶	□本	□源

□ ⇨	□傷	自□	勝□

□ ⇨	□部	□痛	空□

보기

群 · 腹 · 裁 · 部 · 率 · 根 · 短 · 禍 · 縮 · 斷 · 傷 · 負 · 比

■ 아래의 뜻을 지닌 한자어가 되도록 위의 보기에서 알맞은 한자를 찾아 □ 안에 써 넣어라.

▶ 짧은 생각이나 의견, 자기의 생각이나 의견을 겸손하게 이르는 말.

▷ 저의 □見 을 말씀드리겠습니다.

▶ 한쪽의 양이나 수가 증가하는 만큼 그와 관련 있는 다른 쪽의 양이나 수도 증가함.

▷ 물의 양과 무게는 당연히 □例 하지.

▶ 특정한 개인, 단체, 계급, 당파 따위가 어떤 분야에서 모든 권력을 차지하여 모든 일을 독단적으로 처리함.

▷ 국민들은 獨□ 정권과 맞서 싸웠다.

▶ 한곳에 모인 많은 사람.

▷ 광장에 수십만 □衆 이 운집하였다.

▶ 재앙의 근원.

▷ 결국 지나친 욕심이 □根 이 되었어.

▶ 아주 심하게 다침, 또는 그런 부상.

▷ 교통 사고로 重□ 을 입었다고 한다.

▶ 일부분(한 부분).

▷ 이번 폭우로 도로 一□ 가 무너졌다.

· 단축. 축소. 압축 · 비율. 경솔. 효율 · 중단. 분단. 단면 · 근절. 근본. 근원 · 부상. 자부. 승부. 복부. 복통. 공복 / · 단견 · 비례 · 독재 · 군중 · 화근 · 중상 · 일부

되새기기

短 짧을 단
矢(화살시) / 총 12획

丿 丿 누 ㅌ 失 矢 矢 矢 短 短 短 短

短　短　短　短

比 견줄 비
比(견줄비) / 총 4획

一 ㅑ ㅑ 比

比　比　比　比

裁 마를 재
衣(옷의) / 총 12획

一 十 土 圡 声 夫 表 表 表 裁 裁 裁

裁　裁　裁　裁

禍 재앙 화
示(보일시) / 총 14획

一 二 亍 乔 利 利 秬 秬 秬 禍 禍 禍

禍　禍　禍　禍

負 질 부
貝(조개패) / 총 9획

丿 丿 夕 负 角 角 自 負 負

負　負　負　負

腹 배 복
月(육달월) / 총 13획

丿 刀 月 月 月 胪 胪 肑 腴 腹 腹 腹

腹　腹　腹　腹

群 무리 군
羊(양양) / 총 13획

丁 子 尹 尹 君 君 君 群 群 群 群

群　群　群　群

縮 줄일 축
糸(실사) / 총 17획

ㄥ ㄠ ㅛ 糸 糸 糸 紵 紵 紵 紵 縮 縮

縮　縮　縮　縮

率 비율 률. 율 거느릴 솔
玄(검을현) / 총 11획

丶 一 亠 玄 玄 玄 泫 滋 滋 滋 率

率　率　率　率

斷 끊을 단
斤(날근) / 총 18획

ㄥ ㄠ 丝 丝 丝 丝 幽 斷 斷 斷 斷

斷　斷　斷　斷

根 뿌리 근
木(나무목) / 총 10획

一 十 才 木 杧 栉 杫 根 根 根

根　根　根　根

傷 다칠 상
亻(사람인변) / 총 13획

丿 亻 亻 伫 伫 作 但 偗 傷 傷 傷

傷　傷　傷　傷

部 떼 부
阝(우부방) / 총 11획

丶 亠 亠 ㅗ 立 咅 咅 咅 部 部 部

部　部　部　部

臨 임할 림. 임
臣(신하신) / 총 17획

丨 丆 丆 臣 臣 臣 臣 臨 臨 臨 臨 臨

臨　臨　臨　臨

■ 공부할 한자의 모양을 살펴보며 음과 훈을 알아보자,

묶음 5-12

음 ■ 한자를 읽는 소리
아래 한자의 음을 찾아 적고 소리내어 읽어 보자.

- 바탕색과 글자색이 같은 것을 찾아 보자 -

複 　　整 　　突 　　輸

衝 　　送 　　紙 　　備

憤 　　雜 　　怒 　　廢

송　잡　돌　분　충　지

노　폐　비　수　정　복

훈 ■ 한자의 뜻 새김
한자의 음을 적고 훈과 함께 외어 보자.

衝 찌를	突 갑자기	憤 분할	怒 성낼
整 가지런할	備 갖출	廢 폐할	紙 종이
輸 보낼	送 보낼	複 겹칠	雜 섞일

알아보기

■ 한자어와 한자어를 이루는 개별 한자의 뜻을 알아보자.
- 아래 한자어의 음을 적고 그 뜻을 생각하며 글을 읽어 보자.
- 공부할 한자의 뜻을 알아보고 필순에 따라 바르게 써 보자.

衝突 [ ]

■ 서로 부딪침.

「 만약 거리에 질서라는 것이 없다면 어떻게 될까? 즉, 사람들이 모두 갈 길이 바쁘다고 해서 저마다 交通 信號를 無視하고 길을 건넌다거나, 건널목이 아닌 곳으로 건너며, 모든 車들이 다투어 서로 앞질러 가려 한다면, 行人들은 車에 쫓겨서 이리 뛰고 저리 뛰고 해야 할 것이고, 車들은 서로 **衝突**하는 큰 혼란이 일어날 것이다. 」

• 交通(교통) • 信號(신호) • 無視(무시) • 車(차) • 행인(행인). ＊만약: 혹시 있을지도 모르는 뜻밖의 경우.
＊질서: 혼란 없이 순조롭게 이루어지게 하는 사물의 순서나 차례. ＊혼란: 뒤죽박죽이 되어 어지럽고 질서가 없음.

衝

衝은 '길', '가다'를 뜻하는 行(행)과 '겹치다'는 뜻인 重(중)을 결합한 것이다. 가는 길이 서로 겹쳐서 〈부딪침〉을 의미한다.

새김 ▪ 찌르다 ▪ 부딪치다 ▪ 긴요한 곳

丿 彳 彳 行 衎 衘 衝 衝 衝 衝 衝 衝			
衝	衝	衝	衝
衝	衝	衝	衝

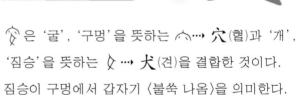

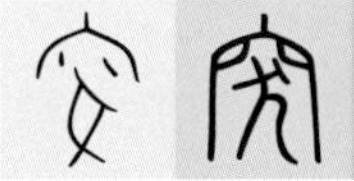
突

은 '굴', '구멍'을 뜻하는 ⋯ 穴(혈)과 '개', '짐승'을 뜻하는 ⋯ 犬(견)을 결합한 것이다. 짐승이 구멍에서 갑자기 〈불쑥 나옴〉을 의미한다.

새김 ▪ 갑자기 ▪ 부딪치다 ▪ 불쑥 ▪ 뚫다

丶 丷 宀 穴 穴 空 穿 突 突			
突	突	突	突
突	突	突	突

새기고 익히기

- 한자의 뜻을 새기고 그 한자로 이루어진 한자어를 익히자.
  - 한자의 뜻을 연결하여 한자어의 뜻을 생각해 보자.
  - 한자어의 뜻을 알고 예문을 통해 그 쓰임을 익히자.

衝 찌를 충	▪ 찌르다 ▪ 부딪치다 ▪ 긴요한 곳		突 갑자기 돌	▪ 갑자기 ▪ 부딪치다 ▪ 불쑥 ▪ 뚫다

- 흐리게 나타난 한자어 위에 겹쳐서 쓰고 음을 적어라 -

擊 칠 격
▪ 치다
▪ 두드리다
▪ 부딪치다

衝擊 [　　]
찌르고　침 ▶ 물체에 급격히 가해지는 힘, 마음에 받은 심한 자극이나 영향.
▷ 유리 그릇은 衝擊에 약하다.
▷ 너무나 뜻밖의 사실에 衝擊을 받았다.

要 요긴할 요
▪ 요긴하다
▪ 요구하다
▪ 중요하다

要衝 [　　]
중요하고　긴요한 곳 ▶ 요충지(군사적으로 아주 중요한 곳).
▷ 아군은 전략적인 要衝에 진지를 구축하고 적의 공격에 대비하였다.

破 깨뜨릴 파
▪ 깨뜨리다
▪ 부수다
▪ 무너지다

突破 [　　]
뚫고 나감　깨뜨려 ▶ 쳐서 깨뜨려 뚫고 나감, 일정한 기준이나 기록 따위를 넘어섬.
▷ 우리는 현재의 위기를 突破해야만 한다.
▷ 드디어 연간 수출액 1조 달러 突破!

起 일어날 기
▪ 일어나다
▪ 일으키다
▪ 우뚝 솟다

突起 [　　]
불쑥 내밀어　솟음 ▶ 뾰족하게 내밀거나 도드라짐, 또는 그런 부분.
▷ 참소라는 껍대기에 뿔 같은 突起가 있다.

한 글자 더

整 가지런할 정
▪ 가지런하다
▪ 정돈하다
▪ 단정하다

☆ 다스려서 가지런히 바로잡음.

一 二 千 束 敕 敕 敕 敕 整 整 整

調 고를 조
▪ 고르다 ▪ 가락
▪ 조절하다
▪ 조사하다

調整 [　　]
조절하여　정돈함 ▶ 어떤 기준이나 실정에 맞게 정돈함.
▷ 등교 시간이 아침 9시로 調整되었다.

理 다스릴 리
▪ 다스리다
▪ 이치 ▪ 도리
▪ 결

整理 [　　]
정돈함　다스려 ▶ 흐트러지거나 혼란스러운 상태의 것을 질서 있는 상태가 되게 함.
▷ 이사짐 整理에 꼬박 일주일나 걸렸다.

알아보기

■ 한자어와 한자어를 이루는 개별 한자의 뜻을 알아보자.
■ 아래 한자어의 음을 적고 그 뜻을 생각하며 글을 읽어 보자.
■ 공부할 한자의 뜻을 알아보고 필순에 따라 바르게 써 보자.

憤怒 [   ]

■ 분하여 성냄.

「 교통 신호를 무시하고 제멋대로 달리는 차를 보면 사람들은 심한 거부감을 느끼고, 할 수만 있다면 그것을 制止하고 處罰하고 싶은 衝動을 느끼게 된다. 우리는, 나의 權利나 나의 이익과는 무관한 장면이라 하더라도, 사회 질서를 侵犯하는 행위를 보면 심한 거부감과 를 느끼게 된다. 그래서 이와 같이 사회의 기본 질서와 정의를 훼손시키는 행위를 規制하기 위하여 여러 가지 사회적 규범들이 생기게 되는 것이다. 」

- 制止(제지): 말려서 못하게 함. ■ 處罰(처벌) ■ 衝動(충동) ■ 權利(권리) ■ 侵犯(침범)
- 規制(규제): 규칙이나 규정(규칙으로 정하여 놓은 것)에 의하여 일정한 한도를 정하거나 정한 한도를 넘지 못하게 막음.
* 무관하다: 관계나 상관이 없다. * 훼손: 체면이나 명예를 손상함. 헐거나 깨뜨려 못 쓰게 만듦.

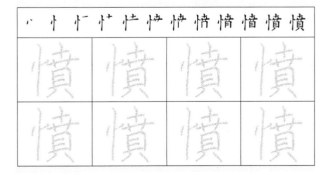

憤은 '마음'을 뜻하는 心(심)= 忄과 '끓어오르다', '노하다'는 뜻인 賁(비)을 결합한 것이다.   노여운 마음이 끓어올라〈분함〉을 의미한다.

[새김] ■ 분하다 ■ 성내다 ■ 분개하다

ヽ	忄	忄	忄	忄	忄	忄	憤	憤	憤	憤	憤
憤		憤		憤		憤					
憤		憤		憤		憤					

怒는 '죄지은 종'을 뜻하는 奴(노)와 '마음'을 뜻하는 心(심)을 결합한 것이다.   죄지은 종에게 노여운 마음으로〈세차게 꾸짖음〉을 의미한다.

[새김] ■ 성내다 ■ 꾸짖다 ■ 세차다

﹄	女	女	奴	奴	奴	怒	怒	怒
怒		怒		怒		怒		
怒		怒		怒		怒		

새기고 익히기

■ 한자의 뜻을 새기고 그 한자로 이루어진 한자어를 익히자.
- 한자의 뜻을 연결하여 한자어의 뜻을 생각해 보자.
- 한자어의 뜻을 알고 예문을 통해 그 쓰임을 익히자.

憤 분할 분	■ 분하다 ■ 성내다 ■ 분개하다	怒 성낼 노	■ 성내다 ■ 꾸짖다 ■ 세차다

– 흐리게 나타난 한자어 위에 겹쳐서 쓰고 음을 적어라 –

痛 아플 통	■ 아프다 ■ 아픔, 고통 ■ 몹시, 매우

憤痛 [ ] ▷ 그때 일을 생각하면 머리 끝까지 憤痛이 치밀어 오른다.
분하여 / 마음이 아픔 ▶ 몹시 분하여 마음이 쓰리고 아픔, 또는 그런 마음.

敗 패할 패	■ 패하다 ■ 지다 ■ 실패하다 ■ 무너지다

憤敗 [ ] ▷ 한국은 강 팀을 맞아 팽팽한 경기를 펼쳤으나 승부차기에서 3대4로 憤敗했다.
분하게 / 짐 ▶ 경기나 싸움 따위에서 이길 수 있었던 것을 분하게 짐.

氣 기운 기	■ 기운 ■ 공기 ■ 기체 ■ 기후

怒氣 [ ] ▷ 친구를 괴롭힌 학생을 꾸짖는 선생님의 얼굴에는 怒氣가 서려 있었다.
성난 / 기운 ▶ 성난 얼굴빛, 또는 그런 기색이나 기세.

大 큰 대	■ 크다 ■ 많다 ■ 훌륭하다

大怒 [ ] ▷ 동생이 거짓말을 하자 아버지께서 大怒하시며 큰소리로 꾸짖으셨다.
크게 / 성냄 ▶ 크게 화를 냄.

한 글자 더

備 갖출 비	■ 갖추다 ■ 준비하다 ■ 방비하다

ノ イ イ´ イ⺅ イ⺅ 伊 俏 俏 備 備 備

備 備 備 備
備 備 備 備

整 가지런할 정	■ 가지런하다 ■ 정돈하다 ■ 단정하다

整備 [ ] ▷ 휴가지로 떠나기 전에 자동차를 꼼꼼히 整備하였다.
정돈하여 / 갖춤 ▶ 흐트러진 체계를 정리하여 제대로 갖춤, 제기능을 하도록 정리함.

準 준할 준	■ 준하다 ■ 기준 ■ 고르다

準備 [ ] ▷ 예상보다 손님이 많아서 準備한 음식이 모자랐다.
준하여 / 갖춤 ▶ 미리 마련하여 갖춤.

알아보기

■ 한자어와 한자어를 이루는 개별 한자의 뜻을 알아보자.
■ 아래 한자어의 음을 적고 그 뜻을 생각하며 글을 읽어 보자.
■ 공부할 한자의 뜻을 알아보고 필순에 따라 바르게 써 보자.

廢紙 [ ] ■ 못쓰게 된 종이.

「 쓰레기 중에는 다시 活用할 수 있는 것들이 많이 있습니다. 그런데 섞여져 있는 쓰레기 중에서 다시 活用할 수 있는 것을 골라내는 일은 쉽지 않습니다. 그래서 이러한 사실을 알리고 協助를 부탁했습니다. 즉 병은 병대로, 廢紙는 廢紙대로, 飮食物은 飮食物대로 따로 봉투에 넣어 버려 달라는 것이었습니다. 그 結果 쓰레기로 인한 환경 汚染을 막을 수 있었으며, 그냥 버려질 資源을 다시 活用할 수도 있게 되었습니다. 」

• 活用(활용) • 協助(협조) • 飮食物(음식물) • 結果(결과) • 汚染(오염) • 資源(자원)
* 환경; 생물에게 직접·간접으로 영향을 주는 조건이나 사회적 상황(형편). 생활하는 주위의 상태(놓여 있는 모양이나 형편).

廢는 '집'을 뜻하는 广(엄)과 '떠나다', '떠나보내다'는 뜻인 發(발)을 결합한 것이다. 집이 못쓰게 되어 떠나면서 〈버림〉을 의미한다.

[새김] ■ 폐하다 ■ 못쓰게 되다 ■ 버리다

紙는 '가는 실오리'를 뜻하는 糸(사)와 서로 얽혀 있는 '혈통의 갈래'를 뜻하며 본래의 뜻이 '뿌리'인 氏(씨)를 결합한 것이다. 실뿌리 같은 가는 실오리들이 얽혀서 만들어진 〈종이〉를 의미한다.

[새김] ■ 종이 ■ 신문

亠 广 广 广 广 庐 庐 庐 庐 庐 廢 廢 廢

廢	廢	廢	廢
廢	廢	廢	廢

ㄥ ㄠ ㄠ 幺 糸 糸 紅 紅 紙 紙

紙	紙	紙	紙
紙	紙	紙	紙

새기고 익히기

■ 한자의 뜻을 새기고 그 한자로 이루어진 한자어를 익히자.
■ 한자의 뜻을 연결하여 한자어의 뜻을 생각해 보자.
■ 한자어의 뜻을 알고 예문을 통해 그 쓰임을 익히자.

廢	폐할 폐	■ 폐하다 ■ 못쓰게 되다 ■ 그만두다		紙	종이 지	■ 종이 ■ 신문

- 흐리게 나타난 한자어 위에 겹쳐서 쓰고 음을 적어라 -

棄	버릴 기	■ 버리다 ■ 그만두다 ■ 돌보지 않다

廢棄 [　　]
못쓰게 되어　버림　▶ 못 쓰게 된 것을 버림.

▷ 그 회사는 품질 기준에 맞지 않는 제품은 바로 廢棄 처분한다.

存	있을 존	■ 있다 ■ 존재하다 ■ 살아 있다

存廢 [　　]
존재하게 함과　폐함　▶ 존속과 폐지를 아울러 이르는 말.

▷ 요즘 농촌 마을에서는 학생 수의 감소로 存廢가 거론되는 초등학교가 많다.

製	지을 제	■ 짓다 ■ 만들다 ■ 마르다

製紙 [　　]
만듦　종이를　▶ 종이를 만듦.

▷ 얼마전 우리 동내에 커다란 製紙 공장이 들어섰다.

壁	벽 벽	■ 벽, 담 ■ 울타리 ■ 벼랑

壁紙 [　　]
벽에 바르는　종이　▶ 벽에 바르는 종이.

▷ 내 방을 도배할 壁紙는 내가 고르겠다.

한 글자 더

複	겹칠 복	■ 겹치다 ■ 거듭되다 ■ 겹 ■ 겹옷

☆ 이중, 둘 이상의 것.

﹨ ﹁ ﹉ ﹋ ﹋ 衤 衧 衧 衧 褄 複
複　複　複　複
複　複　複　複

數	셀 수	■ 세다 ■ 수효 ■ 몇 ■ 꾀, 책략

複數 [　　]
겹치는　수효　▶ 둘 이상의 수.

▷ 회장 선거에 나선 複數 입후보자를 대상으로 투표를 하기로 하였다.

寫	베낄 사	■ 베끼다 ■ 본뜨다 ■ 그리다

複寫 [　　]
거듭되게　베낌　▶ 원본을 베낌.

▷ 중요한 자료는 複寫하여 따로 보관하고 있다.

알아보기

輸送 [   ]

■ 사람이나 물건을 실어보냄.

「 道路網의 발달은 산업의 발달과 국토의 균형적인 開發을 위한 필수적인 條件이다. 인원과 각종 물자를 신속하고 값싸게 [輸送]할 수 있어야 산업이 발달하기 때문이다.

또, 道路網이 전국 방방곡곡까지 뻗어 있어야 국토가 구석구석 까지 골고루 발전하게 된다. 고속 道路의 建設과 道路網의, 擴充 및 포장으로 이제 전국 어느 곳이나 짧은 시간에 便利하게 오갈 수 있게 되었다. 」

• 道路網(도로망) • 開發(개발) • 條件(조건) • 建設(건설) • 擴充(확충) • 便利(편리). *신속하다: 매우 날쌔고 빠르다.
* 균형적: 어느 한쪽으로 기울거나 치우치지 아니하고 고른 것. * 필수적: 꼭 있어야 하거나 하여야 하는것.

輸는 '수레'를 뜻하는 車(차)와 본래의 뜻이 '통나무 배'이며 '응하다(필요, 요구에 맞추어 행동하다)' 는 뜻인 兪(유)를 결합한 것이다.   수레와 배로 물건을 〈실어보냄〉을 의미한다.

[새김] ▪ 보내다 ▪ 나르다 ▪ 실어내다

一	厂	冂	百	亘	車	軐	軩	輪	輪	輸	輸

輸	輸	輸	輸
輸	輸	輸	輸

은 다른 사람( )에게 불씨를 맡겨( )보냄을 뜻한 다. 옛날 사람들에게 불씨는 소중한 것이었다. 나중에 이 辵=辶 으로 바뀌었다.   사람이나 물품을 〈보 냄〉을 의미한다.

[새김] ▪ 보내다 ▪ 전송하다 ▪ 전달하다

'	ハ	八	쏘	关	关	送	送	送	送

送	送	送	送
送	送	送	送

새기고 익히기

■ 한자의 뜻을 새기고 그 한자로 이루어진 한자어를 익히자.
■ 한자의 뜻을 연결하여 한자어의 뜻을 생각해 보자.
■ 한자어의 뜻을 알고 예문을 통해 그 쓰임을 익히자.

輸	보낼 수	■ 보내다 ■ 나르다 ■ 실어내다

送	보낼 송	■ 보내다 ■ 전송하다 ■ 전달하다

- 흐리게 나타난 한자어 위에 겹쳐서 쓰고 음을 적어라 -

密	빽빽할 밀	■ 빽빽하다 ■ 가깝다 ■ 빈틈없다 ■ 몰래

密輸 [ ]
　몰래　실어 보냄
▷ 금괴를 密輸하려던 일당이 체포되었다.
► 세관을 거치지 아니하고 몰래 물건을 사들여 오거나 내다 팖.

禁	금할 금	■ 금하다 ■ 삼가다 ■ 꺼리다

禁輸 [ ]
　금함　실어냄을
▷ 최첨단 무기는 국가 간에 禁輸 품목이다.
► 수입이나 수출을 금함.

放	놓을 방	■ 놓다, 내놓다 ■ 내치다 ■ 널리 펴다

放送 [ ]
　널리 펴서　보냄
▷ 곧이어 9시 뉴스가 放送됩니다.
► 라디오나 텔레비전의 음성이나 영상을 전파로 보내는 일.

別	다를 별	■ 다르다 ■ 따로 ■ 나누다 ■ 구별하다

送別 [ ]
　보냄　떠나
▷ 전학 가는 친구를 送別하려고 학교 근처 제과점에서 모였다.
► 떠나는 사람을 이별하여 보냄.

한 글자 더

雜	섞일 잡	■ 섞이다 ■ 뒤섞이다 ■ 잡되다

☆ 순수하지 않다.
　 장황하고 번거롭다.

丶 亠 亠 亠 亠 卒 卒 new 新 新 雜 雜

雜	雜	雜	雜
雜	雜	雜	雜

複	겹칠 복	■ 겹치다 ■ 거듭되다 ■ 겹 ■ 겹옷

複雜 [ ]
　겹치고　뒤섞임
▷ 출퇴근 시간대의 대도시 중심가는 교통이 매우 複雜하다.
► 일이나 감정 따위가 갈피를 잡기 어려울 만큼 여러 가지가 얽힘.

草	풀 초	■ 풀 ■ 거칠다 ■ 초를 잡다

雜草 [ ]
　잡된　풀
▷ 한동안 가꾸지 않은 텃밭은 온통 雜草로 뒤덮였다.
► 잡풀(가꾸지 않아도 저절로 나서 자라는 여러 가지 풀).

한자성어

■ 한자 성어의 음을 적고 그에 담긴 의미와 적절한 쓰임을 익혀라.

一 長 一 短

▶ 일면의 장점과 다른 일면의 단점을 통틀어 이르는 말.

▷ 우리가 생각하는 그 두가지 방법은 모두 一長一短이 있는 것 같다.

一 刀 兩 斷

▶ 칼로 무엇을 대번에 쳐서 두 도막을 냄. 어떤 일을 머뭇거리지 아니하고 선뜻 결정함을 비유적으로 이르는 말.

▷ 더이상 시간 끌지 말고 一刀兩斷으로 결정을 하자.

言 語 道 斷

▶ 말할 길이 끊어졌다는 뜻으로, 어이가 없어서 말하려 해도 말할 수 없음을 이르는 말.

▷ 아니, 어떻게 나 혼자서 그 많고 무거운 짐을 다 나르란 말이냐? 정말로 言語道斷이다.

左 衝 右 突

▶ 이리저리 마구 찌르고 부딪침. 아무에게나 또는 아무 일에나 함부로 맞닥뜨림.

▷ 그는 급하고 쉽게 흥분하는 성질 때문에, 종종 左衝右突하며 문제를 일으킨다.

輕 擧 妄 動

▶ 경솔하여 생각 없이 망령되게 행동함. 또는 그런 행동.

▷ 생각 없는 어린애도 아니니 輕擧妄動을 하지말고 진중하게(무게가 있고 점잖게) 행동하여라.

興 亡 盛 衰

▶ 흥하고 망함과 성하고 쇠함.

▷ 급속한 세계 변화에 대응하는 교육은 한 개인뿐만이 아니라 가정이나 사회, 국가의 興亡盛衰가 달린 문제이다.

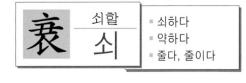

妄	망령될 망

- 망령되다
- 헛되다
- 속이다

衰	쇠할 쇠

- 쇠하다
- 약하다
- 줄다, 줄이다

·일장일단 ·일도양단 ·언어도단 ·좌충우돌 ·경거망동 ·흥망성쇠

164

더 살펴 익히기

■ 한자가 지닌 여러가지 뜻과 한자어를 한 번 더 살펴 익히자.

■ 아래 한자의 뜻과 그 뜻을 지니는 한자어를 줄로 잇고 독음을 적어라.

負
- 지다〈짐〉
- 지다〈승부〉
- 입다〈상처〉

・ 負傷(　　) ▸ 몸에 상처를 입음.

・ 請負(　　) ▸ 일을 완성하는 대가로 일정한 보수를 받기로 약속하고 그 일을 떠맡음. 또는 그 일.

・ 勝負(　　) ▸ 이김과 짐.

率
- 비율, 정도(률)
- 거느리다(솔)
- 꾸밈없다(솔)

・ 統率(　　) ▸ 무리를 거느려 다스림.

・ 比率(　　) ▸ 다른 수나 양에 대한 어떤 수나 양의 비.

・ 率直(　　) ▸ 거짓이나 숨김이 없이 바르고 곧음.

突
- 갑자기
- 부딪치다

・ 追突(　　) ▸ 자동차나 기차 따위가 뒤에서 들이받음.

・ 突發(　　) ▸ 뜻밖의 일이 갑자기 일어남.

■ [斷]과 비슷한 뜻을 지닌 한자에 모두 ○표 하여라. ⇨ [縮 · 切 · 絶 · 禁]

■ [短]과 상대되는 뜻을 지닌 한자에 ○표 하여라. ⇨ [高 · 長 · 弱 · 末]

■ [送]과 비슷한 뜻을 지닌 한자에 ○표 하여라. ⇨ [受 · 去 · 輸 · 別]

■ 아래의 뜻을 지닌 한자성어가 되도록 ( ) 안에 한자를 써 넣고 완성된 성어의 독음을 적어라.

뜻	성어	독음
▸ 한편으로는 기뻐하고 한편으로는 슬퍼함. 또는 기쁨과 슬픔이 번갈아 일어남.	一喜一(　　)	
▸ 조금도 변하거나 발전한 데 없이 예전 모습 그대로임.	(　　)態依然	
▸ 오래지 않은 동안에 몰라보게 변하여 아주 다른 세상이 된 것 같은 느낌.	隔(　　)之感	
▸ 그때그때 처한 사태에 맞추어 즉각 그 자리에서 결정하거나 처리함.	臨機(　　)變	
▸ 서로 거스름이 없는 친구라는 뜻으로, 허물이 없이 아주 친한 친구를 이르는 말.	莫(　　)之友	
▸ 많은 사람이 모였을 때에, 자제력을 잃고 쉽사리 흥분하거나 다른 사람의 언동에 따라 움직이는 일시적이고 즉흥적인 심리 상태.	群(　　)心理	

·부상·청부·승부·통솔·비율·솔직·추돌·돌발 / 悲·舊·世·應·逆·衆

165

어휘력 다지기

■ 공부한 한자로 이루어진 한자어를 익혀 어휘력을 다지자.
■ 글 속 한자어의 음을 적고, 그 뜻과 줄로 잇고, 쓰임을 익히자.

■ 그들의 주장은 서로 相衝[   ]되고 있다. • ・ 맞지 아니하고 어긋남.

■ 그의 태도가 싸늘하게 突變[   ]하였어. • ・ 불의에 대하여 일으키는 분노.

■ 그들은 무기한 투쟁에 突入[   ]하였다. • ・ 뜻밖에 갑자기 달라지거나 달라지게 함. 또는 그런 변화.

■ 그의 못된 행동에 義憤[   ]을 느꼈다네. • ・ 세찬 기세로 갑자기 뛰어듦.

■ 만인이 共怒[   ]할 야만적인 행동이야. • ・ 가지런하고 질서가 있음.

■ 움푹 패인 운동장 整地[   ] 작업 완료. • ・ 함께 성을 냄.

■ 신발들을 整然[   ]하게 늘어놓아라. • ・ 땅을 반반하고 고르게 만듦. 또는 그런 일.

■ 가정에 備置[   ]해 두어야 할 상비약들. • ・ 빠짐없이 완전히 갖춤.

■ 교실에 냉난방 시설을 完備[   ]하였어. • ・ 마련하여 갖추어 둠.

■ 오래되어 낡은 차를 廢車[   ]하려고. • ・ 못 쓰게 되어 버린 물품.

■ 廢品[   ]도 재활용하면 큰 자원이 된다. • ・ 낡거나 못 쓰게 된 차를 없앰. 또는 그 차.

■ 올림픽 소식으로 紙面[   ]을 도배했네. • ・ 자동차, 배 따위로 사람이나 물건을 실어 옮김.

■ 그는 답안지를 白紙[   ]로 제출하였다. • ・ 종이의 겉면. 기사나 글이 실리는 인쇄물의 면.

■ 위급한 환자를 헬리콥터로 輸送[   ]. • ・ 흰종이. 아무것도 적지 않은 비어 있는 종이.

■ 상품 輸出[   ]이 해마다 늘어나고 있어. • ・ 국내의 상품이나 기술을 외국으로 팔아 내보냄.

■ 물품 대금을 온라인으로 送金[   ]했다. • ・ 거듭하거나 겹침.

■ 같은 내용의 질문이 重複[   ]되었어. • ・ 돈을 부쳐 보냄. 또는 그 돈.

■ 소프트웨어 불법 複製[   ]를 엄금한다. • ・ 쓸데없이 지껄이는 말.

■ 몇몇이 차를 마시며 雜談[   ]을 하였다. • ・ 본디의 것과 똑같은 것을 만듦. 또는 그렇게 만든 것.

■ 노인이 되면 기억력이 衰退[   ]한단다. • ・ 한곳에 모인 많은 사람. 수많은 사람.

■ 거리에 쏟아져 나온 群衆[   ]의 물결. • ・ 기세나 상태가 쇠하여 전보다 못하여 감.

· 상충 · 돌변 · 놀입 · 의분 · 공노 · 성시 · 정연 · 비치 · 완비 · 폐차 · 폐품 · 지면 · 백지 · 수송 · 수출 · 송금 · 중복 · 복제 · 잡담 · 쇠퇴 · 군중

■ 한자어가 되도록 □ 안에 공통으로 넣을 한자를 보기에서 찾아 □ 안에 쓰고, 그 한자어의 뜻을 생각하며 음을 적어라.

| □ ⇨ | 衝□ | □起 | □出 |
| □ ⇨ | □怒 | □痛 | □敗 |

| □ ⇨ | □備 | 調□ | □理 |
| □ ⇨ | □車 | □品 | □止 |

| □ ⇨ | 輸□ | 發□ | □金 |
| □ ⇨ | 複□ | □草 | □念 |

보기
輪·備·廢·怒·紙·突·整·送·雜·憤·衝·複·衰

■ 아래의 뜻을 지닌 한자어가 되도록 위의 보기에서 알맞은 한자를 찾아 □ 안에 써 넣어라.

▶ 순간적으로 어떤 행동을 하고 싶은 욕구를 느끼게 하는 마음속의 자극,

▷ 나는 소리치고 싶은 □動을 느꼈다.

▶ 성난 얼굴빛, 또는 그런 기색이나 기세,

▷ 그의 얼굴에 □氣가 서려 있었어.

▶ 앞으로 일어날지도 모르는 어떠한 일에 대응하기 위하여 미리 준비함, 또는 그런 준비,

▷ 만일을 對□해 보험을 들었지요.

▶ 어떤 일에 쓰는 종이,

▷ 프린터에 用□가 떨어졌어요.

▶ 힘이 쇠하고 약함,

▷ 병을 앓아서 몸이 몹시 □弱해졌다.

▶ 다른 나라로 부터 물품을 사들임,

▷ 석유는 모두 □入에 의존하고 있다.

▶ 두 가지 이상이 하나로 합침, 또는 두 가지 이상을 하나로 합침,

▷ 여러 기능을 □合한 신제품 출시.

·충돌, 돌기, 돌출 · 분노, 분통, 분패 · 정비, 조정, 정리 · 폐차, 폐품, 폐지 · 수송, 발송, 송금 · 복잡, 잡초, 잡념 / 충동 · 노기 · 대비 · 용지 · 쇠약 · 수입 · 복합

■ 한자의 음과 훈을 되새기며 필순에 따라 바르게 써 보자.

衝	찌를 충	行(다닐행) / 총 15획

`丿 彳 彳 彳 衎 衎 衝 衝 衝 衝 衝`

衝　衝　衝　衝

突	갑자기 돌	穴(구멍혈) / 총 9획

`丶 丶 宀 宀 宀 空 穷 突 突`

突　突　突　突

憤	분할 분	忄(심방변) / 총 15획

`丶 忄 忄 忄 忭 忭 忭 憤 憤 憤 憤`

憤　憤　憤　憤

怒	성낼 노.로	心(마음심) / 총 9획

`乄 夕 女 奴 奴 奴 怒 怒 怒`

怒　怒　怒　怒

整	가지런할 정	攵(등글월문) / 총 16획

`一 丆 曰 束 束 敕 敕 敕 敕 整 整`

整　整　整　整

備	갖출 비	亻(사람인변) / 총 12획

`丿 亻 亻 伫 伫 仹 俻 俻 備 備 備`

備　備　備　備

廢	폐할 폐	广(엄호) / 총 15획

`丶 广 广 庐 庐 庐 庐 廄 廃 廢 廢`

廢　廢　廢　廢

紙	종이 지	糸(실사) / 총 10획

`乚 乀 幺 糸 糸 糸 紆 紅 紅 紙`

紙　紙　紙　紙

輸	보낼 수	車(수레거) / 총 16획

`一 丆 百 亘 車 車 軒 輪 輪 輪 輸`

輸　輸　輸　輸

送	보낼 송	辶(책받침) / 총 10획

`丿 八 丷 쓰 쑤 关 关 咲 送 送`

送　送　送　送

複	겹칠 복	衤(옷의변) / 총 14획

`丶 丶 ㇆ 礻 礻 礻 衤 衤 衤 衧 衻 複`

複　複　複　複

雜	섞일 잡	隹(새추) / 총 18획

`丶 亠 才 立 产 卒 亲 雜 雜 雜 雜`

雜　雜　雜　雜

妄	망령될 망	女(계집녀) / 총 6획

`丶 亠 亡 妄 妄 妄`

妄　妄　妄　妄

衰	쇠할 쇠	衣(옷의) / 총 10획

`丶 亠 广 育 亩 亩 哀 衰 衰 衰`

衰　衰　衰　衰

■ 공부할 한자의 모양을 살펴보며 음과 훈을 알아보자,

묶음 5-13

음 ■ 한자를 읽는 소리
아래 한자의 음을 찾아 적고 소리내어 읽어 보자.

― 바탕색과 글자색이 같은 것을 찾아 보자 ―

勉		滅		研		菌	
究		細		乾		題	
濕		課		種		勤	

건	세	근	구	과	연
멸	종	면	습	제	균

훈 ■ 한자의 뜻 새김
한자의 음을 적고 훈과 함께 외어 보자.

研	갈	究	연구할	課	공부할	題	제목

勤	부지런할	勉	힘쓸	細	가늘	菌	버섯

滅	꺼질	種	씨	乾	마를	濕	젖을

알아보기

■ 한자어와 한자어를 이루는 개별 한자의 뜻을 알아보자.
■ 아래 한자어의 음을 적고 그 뜻을 생각하며 글을 읽어 보자.
■ 공부할 한자의 뜻을 알아보고 필순에 따라 바르게 써 보자.

研究 [　　] ■ 어떤 일이나 사물에 대하여 깊이 있게 조사하고 생각하여 진리를 따져 보는 일.

「 우리나라에서는 현재, 科學 **研究**와 技術 開發에 특히 힘을 기울이고 있다. 科學과 技術은 생활을 편리하게 하는 데 꼭 필요하기 때문이다. 대전의 대덕 **研究** 團地 안에는 여러 研究所가 있고, 각 대학에도 많은 研究所가 있어 여러 가지 **研究**에 힘쓰고 있다. 그리고 큰 회사에서도 더 좋은 제품을 만들기 위해 研究所를 설립하고 技術 開發에 專念하고 있다. 」

• 科學(과학) • 技術(기술) • 開發(개발) • 團地(단지): 주택, 공장, 작물 재배지 따위가 집단을 이루고 있는 일정 구역.
• 研究所(연구소) • 專念(전념). *제품: 원료를 써서 만들어 낸 물품. *설립: 기관이나 조직체 따위를 만들어 일으킴.

研은 '돌', '숫돌'을 뜻하는 石(석)과 '평평하게 하다'는 뜻인 幵(견)을 결합한 것이다. 숫돌에 문질러 고르게 〈연마함〉을 의미한다.

[새김] ▪갈다 ▪벼루 ▪연마하다

一 丁 丆 石 石 石 矴 研 研 研 研			
研	研	研	研
研	研	研	研

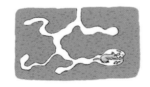

究는 '구멍', '뚫다'는 뜻인 穴(혈)과 '아홉번', '수효의 끝'을 뜻하는 九(구)를 결합한 것이다. 속속들이 파고들어 깊이 〈연구함〉을 의미한다.

[새김] ▪연구하다 ▪궁구하다 ▪다하다

丶 丷 宀 宀 究 究 究			
究	究	究	究
究	究	究	究

170

새기고 익히기

■ 한자의 뜻을 새기고 그 한자로 이루어진 한자어를 익히자.
■ 한자의 뜻을 연결하여 한자어의 뜻을 생각해 보자.
■ 한자어의 뜻을 알고 예문을 통해 그 쓰임을 익히자.

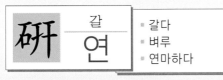 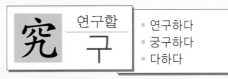

研 갈 연 — ■ 갈다 ■ 벼루 ■ 연마하다

究 연구할 구 — ■ 연구하다 ■ 궁구하다 ■ 다하다

― 흐리게 나타난 한자어 위에 겹쳐서 쓰고 음을 적어라 ―

武 호반 무 — ■ 호반 ■ 무인 ■ 군사 ■ 무기 ■ 군인의 위세

研 武
갈고 닦음　무예를 ▶ **무예를 닦음.**

▷ 그는 심신을 단련하기 위해 어릴 때부터 태권도를 꾸준히 研武하였다.

學 배울 학 — ■ 배우다 ■ 학문 ■ 가르침

學 究
학문을　연구함 ▶ **학문을 깊이 연구함.**

▷ 그는 학위를 취득한 후에도 學究에 몰두하느라 결혼은 생각도 못했다.

明 밝을 명 — ■ 밝다 ■ 밝히다 ■ 확실하게

究 明
연구하여　밝힘 ▶ **사물의 본질, 원인 따위를 깊이 연구하여 밝힘.**

▷ 우주의 기원을 究明하기 위한 학자들은 연구와 노력은 지속되고 있다.

追 쫓을 추 — ■ 쫓다 ■ 뒤따르다 ■ 보충하다

追 究
뒤쫓아　연구함 ▶ **근본까지 깊이 캐어 들어가 연구함.**

▷ 예술이란, 아름다움과 새로움을 追究하는 작업이라고 말할 수 있다.

한 글자 더

勤 부지런할 근 — ■ 부지런하다 ■ 힘쓰다 ■ 근무하다

☆ 부지런히 일하다. 임무를 수행하다.

| 一 | 十 | 卄 | 艹 | 芇 | 苩 | 革 | 革 | 堇 | 堇 | 勤 | 勤 |

勤　勤　勤　勤
勤　勤　勤　勤

勞 일할 로 — ■ 일하다 ■ 수고하다 ■ 노고

勤 勞
부지런히　일함 ▶ **부지런히 일함.**

▷ 임금이 제때 지급되지 않아 종업원들은 勤勞 의욕을 잃었다.

務 힘쓸 무 — ■ 힘쓰다 ■ 일 · 직무 ■ 힘쓰게 하다

勤 務
힘써 일함　직무에 ▶ **직장에 적을 두고 직무에 종사함.**

▷ 그는 한동안 출판사에서 勤務한 경력이 있다.

알아보기

■ 한자어와 한자어를 이루는 개별 한자의 뜻을 알아보자.
■ 아래 한자어의 음을 적고 그 뜻을 생각하며 글을 읽어 보자.
■ 공부할 한자의 뜻을 알아보고 필순에 따라 바르게 써 보자.

課題 [   ]

■ 처리하거나 해결해야 할 문제.

「 壁時計가 밤 아홉 時를 알렸습니다. 은호는 갑자기 마음이
바빠졌습니다. 잠자리에 들어야 할 時間인데, 課題는 커녕
내일 가져 갈 準備物을 챙기지도 못했기 대문입니다.
허둥거리며 課題를 하고 있을 때,
어머니께서 들어오셨습니다.
　"또 인제 宿題를 하는구나,
　어서 끝내고 자거라."
　어머니께서는 失望하신
表情으로 房을 나가셨습니다. 」

• 壁時計(벽시계) • 準備物(준비물) • 宿題(숙제) • 失望(실망) • 表情(표정) • 房(방)
* 챙기다: 필요한 물건을 찾아서 갖추어 놓거나 무엇을 빠뜨리지 않았는지 살피다. 거르지 않고 잘 거두다. 자기 것으로 취하다.

課는 '헤아리다', '묻다'는 뜻인 言(언)과 '일의 결과'를 뜻하는 果(과)를 결합한 것이다. 결과를 얻을 수 있도록 배우고 익힐 것을 〈부과함〉을 의미한다.

[새김] ■공부하다 ■부과하다 ■부서

丶	亠	言	言	言	訂	訶	訶	課	課	課
課	課	課	課							
課	課	課	課							

題는 '이것', '여기'와 같이 사물을 이르는 말인 是(시)와 '머리', '책장의 한쪽 면'을 뜻하는 頁(혈)을 결합한 것이다. 글의 앞머리에 제시하는, 말하고자 하는 문제나 〈제목〉을 의미한다.

[새김] ■제목 ■앞머리(이마) ■물음, 문제

门	日	旦	昰	昻	是	是	題	題	題	題	題
題	題	題	題								
題	題	題	題								

새기고 익히기

■ 한자의 뜻을 새기고 그 한자로 이루어진 한자어를 익히자.
■ 한자의 뜻을 연결하여 한자어의 뜻을 생각해 보자.
■ 한자어의 뜻을 알고 예문을 통해 그 쓰임을 익히자.

課	공부할 과	■ 공부하다 ■ 매기다 ■ 부서

題	제목 제	■ 제목 ■ 앞머리(이마) ■ 물음, 문제

– 흐리게 나타난 한자어 위에 겹쳐서 쓰고 음을 적어라 –

業	업 업	■ 업 ■ 일, 직업 ■ 학업

課業 [　　]
부과된　일 ▶ 꼭 하여야 할 일이나 임무.

▷ 지구 환경을 보존하기 위한 대책 마련과 실천은 온 인류에게 맡겨진 課業이다.

稅	세금 세	■ 세금, 조세 ■ 징수하다 ■ 세내다

課稅 [　　]
매김　세금을 ▶ 세금을 정하여 그것을 내도록 의무를 지움.

▷ 소득이 있으면 그에 대한 課稅도 따른다.

議	의논할 의	■ 의논하다 ■ 토의하다 ■ 의견

議題 [　　]
의논할　문제 ▶ 회의에서 의논할 문제.

▷ 오늘 회의에서 '학교 폭력 예방 대책'이 주요 議題로 채택되었다.

難	어려울 난	■ 어렵다 ■ 어려운 사정 ■ 나무라다

難題 [　　]
어려운　문제 ▶ 해결하기 어려운 일이나 사건.

▷ 우리에게 닥친 難題를 해결하기 위해서 여러 사람들의 협력과 의지가 필요하다.

한 글자 더

勉	힘쓸 면	■ 힘쓰다 ■ 힘쓰게 하다 ■ 권하다

☆ 부지런히 일하다.
　힘쓰도록 격려하다.

ノ ケ ケ 多 多 争 免 兔 勉

勉	勉	勉	勉
勉	勉	勉	勉

勤	부지런할 근	■ 부지런하다 ■ 힘쓰다 ■ 근무하다

勤勉 [　　]
부지런히　힘씀 ▶ 부지런히 일하며 힘씀.

▷ 우리나라 경제 발전의 원동력은 勤勉한 국민성과 창의력이다.

學	배울 학	■ 배우다 ■ 학문 ■ 가르침

勉學 [　　]
힘씀　학문에 ▶ 학문에 힘씀.

▷ 그는 어려운 환경 속에서도 勉學 의지는 결코 꺾이지 않았다.

알아보기

- 한자어와 한자어를 이루는 개별 한자의 뜻을 알아보자.
- 아래 한자어의 음을 적고 그 뜻을 생각하며 글을 읽어 보자.
- 공부할 한자의 뜻을 알아보고 필순에 따라 바르게 써 보자.

細菌 [   ] ■ 생물 중에서 가장 작은 단세포인 미생물.

「 과학이 發達하지 못했던 옛날에는 細菌은 그야말로 공포의
對象이었을 뿐이었다. 飮食物을 썩게 할 뿐만 아니라, 우리몸에
침투해서 여러 가지 병을 일으키기 때문이다. 하지만, 나쁜
細菌만 있는 것은 아니다. 우리에게 이로움을 주는
細菌이 있다는 事實이 점차 밝혀지게 되었다.
치즈나 요구르트와 같은 발효 식품
생산에 細菌이 이용됨은 물론이고,
最近에는 병을 고치는 데에도
이용되고 있다. 」

- 發達(발달) • 對象(대상): 어떤 일의 상대 또는 목표나 목적이 되는 것. • 飮食物(음식물) • 事實(사실) • 最近(최근)
* 공포: 두렵고 무서움. * 침투: 액체 따위가 스며들어 뱀. 세균이나 병균 따위가 몸속에 들어옴. * 점차: 차례에 따라 진행됨.

𢆶는 '실'을 뜻하는 ⼃…糸(사)와 '정수리'를 뜻하는
⊗…囟(신)을 결합한 것이다. 나중에 ⊗이 田으로 바
뀌었다.   누에가 고치를 지을 때 정수리 쪽에서 뽑아내
는 실이 〈가늚〉을 의미한다.

[새김] ▪ 가늘다 ▪ 작다 ▪ 자세하다

⼃	丝	幺	纟	糸	糸	糸	糸	紅	細	細	細
細		細		細		細					
細		細		細		細					

菌은 '초목'을 뜻하는 艹(초)와 곡식을 보관하는 원뿔
모양의 '곳집'을 뜻하는 囷(균)을 결합한 것이다.
곡식을 보관하는 곳집처럼 생긴 식물인 〈버섯〉을 의미
한다.

[새김] ▪ 버섯 ▪ 곰팡이 ▪ 세균

⼂	十	艹	艹	广	芮	芮	芮	茵	菌	菌	菌
菌		菌		菌		菌					
菌		菌		菌		菌					

새기고 익히기

■ 한자의 뜻을 새기고 그 한자로 이루어진 한자어를 익히자.
■ 한자의 뜻을 연결하여 한자어의 뜻을 생각해 보자.
■ 한자어의 뜻을 알고 예문을 통해 그 쓰임을 익히자.

細 가늘 세	■ 가늘다 ■ 작다 ■ 자세하다	菌 버섯 균	■ 버섯 ■ 곰팡이 ■ 세균

– 흐리게 나타난 한자어 위에 겹쳐서 쓰고 음을 적어라 –

密 빽빽할 밀	■ 빽빽하다 ■ 가깝다 ■ 빈틈없다 ■ 몰래	細密 [ ]	▷ 그 계획을 실행에 옮기기 전에 다시 한번 細密하게 검토해 보자.

자세하고   빈틈 없음 ▶ **자세하고 꼼꼼함.**

部 떼 부	■ 떼, 집단 ■ 나누다 ■ 부분	細部 [ ]	▷ 그의 작품은 細部 묘사가 매우 잘 되었다.

자세한   부분 ▶ **자세한 부분.**

病 병 병	■ 병, 질병 ■ 앓다 ■ 흠, 결점	病菌 [ ]	▷ 손발을 깨끗이 하는 것만으로도 病菌에 감염되는 것을 대부분 방지할 수 있다.

병을 일으키는   균 ▶ **병의 원인이 되는 균.**

殺 죽일 살	■ 죽이다 ■ 없애다 ■ 덜다(쇄)	殺菌 [ ]	▷ 가장 쉬운 殺菌 방법은 가열 처리하는 것.

죽임   균을 ▶ **세균 따위의 미생물을 죽임.**

한 글자 더

乾 마를 건	■ 마르다 ■ 하늘 ■ 건성으로

一 十 十 古 古 古 直 卓 車 車 乾

草 풀 초	■ 풀 ■ 거칠다 ■ 초를 잡다	乾草 [ ]	▷ 풀이 자랄 수 없는 겨울에는 소의 먹이로 乾草를 준다.

말린   풀 ▶ **베어서 말린 풀. 주로 사료나 퇴비로 쓴다.**

期 기약할 기	■ 기약하다 ■ 때, 시기 ■ 기간	乾期 [ ]	▷ 乾期에는 산불에 특히 조심해야 한다.

건조한   시기 ▶ **기후가 건조한 시기.**

알아보기

■ 한자어와 한자어를 이루는 개별 한자의 뜻을 알아보자.
■ 아래 한자어의 음을 적고 그 뜻을 생각하며 글을 읽어 보자.
■ 공부할 한자의 뜻을 알아보고 필순에 따라 바르게 써 보자.

滅種 [   ] ■ 씨가 없어짐, 한 종류가 모두 없어짐.

「 공룡의 [滅種] 원인에 대한 가장 유력시되는 학설로는, 혜성의 衝突에 의한 地球 氣溫의 급작스런 變化이다. 혜성이 지나가면서 地球에 막대한 티끌과 먼지를 뿌리기도 하고 또, 혜성의 衝突로 먼지 구름이 생기면서, 서서히 地球 대기층을 덮어 태양 광선을 차단하였다. 그래서 햇빛을 못 받게 된 地球는 氣溫이 갑자기 내려가기 시작하였고, 植物은 물론 거대한 공룡들도 일시에 全滅하고 말았다는 것이다. 」

• 衝突(충돌) • 地球(지구) • 氣溫(기온) • 變化(변화) • 植物(식물)
• 全滅(전멸). *유력시: 가능성이 많다고 봄. *막대하다: 더할 수 없을 만큼 많거나 크다.
*차단: 액체나 기체 따위의 흐름 또는 통로를 막거나 끊어서 통하지 못하게 함. *일시: 잠깐 동안. 같은 때.

滅은 '물'을 뜻하는 氵(수)와 '꺼지다', '멸하다'는 뜻인 威(멸)을 결합한 것이다. 물로써 불이 꺼지듯 멸망하여 〈없어짐〉을 의미한다.

[새김] ■꺼지다 ■멸망하다 ■없어지다

ﾞ	ﾞ	氵	氵	氵	氵	汃	減	減	滅	滅	滅
滅	滅	滅	滅								
滅	滅	滅	滅								

種는 '곡식'을 뜻하는 禾(화)와 '중히 여기다', '무겁다'는 뜻인 重(중)을 결합한 것이다. 잘 여문 씨앗은 무거워 물에 가라앉으며, 농군이 무엇보다 중히 여기는 곡식의 〈씨앗〉을 의미한다.

[새김] ■씨 ■종족 ■품류 ■종류

ﾉ	二	千	禾	禾	禾	禾	秆	秆	稆	種	種
種	種	種	種								
種	種	種	種								

■ 한자의 뜻을 새기고 그 한자로 이루어진 한자어를 익히자.
　➡ 한자의 뜻을 연결하여 한자어의 뜻을 생각해 보자.
　➡ 한자어의 뜻을 알고 예문을 통해 그 쓰임을 익히자.

滅	꺼질	■ 꺼지다
	멸	■ 멸망하다
		■ 없어지다

種	씨	■ 씨
	종	■ 종족
		■ 종류

― 흐리게 나타난 한자어 위에 겹쳐서 쓰고 음을 적어라 ―

消	사라질	■ 사라지다
	소	■ 삭이다
		■ 소멸시키다

消滅 □　▷ 사건 현장은 수사의 단서가 될 만한 흔적들이 대부분 消滅되어 있었다.
사라져　없어짐　▶ 사라져 없어짐.

亡	망할	■ 망하다
	망	■ 죽다
		■ 달아나다

滅亡 □　▷ 환경 파괴가 인류의 滅亡을 초래할지도 모른다.
없어짐　망하여　▶ 망하여 없어짐.

類	무리	■ 무리
	류	■ 닮다
		■ 나누다

種類 □　▷ 목재는 種類에 따라 쓰임새가 다르다.
종에 따라　나누는 갈래　▶ 사물의 부분을 나누는 갈래, 갈래의 수를 세는 단위.

品	물건	■ 물건, 물품
	품	■ 종류
		■ 품격 ■ 등급

品種 □　▷ 이 사과는 신맛은 덜하면서 단맛이 많은 品種이다.
물품의　종류　▶ 물품의 종류, 농작물 가축 따위를 분류하는 최종 단계의 이름.

한 글자 더

濕	젖을	■ 젖다
	습	■ 축축하다
		■ 습기, 물기

氵 氵 汩 沪 沪 沪 渥 湿 湿 濕 濕 濕

除	덜	■ 덜다, 없애다
	제	■ 떼어내다
		■ 나누다

除濕 □　▷ 에어컨은 냉방뿐만 아니라 除濕 기능도 있다.
없앰　습기를　▶ 습기를 없앰.

度	법도	■ 법도
	도	■ 정도 ■ 도
		■ 모양, 모습

濕度 □　▷ 장마철에는 濕度가 높아진다.
습기의　정도　▶ 공기 가운데 수증기가 들어 있는 정도.

177

어휘력 다지기

■ 학문을 하려면 **探究** [　] 정신이 필요해. ・

■ 그에게 걷기는 하루 **日課** [　] 의 하나야. ・

■ 우리는 **放課** [　] 후 합창 엽습을 하였어. ・

■ 그는 **課外** [　] 로 미술 지도를 받는다. ・

■ 오늘 학급 회의 **議題** [　] 는 무엇이냐? ・

■ 오늘 토론할 **論題** [　] 는 '환경 오염'. ・

■ 그는 오늘 좀 더 일찍 **出勤** [　] 하였다. ・

■ 그는 서울로 **通勤** [　] 을 하고 있어. ・

■ 몸이 아파 회사에 **缺勤** [　] 을 하였다. ・

■ 공기 중에 **微細** [　] 한 먼지가 많구나. ・

■ 평가 등급을 열 단계로 **細分** [　] 하였다. ・

■ 회비의 지출 **明細** [　] 를 밝혀주세요. ・

■ 젖병은 **滅菌** [　] 하여 사용하여야 한다. ・

■ 전염병 **保菌** [　] 자를 격리 수용하였다. ・

■ 태양이 없다면 지구는 **死滅** [　] 할 거야. ・

■ 전쟁을 일으킨다면 **自滅** [　] 의 길이야. ・

■ 양궁의 전 **種目** [　] 에서 금매달을 예상. ・

■ 그는 여간 **毒種** [　] 이 아니였다네. ・

■ 진돗개는 한국의 **土種** [　] 명견이다. ・

■ 그곳에 가면 김과 **乾魚** [　] 를 사오너라. ・

■ 장마철엔 **防濕** [　] 에 유념해야 한다. ・

・ 날마다 규칙적으로 하는 일정한 과정.

・ 진리, 학문, 따위를 파고들어 깊이 연구함.

・ 정해진 학과 과정이나 근무 시간 이외.

・ 그날 하루에 하도록 정해진 학과가 끝남.

・ 일터로 근무하러 나가거나 나옴.

・ 회의에서 의논할 문제.

・ 논설이나 논문, 토론 따위의 주제나 제목.

・ 근무해야 할 날에 출근하지 않고 빠짐.

・ 집에서 직장에 근무하러 다님.

・ 사물을 여러 갈래로 자세히 나누거나 잘게 가름.

・ 분간하기 어려울 정도로 아주 작음.

・ 살균(세균 따위의 미생물을 죽임).

・ 물품이나 금액 따위의 분명하고 자세한 내용.

・ 스스로 자신을 망치거나 멸망함.

・ 몸 안에 병균을 지님.

・ 죽어 없어짐.

・ 본토종(본디부터 그곳에서 나는 종자).

・ 여러 가지 종류에 따라 나눈 항목.

・ 성질이 매우 독한 사람, 성질이 매우 독한 짐승의 종자.

・ 습기를 막음.

・ 건어물(생선, 조개류 따위를 말린 식품).

・탐구 · 일과 · 방과 · 과외 · 의제 · 논제 · 출근 · 통근 · 결근 · 미세 · 세분 · 명세 · 멸균 · 보균 · 사멸 · 자멸 · 종목 · 독종 · 토종 · 건어 · 방습

■ 한자어가 되도록 □ 안에 공통으로 넣을 한자를 보기에서 찾아 □ 안에 쓰고 , 그 한자어의 뜻을 생각하며 음을 적어라.

□ ⇨	研□	學□	□明

□ ⇨	□題	日□	□業

□ ⇨	□勞	□務	出□

□ ⇨	□密	□分	微□

□ ⇨	□類	品□	滅□

□ ⇨	□草	□期	□魚

보기

勉 · 究 · 濕 · 減 · 細 · 課 · 研 · 乾 · 種 · 菌 · 妄 · 題 · 勤

■ 아래의 뜻을 지닌 한자어가 되도록 위의 보기에서 알맞은 한자를 찾아 □ 안에 써 넣어라.

▶ 무예를 닦음.

▷ 그는 체력 단련을 위해 □ 武 하였다.

▶ 학생들에게 복습이나 예습을 위하여 집에서 하도록 내 주는 과제.

▷ 오늘 宿 □ 를 깜빡 잊고 있었네.

▶ 부지런히 일하며 힘씀.

▷ 너는 勤 □ 하고 성실하기도 하구나.

▶ 생물체 가운데 가장 미세하고 가장 하등에 속하는 단세포 생물체. 다른 생물체에 기생하여 병을 일으키기도 하고 발효나 부패 작용을 하기도 한다.

▷ 보통의 細 □ 은 끓는 물에 죽는다.

▶ 파괴되어 없어짐.

▷ 환경 파괴는 인류의 破 □ 을 초래해.

▶ 이치나 사리에 맞지 아니하고 망령되게 말함. 또는 그 말.

▷ 그는 어찌 그런 □ 言 을 하는 거야.

▶ 습기를 없앰.

▷ 에어컨에는 除 □ 기능도 있다.

· 연구. 학구. 구명 · 과제. 일과 과업 · 근로. 근무. 출근 · 세밀. 세분. 미세 · 종류. 품종. 멸종 · 건초. 건기. 건어 / 연무 · 숙제 · 근면 · 세균 · 파멸 · 망언 · 제습

■ 한자의 음과 훈을 되새기며 필순에 따라 바르게 써 보자.

研 갈 연	石(돌석) / 총 11획
一 丆 丆 石 石 石 研 研 研 研 研	
研 研 研 研	

究 연구할 구	穴(구멍혈) / 총 7획
丶 丷 宀 宂 空 穷 究	
究 究 究 究	

課 공부할 과	言(말씀언) / 총 15획
言 言 言 言 言 訂 訶 訶 誤 課 課	
課 課 課 課	

題 제목 제	頁(머리혈) / 총 18획
口 日 旦 昙 昺 是 是 題 題 題 題 題	
題 題 題 題	

勤 부지런할 근	力(힘력) / 총 13획
一 十 卄 艹 苩 苩 革 革 蓳 堇 勤 勤	
勤 勤 勤 勤	

勉 힘쓸 면	力(힘력) / 총 9획
丿 勹 勹 冘 吇 免 免 勉 勉	
勉 勉 勉 勉	

細 가늘 세	糸(실사) / 총 11획
乚 纟 纟 乡 糸 糸 糹 紅 細 細 細	
細 細 細 細	

菌 버섯 균	艹(초두머리) / 총 12획
丶 丷 芐 芐 芐 芓 芮 芮 菌 菌 菌 菌	
菌 菌 菌 菌	

滅 꺼질 멸	氵(삼수변) / 총 13획
丶 丶 氵 氵 汀 汀 泸 泸 減 減 減 滅 滅	
滅 滅 滅 滅	

種 씨 종	禾(벼화) / 총 14획
一 二 千 禾 禾 禾 秆 秆 秆 稀 稗 種	
種 種 種 種	

乾 마를 건. 하늘 건	乙(새을) / 총 11획
一 十 十 古 古 吉 直 直 卓 乾 乾	
乾 乾 乾 乾	

濕 젖을 습	氵(삼수변) / 총 17획
氵 氵 汩 汩 沮 沮 涅 涅 濕 濕 濕 濕	
濕 濕 濕 濕	

妄 망령될 망	女(계집녀) / 총 6획
丶 亠 亡 亡 亡 妄	
妄 妄 妄 妄	

衰 쇠할 쇠	衣(옷의) / 총 10획
丶 亠 广 亠 亠 衣 亲 亲 衰 衰	
衰 衰 衰 衰	

묶음 5-14

음 ■ 한자를 읽는 소리
아래 한자의 음을 찾아 적고 소리내어 읽어 보자.

- 바탕색과 글자색이 같은 것을 찾아 보자 -

構　　　獄　　　浮　　　臺

舞　　　役　　　混　　　割

亂　　　揚　　　圖　　　脫

도　양　탈　란　옥　역

부　대　할　구　무　혼

훈 ■ 한자의 뜻 새김
한자의 음을 적고 훈과 함께 외어 보자.

混	섞을	亂	어지러울	構	얽을	圖	그림

浮	뜰	揚	날릴	脫	벗을	獄	옥

役	부릴	割	벨	舞	춤출	臺	대

알아보기

■ 한자어와 한자어를 이루는 개별 한자의 뜻을 알아보자.
■ 아래 한자어의 음을 적고 그 뜻을 생각하며 글을 읽어 보자.
■ 공부할 한자의 뜻을 알아보고 필순에 따라 바르게 써 보자.

混亂 ☐ ■ 뒤죽박죽이 되어 어지럽고 질서가 없음.

「 자유 민주 국가에서는 多樣한 생활 방식과 思考 방식을 가지고
국민 각자가 才能을 발휘하고 있습니다. 그래서 얼른 보기에는
사회가 複雜하고 混亂스런 듯하지만, 바로 이러한 점을 통해서
자유 민주 국가에서는 국민들의 多樣한
요구를 實現시켜 나가는 것입니다.
국민들의 獨創的인 생각과
多樣한 생활 방식들을 마음껏
펼칠 수 있는 곳이 바로
자유 민주 국가입니다. 」

• 多樣(다양): 여러 가지 모양이나 양식(일정한 모양이나 형식) • 思考(사고) • 才能(재능) • 複雜(복잡) • 實現(실현)
• 獨創的(독창적).   * 각자: 각각의 자기 자신. * 발휘: 재능, 능력 따위를 떨치어 나타냄. * 방식: 일정한 방법이나 형식.

混은 '물'을 뜻하는 氵(수)와 '뒤얽히다', '뒤섞이다'
는 뜻인 昆(혼)을 결합한 것이다.   여러 물줄기가 〈뒤
섞이어 탁함〉을 의미한다.

🥢은 두 손(🤲)으로 헝클어진 실타래(실을 쉽게 풀어 쓸
수 있도록 한데 뭉치거나 감아 놓은 것)(🧵)를 매만지는 모
습이다.   실타래가 헝클어져 〈어지러움〉을 의미한다.

[새김] ▪ 섞다 ▪ 섞이다 ▪ 혼탁하다

[새김] ▪ 어지럽다 ▪ 난리 ▪ 함부로

`	`	氵	氵	氵	氵	氵	混	混	混
混	混	混	混						
混	混	混	混						

`	`	`	`	`	`	乻	乻	乻	亂
亂	亂	亂	亂						
亂	亂	亂	亂						

새기고 익히기

■ 한자의 뜻을 새기고 그 한자로 이루어진 한자어를 익히자.
■ 한자의 뜻을 연결하여 한자어의 뜻을 생각해 보자.
■ 한자어의 뜻을 알고 예문을 통해 그 쓰임을 익히자.

混	섞을 혼	■ 섞다 ■ 섞이다 ■ 혼탁하다

亂	어지러울 란	■ 어지럽다 ■ 난리 ■ 함부로

― 흐리게 나타난 한자어 위에 겹쳐서 쓰고 음을 적어라 ―

雜	섞일 잡	■ 섞이다 ■ 어수선하다 ■ 잡되다

混雜 ▷ 축제장은 많은 사람들로 매우 混雜했다.
뒤섞이어 · 어수선함 ▶ 여럿이 뒤섞이어 어수선함.

線	줄 선	■ 줄 ■ 실 ■ 선 ■ 노선 ■ 한계

混線 ▷ 통화 중 갑작스런 混線으로 통화를 중단했다.
뒤섞임 · 줄이 ▶ 전파가 뒤섞여 엉클어짐, 말이나 일 따위가 뒤섞임.

立	설 립	■ 서다 ■ 세우다 ■ 이루어지다

亂立 ▷ 휴가철이 되자 사람들이 많이 찾는 유원지에 무허가 업소가 亂立하였다.
함부로 · 섬 ▶ 질서 없이 여기저기 나섬.

脈	맥 맥	■ 맥, 맥박 ■ 줄기 ■ 혈맥

亂脈 ▷ 이번 사건을 처리하는 과정에서 지휘 체계의 亂脈이 그대로 드러났다.
어지럽게 얽힌 · 줄기 ▶ 이리저리 흩어져서 질서나 체계가 서지 아니함, 또는 그런 상태.

한 글자 더

浮	뜰 부	■ 뜨다 ■ 떠다니다 ■ 덧없다

☆ 가라앉지 아니하고 물 위에 있다.
  안착되지 아니하고 들썽하게 되다.

丶 丶 氵 氵 氵 浮 浮 浮 浮 浮

標	표할 표	■ 표하다 ■ 표 ■ 표시 ■ 과녁, 목표

浮標 ▷ 해수욕장에는 안전을 위해 깊은 곳으로 가지 않도록 浮標를 띄워 놓았다.
띄워 놓은 · 표시 ▶ 물 위에 띄워 어떤 표적으로 삼는 물건.

沈	잠길 침	■ 잠기다 ■ 빠지다 ■ 가라앉다

浮沈 ▷ 바다에 떠있는 부표가 밀려오는 파도로 浮沈을 거듭하고 있었다.
떠오름과 · 가라앉음 ▶ 물 위에 올랐다 잠겼다 함, 힘, 세력 따위가 성하고 쇠함을 비유함.

알아보기

■ 한자어와 한자어를 이루는 개별 한자의 뜻을 알아보자.
■ 아래 한자어의 음을 적고 그 뜻을 생각하며 글을 읽어 보자.
■ 공부할 한자의 뜻을 알아보고 필순에 따라 바르게 써 보자.

構圖 〔　　〕

■ 그림에서 모양, 색깔, 위치 따위의 짜임새.

「 같은 主題를 되풀이하여 그렸으나, 판에 박은 듯
똑같이 그린 그림이 없으며 모두 作家의 個性이
드러나 있는 한국 民畫는 어린이의 그림처럼
꾸밈없이 소박한 그림이며, 多情스럽고 따스한
그림이다. 그리고 붉은색, 파란색, 검은색,
노란색, 흰색의 다섯 가지 짙은 원색으로,
거세고 힘찬 선과 자유로운 形態와 構圖로,
마음 내키는 대로 신바람이 나서 흥이 넘쳐
담대하게 그린, 익살과 웃음이 담긴
재미있는 그림이다. 」

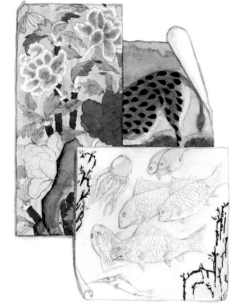

• 主題(주제) • 作家(작가) • 個性(개성) • 民畫(민화) • 多情(다정). *소박하다: 꾸밈이나 거짓이 없고 수수하다.
• 形態(형태). *담대하다: 겁이 없고 배짱이 두둑하다. *익살: 남을 웃기려고 일부러 하는 말이나 몸짓.

構는 '재목 어긋매끼(서로 어긋나게 맞추는 일)로 쌓다'
는 뜻인 冓(구)와 '목재'를 뜻하는 木(목)을 결합한 것
이다. 목재를 이리저리 〈얽어 짬〉을 의미한다.

〔새김〕 ■ 얽다 ■ 얽어 짜다 ■ 이루다

一	十	才	木	朼	朼	枦	椲	構	構	構

構	構	構	構
構	構	構	構

圖는 '변경 부락', '사물이 어떠함'을 뜻하는 啚…몹
(비)와 '둘레', '경계'를 뜻하는 ○…口(위)를 결합한
것이다. 변경 부락의 산천 지형을 간략하게 그려 나타
낸 〈그림〉을 의미한다.

〔새김〕 ■ 그림 ■ 도면 ■ 도모하다

丨	冂	冂	門	円	門	図	圖	圖	圖	圖	圖

圖	圖	圖	圖
圖	圖	圖	圖

새기고 익히기

■ 한자의 뜻을 새기고 그 한자로 이루어진 한자어를 익히자.
■ 한자의 뜻을 연결하여 한자어의 뜻을 생각해 보자.
■ 한자어의 뜻을 알고 예문을 통해 그 쓰임을 익히자.

構	얽을 구	■ 얽다 ■ 얽어 짜다 ■ 이루다

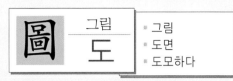

圖	그림 도	■ 그림 ■ 도면 ■ 도모하다

– 흐리게 나타난 한자어 위에 겹쳐서 쓰고 음을 적어라 –

想	생각 상	■ 생각 ■ 생각하다 ■ 상상하다

構想 〔　〕 ▷ 그는 새로운 작품을 構想하고 있다.

얽어 짜 놓은　생각 ▶ 어떤 일을 어떠한 계획으로 하겠다고 하는 생각.

造	지을 조	■ 짓다 ■ 만들다 ■ 이루다

構造 〔　〕 ▷ 기존 아파트의 構造 변경은 안전에 관한 것으로 함부로 하면 안 된다.

얽어 짜　이룸 ▶ 부분이나 요소가 어떤 전체를 짜 이룸, 또는 그렇게 이루어진 얼개.

錄	기록할 록	■ 기록하다 ■ 적다 ■ 문서 ■ 목록

圖錄 〔　〕 ▷ 박물관이 소장하고 있는 도자기 유물들을 圖錄으로 만들었다.

그림　목록 ▶ 내용을 그림이나 사진으로 엮은 목록.

意	뜻 의	■ 뜻, 뜻하다 ■ 생각 ■ 마음

意圖 〔　〕 ▷ 그가 무슨 意圖로 그런 말을 하는지 알 수 없었다.

생각　꾀하는 ▶ 무엇을 하고자 하는 생각이나 계획, 또는 무엇을 하려고 꾀함.

한 글자 더

揚	날릴 양	■ 날리다 ■ 오르다 ■ 들날리다

☆ 알려지다. 드러내다. 까부르다.

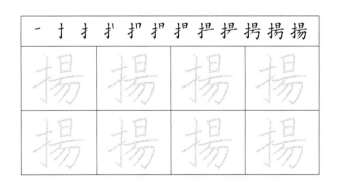

一 ナ 扌 扩 扩 押 押 押 揚 揚 揚

引	끌 인	■ 끌다 ■ 당기다 ■ 이끌다 ■ 넘겨주다

引揚 〔　〕 ▷ 침몰한 유조선의 引揚 작업이 늦어지면서 해양 오염이 우려되고 있다.

끌어서　위로 올림 ▶ 끌어서 높은 곳으로 옮김.

宣	베풀 선	■ 생각 ■ 생각하다 ■ 상상하다

宣揚 〔　〕 ▷ 우수한 우리 문화를 세계 각국에 알려서 국위를 宣揚한 예술인들이 자랑스럽다.

널리 펴서　들날림 ▶ 명성이나 권위 따위를 널리 떨치게 함.

185

■ 한자어와 한자어를 이루는 개별 한자의 뜻을 알아보자.
■ 아래 한자어의 음을 적고 그 뜻을 생각하며 글을 읽어 보자.
■ 공부할 한자의 뜻을 알아보고 필순에 따라 바르게 써 보자.

脫獄 ☐

■ 죄수가 감옥을 빠져나와 도망함.

「 장발장은 먹을 것이 없어 굶주리고 있는 조카들을 보고, 그냥 있을 수가 없어서 빵을 훔쳤습니다. 그는 그 罪로 5年間이나 監獄살이를 하게 되었습니다. 그러나 그 동안 굶주리게 될 어린 조카들을 생각하니, 도저히 監獄에 그냥 있을 수가 없었습니다. 그래서 네 번이나 脫獄을 하려다가 붙잡혀서 14年의 刑이 더해졌습니다. 그는 모두 19年 동안이나 監獄살이를 하게 되었습니다. 」

• 罪(죄) • 年間(년간) • 監獄(감옥) • 刑(형). * 도저히 : 아무리 하여도.

脫은 '몸'을 뜻하는 肉(육)=月(육달월)과 '구멍', '바꾸다'는 뜻인 兌(태)를 결합한 것이다. 곤충이나 뱀 따위가 자라거나 탈바꿈 하면서 벗는 껍질인 허물을 〈벗고 빠져나옴〉을 뜻한다.

[새김] ▪ 벗다, 벗기다 ▪ 벗어나다 ▪ 빠지다

丿	刀	刀	月	貯	肿	肿	脸	脸	脫
脫	脫	脫	脫						
脫	脫	脫	脫						

獄은 '헤아리다', '묻다'는 뜻인 言(언)과 '개가 서로 물다'는 뜻인 狀(은)을 결합한 것이다. 서로 다투는 잘잘못을 헤아린 판결에 따라 죄인을 가두어 두는 〈감옥〉을 의미한다.

[새김] ▪ 옥, 감옥 ▪ 송사하다 ▪ 판결

丶	丬	犭	犭	犭	狺	狺	狺	獄	獄	獄
獄	獄	獄	獄							
獄	獄	獄	獄							

새기고 익히기

■ 한자의 뜻을 새기고 그 한자로 이루어진 한자어를 익히자.
　■ 한자의 뜻을 연결하여 한자어의 뜻을 생각해 보자.
　■ 한자어의 뜻을 알고 예문을 통해 그 쓰임을 익히자.

| 脫 | 벗을
탈 | ■ 벗다, 벗기다
■ 벗어나다
■ 빠지다 | | 獄 | 옥
옥 | ■ 옥, 감옥
■ 송사하다
■ 판결 |

- 흐리게 나타난 한자어 위에 겹쳐서 쓰고 음을 적어라 -

落	떨어질 락	■ 떨어지다 ■ 버리다 ■ 마을

脫落 [　]
빠짐　떨어지거나 ▶ **범위에 들지 못하고 떨어지거나 빠짐.**

▷ 우리 선수는 준결승전에서 아슬아슬하게 脫落을 면하였다.

線	줄 선	■ 줄 ■ 실 ■ 선 ■ 노선 ■ 한계

脫線 [　]
벗어남　선(선로)을 ▶ **기차나 전차 따위의 바퀴가 선로를 벗어남.**

▷ 열차 脫線으로 수십 명의 부상자가 발생했다.

監	볼 감	■ 보다 ■ 살피다 ■ 거울삼다 ■ 감옥

監獄 [　]
감옥　옥 ▶ **죄인을 가두어 두는 곳, 교도소.**

▷ '교도소'는 죄인을 가두어 두는 監獄을 말한다.

投	던질 투	■ 던지다 ■ 넣다 ■ 가담하다

投獄 [　]
넣음　옥에 ▶ **옥에 가둠.**

▷ 장발장은 빵을 훔친 죄로 投獄되었다.

한 글자 더

舞	춤출 무	■ 춤추다 ■ 춤 ■ 격려하다

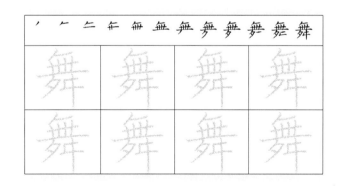

☆ 율동적으로 팔다리를 움직이다.

亂	어지러울 란	■ 어지럽다 ■ 난리 ■ 함부로

亂舞 [　]
어지럽게　추는 춤 ▶ **엉킨듯이 어지럽게 추는 춤. 함부로 마구 날뜀을 비유적으로 이름.**

▷ 흑색 선전과 인신 공격이 亂舞하는 선거를 더이상 두고 볼 수는 없다.

圓	둥글 원	■ 둥글다 ■ 동그라미 ■ 둘레

圓舞 [　]
둥글게 돌며　춤을 춤 ▶ **여럿이 둥그렇게 둘러서서 추거나 돌면서 추는 춤.**

▷ 우리들은 손에 손을 잡고 음악에 맞추어 圓舞를 시작했다.

알아보기

■ 한자어와 한자어를 이루는 개별 한자의 뜻을 알아보자.
■ 아래 한자어의 음을 적고 그 뜻을 생각하며 글을 읽어 보자.
■ 공부할 한자의 뜻을 알아보고 필순에 따라 바르게 써 보자.

役割 [   ]

■ 자기가 마땅히 하여야 할 맡은 바 직책이나 임무.

「 사람은 저마다 자기가 속한 社會에서 해야 할 일이 있다. 부모님이 가정에서 해야 할 일이 있고, 내가 學校에서 學生으로서 해야 할 일이 있는 것처럼, 모두들 자기가 속한 社會의 構成員으로서 해야 할 役割이 있다. 그런데 이러한 役割에는 반드시 一定한 責任이 따르게 된다. 예컨대, 선생님은 선생님으로서의 役割과 그에 따라 마땅히 해야 하는 責任이 있고, 學生은 學生으로서의 役割과 그에 따라 마땅히 해야 하는 責任이 있다. 」

• 社會(사회) • 學校(학교) • 學生(학생) • 構成員(구성원) • 一定(일정) • 責任(책임).　　* 예컨대: 예를 들자면.
* 마땅하다: 행동이나 대상 따위가 일정한 조건에 어울리게 알맞다. 그렇게 하거나 되는 것이 이치(도리에 맞는 취지)로 보아 옳다.

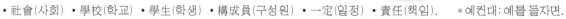

彳은 사람(亻)을 향해 몽둥이를 들고 있는(殳 …→ 殳) 모습이다. 나중에 亻이 '가다', '하다'는 뜻인 彳(척)으로 바뀌었다.　사람에게 일을 지워 〈부림〉을 의미한다.

割은 '해하다(손상하다)'는 뜻인 害(해)와 '칼'을 뜻하는 刀(도)= 刂를 결합한 것이다.　칼로 베어서 〈갈라 나눔〉을 의미한다.

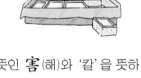

[새김] ▪ 부리다 ▪ 일, 맡은 일 ▪ 병역, 부역

[새김] ▪ 베다, 가르다 ▪ 나누다 ▪ 할, 비율

㇒ ㇒ 彳 彳 彳 役 役

㇔ ㇔ ㇕ ㇐ 宀 宀 宔 宔 害 害 害 割

188

새기고 익히기

■ 한자의 뜻을 새기고 그 한자로 이루어진 한자어를 익히자.
■ 한자의 뜻을 연결하여 한자어의 뜻을 생각해 보자.
■ 한자어의 뜻을 알고 예문을 통해 그 쓰임을 익히자.

役 부릴 역
■ 부리다
■ 일, 맡은 일
■ 병역

割 벨 할
■ 베다, 가르다
■ 나누다
■ 할, 비율

― 흐리게 나타난 한자어 위에 겹쳐서 쓰고 음을 적어라 ―

苦 쓸 고
■ 쓰다
■ 괴롭다
■ 애쓰다

苦役 [　　]
괴로운　　일

▷ 할 일 없이 빈둥거리는 것도 苦役이었다.
▶ 몹시 힘들고 고되어 견디기 어려운 일.

配 나눌 배
■ 나누다
■ 짝, 딸리다
■ 귀양보내다

配役 [　　]
나누어　　맡은 역할

▷ 이번에 공연할 연극의 配役이 정해졌니?
▶ 배우에게 역할을 나누어 맡기는 일, 또는 그 역할.

增 더할 증
■ 더하다
■ 늘다
■ 늘리다

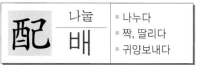
割增 [　　]
일정 비율만큼　　더함

▷ 자정이 넘으면 택시 요금이 割增 된다.
▶ 일정한 값에 얼마를 더함.

當 마땅 당
■ 마땅, 마땅히
■ 당하다
■ 맡다

割當 [　　]
갈라 나눔　　맡은 몫을

▷ 야영을 하기 위해 필요한 몇가지 준비와 작업을 각 조별로 割當했다.
▶ 몫을 갈라 나눔. 또는 그 몫.

한 글자 더

臺 대 대
■ 대
■ 돈대
■ 무대

☆ 높고 평평한 곳.
　물건을 얹는 대.

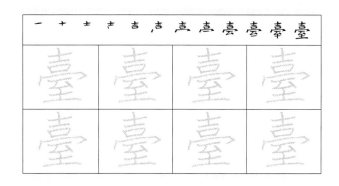

舞 춤출 무
■ 춤추다
■ 춤
■ 격려하다

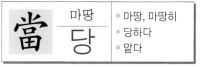
舞臺 [　　]
춤추기 위한　　대

▷ 학습 발표회를 앞두고 강당에 舞臺를 꾸미고 필요한 소품으로 장식을 하였다.
▶ 노래, 춤, 연극 따위를 하기 위하여 객석 정면에 만들어 놓은 단.

寢 잠잘 침
■ 잠자다
■ 자리에 눕다
■ 쉬다

寢臺 [　　]
잠자게 만든　　대(상)

▷ 나는 잠버릇이 험해서 寢臺에서 굴러 떨어진 적이 있다.
▶ 사람이 누워 잘 수 있도록 만든 가구.

189

한자성어

■ 한자 성어에 담긴 함축된 의미를 파악하고 그 쓰임을 익히자.

■ 한자 성어의 음을 적고 그에 담긴 의미와 적절한 쓰임을 익혀라.

立	身	揚	名

▶ 출세하여 이름을 세상에 널리 떨침,

▷ 많은 사람들은 立身揚名을 바란다. 그러나 그것이 삶의 목적이 되어서는 안 된다.

喜	怒	哀	樂

▶ 기쁨과 노여움 슬픔과 즐거움을 아울러 이르는 말,

▷ 사람들의 생활은 喜怒哀樂의 연속이다.

非	一	非	再

▶ 같은 현상이나 일이 한두 번이나 한둘이 아니고 많음,

▷ 우리 둘레에 非一非再한 작은 교통사고는, 교통 규칙을 지키고 서로 조금씩 양보하면 막을 수 있는 것들이다.

敵	對	視

▶ 적으로 여겨 봄,

▷ 왜 그런지 그는 아무런 이유 없이 나를 敵對視하고 있다.

複	雜	多	端

▶ 일이 여러 가지가 얽혀 있거나 어수선하여 갈피를 잡기가 어려움,

▷ 지금은 하루가 다르게 변화하는 시대이기에 우리의 생활은 갈수록 複雜多端하여지고 있다.

轉	禍	爲	福

▶ 재앙과 환난이 바뀌어 오히려 복이 됨,

▷ 생각해 보면 지난번의 위기가 轉禍爲福이 된 것 같다, 그 일로 더욱 분발하여 지금의 큰 성공을 거두었으니.

端 끝 단
■ 끝, 가
■ 시초, 처음
■ 바르다

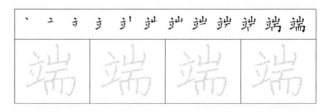

爲 할 위
■ 하다
■ 위하다
■ 되다

· 입신양명 · 희노애락 · 비일비재 · 적대시 · 복잡다단 · 전화위복

더 살펴 익히기

■ 아래 한자의 뜻과 그 뜻을 지니는 한자어를 줄로 잇고 독음을 적어라.

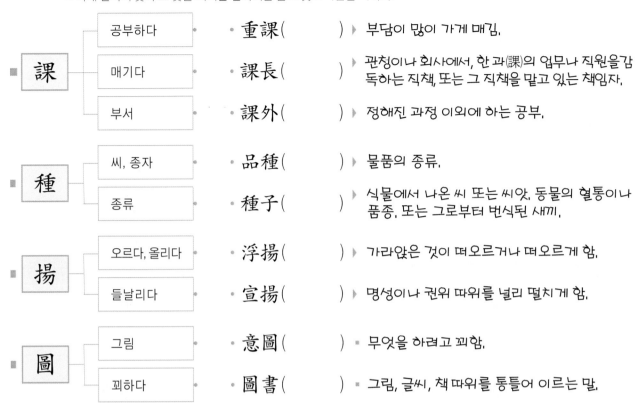

課
- 공부하다 · · 重課 ( ) ▶ 부담이 많이 가게 매김.
- 매기다 · · 課長 ( ) ▶ 관청이나 회사에서, 한 과(課)의 업무나 직원을 감독하는 직책, 또는 그 직책을 맡고 있는 책임자.
- 부서 · · 課外 ( ) ▶ 정해진 과정 이외에 하는 공부.

種
- 씨, 종자 · · 品種 ( ) ▶ 물품의 종류.
- 종류 · · 種子 ( ) ▶ 식물에서 나온 씨 또는 씨앗, 동물의 혈통이나 품종, 또는 그로부터 번식된 새끼.

揚
- 오르다, 올리다 · · 浮揚 ( ) ▶ 가라앉은 것이 떠오르거나 떠오르게 함.
- 들날리다 · · 宣揚 ( ) ▶ 명성이나 권위 따위를 널리 떨치게 함.

圖
- 그림 · · 意圖 ( ) · 무엇을 하려고 꾀함.
- 꾀하다 · · 圖書 ( ) · 그림, 글씨, 책 따위를 통틀어 이르는 말.

■ [浮]와 상대되는 뜻을 지닌 한자에 ○표 하여라.　⇨ [揚 · 沈 · 昇 · 流]

■ [乾]과 상대되는 뜻을 지닌 한자에 ○표 하여라.　⇨ [天 · 變 · 熱 · 濕]

■ 아래의 뜻을 지닌 한자성어가 되도록 ( ) 안에 한자를 써 넣고 완성된 성어의 독음을 적어라.

▶ 칼로 무엇을 대번에 쳐서 두 도막을 냄. 어떤 일을 머뭇거리지 아니하고 선뜻 결정함을 비유적으로 이르는 말.　⇨ 一刀( )斷

▶ 말할 길이 끊어졌다는 뜻으로, 어이가 없어서 말하려 해도 말할 수 없음을 이르는 말.　⇨ 言語道( )

▶ 경솔하여 생각 없이 망령되게 행동함. 또는 그런 행동.　⇨ 輕擧妄( )

▶ 이리저리 마구 찌르고 부딪침. 아무에게나 또는 아무 일에나 함부로 맞닥뜨림.　⇨ 左衝右( )

▶ 흥하고 망함과 성하고 쇠함.　⇨ 興亡( )衰

▶ 일면의 장점과 다른 일면의 단점을 통틀어 이르는 말.　⇨ 一長一( )

191

어휘력 다지기

■ 가상과 현실을 混同 하지 말아라. • • 구별하지 못하고 뒤섞어서 생각함.

■ 빨강과 노랑을 混合 하면 주황. • • 질서를 어지럽히며 마구 행동함. 또는 그런 행동.

■ 그는 운전을 亂暴 하게 하는 편이다. • • 뒤섞어서 한데 합함.

■ 술에 취한 사람이 亂動 을 부렸어. • • 행동이 몹시 거칠고 사나움.

■ 소설은 작가가 지어낸 虛構 이다. • • 어떤 일을 이루기 위하여 대책과 방법을 세움.

■ 전국적인 유통망을 構築 하려 한다. • • 사실에 없는 일을 사실처럼 꾸며 만듦.

■ 친목 圖謀 를 위해 회식을 하기로. • • 체제, 체계 따위의 기초를 닦아 세움. 쌓아올려 만듦.

■ 略圖 를 보며 그의 집을 찾아갔다. • • 어떤 사물을 특징지어 두드러지게 함.

■ 환경의 중요성이 더욱 浮刻 되었다. • • 간략하게 줄여 주요한 것만 대충 그린 도면이나 지도.

■ 상처의 浮氣 가 가라앉지 않고 있다. • • 높이 쳐들어 올림. 정신이나 기분 따위를 북돋워서 높임.

■ 모두가 그의 업적을 讚揚 하였다. • • 부종으로 인하여 부은 상태.

■ 선수들의 사기가 매우 高揚 되었다. • • 아름답고 훌륭함을 크게 기리고 드러냄.

■ 비행기가 항로를 離脫 하였다 한다. • • 옥살이를 하는 고생.

■ 옷이 오래되어 색깔이 脫色 되었어. • • 어떤 범위나 대열 따위에서 떨어져 나오거나 떨어져 나감.

■ 독재에 항거하다가 獄苦 를 겪었다. • • 섬유 제품 따위에 들어 있는 색깔을 뺌. 빛이 바램.

■ 삼년의 형기를 마치고 出獄 하였다. • • 주된 역할. 또는 주된 역할을 하는 사람.

■ 그가 오늘 승리의 主役 이었다네. • • 형기를 마치고 감옥에서 석방되어 나옴.

■ 신인 배우들이 주요 配役 을 맡았다. • • 소중한 시간, 돈 따위를 아깝게 여기지 않고 선뜻 내어 줌.

■ 나에게 割當 된 작업을 모두 마쳤다. • • 배우에게 역할을 나누어 맡기는 일. 또는 그 역할.

■ 바다를 향해 望臺 가 세워져 있었다. • • 몫을 갈라 나눔. 또는 그 몫.

■ 축하 잔치에 歌舞 가 빠질 수 없지. • • 적이나 주위의 동정을 살피기 위하여 높이 세운 곳.

·혼동·혼합·난폭·난동·허구·구축·도모·약도·부각·부기·찬양·고양·이탈·탈색·옥고·출옥·주역·배역·할낭·망대·가무

■ 한자어가 되도록 □ 안에 공통으로 넣을 한자를 보기에서 찾아 □ 안에 쓰고, 그 한자어의 뜻을 생각하며 음을 적어라.

		□合	□同	□雜			□成	□造	□想

		□標	□上	□沈			□落	□線	□出

		苦□	主□	兵□			□臺	群□	歌□

보기

爲·構·舞·亂·獄·役·揚·圖·混·浮·臺·割·脫

■ 아래의 뜻을 지닌 한자어가 되도록 위의 보기에서 알맞은 한자를 찾아 □ 안에 써 넣어라.

▶ 엉킨듯이 어지럽게 추는 춤, 또는 그렇게 춤을 춤, 함부로 나서서 마구 날뜀을 비유적으로 이르는 말.

▷ 거짓과 술수가 □舞 하는 세상.

▶ 여러 가지 자료를 분석하여 그 관계를 일정한 양식의 그림으로 나타낸 표.

▷ 기후 변화를 □表 로 나타내었다.

▶ 가라앉은 것이 떠오름, 또는 가라앉은 것을 떠오르게 함.

▷ 마술사가 보인 공중 浮□ 묘기.

▶ 죄수가 감옥에서 빠져나와 달아남.

▷ 脫□ 한 죄수들을 모두 검거하였다.

▶ 일정한 값에 얼마를 더함.

▷ 심야에는 택시 요금이 □增 된다.

▶ 으뜸으로 삼음.

▷ 공격보다 수비 □主 의 전술로 대응.

▶ 바닷가나 섬 같은 곳에 탑 모양으로 높이 세워 밤에 다니는 배에 목표, 뱃길, 위험한 곳을 알려 주려고 불을 켜 비추어 주는 시설.

▷ 멀리서 燈□ 의 불빛이 비친다.

· 혼합. 혼동. 혼잡 · 구성. 구조. 구상 · 부표. 부상. 부침 · 탈락. 탈선. 탈출 · 고역. 주역. 병역 · 무대. 군무. 가무 / · 난무 · 도표 · 부양 · 탈옥 · 할증 · 위주 · 등대

■ 한자의 음과 훈을 되새기며 필순에 따라 바르게 써 보자.

混 섞을 혼	氵(삼수변) / 총 11획
丶 丶 氵 氵 汨 汨 汨 泪 泥 混 混	
混 混 混 混	

亂 어지러울 란	乙(새을) / 총 13획
亂	
亂 亂 亂 亂	

構 얽을 구	木(나무목) / 총 14획
一 十 才 木 木 朾 柞 栉 槮 槮 構 構	
構 構 構 構	

圖 그림 도	囗(큰입구몸) / 총 14획
丨 冂 冃 冐 冐 冋 冋 圖 圖 圖 圖 圖	
圖 圖 圖 圖	

浮 뜰 부	氵(삼수변) / 총 10획
丶 丶 氵 氵 浮 浮 浮 浮 浮 浮	
浮 浮 浮 浮	

揚 날릴 양	扌(재방변) / 총 12획
一 十 扌 扌 押 押 押 押 揚 揚 揚 揚	
揚 揚 揚 揚	

脫 벗을 탈	月(육달월) / 총 11획
丿 刀 月 月 肝 肸 胪 胪 肸 肸 脫	
脫 脫 脫 脫	

獄 옥 옥	犭(개사슴록변) / 총 14획
丿 犭 犭 犭 犴 犷 猗 猗 猗 猗 獄 獄	
獄 獄 獄 獄	

役 부릴 역	彳(두인변) / 총 7획
丿 丿 彳 彳 犯 役 役	
役 役 役 役	

割 벨 할	刂(선칼도방) / 총 12획
丶 丶 宀 宀 宔 宔 宔 害 害 害 割	
割 割 割 割	

舞 춤출 무	舛(어그러질천) / 총 14획
丿 仁 仁 缶 無 無 無 無 舞 舞 舞 舞	
舞 舞 舞 舞	

臺 대 대	至(이를지) / 총14획
一 十 士 吉 吉 吉 壴 臺 臺 臺 臺 臺	
臺 臺 臺 臺	

端 끝 단	立(설립) / 총 14획
丶 亠 辛 立 立 址 址 址 址 端 端	
端 端 端 端	

爲 할 위	爪(손톱조) / 총 12획
丶 丷 爫 爫 爫 爫 爲 爲 爲 爲 爲 爲	
爲 爲 爲 爲	

공부할 한자

■ 공부할 한자의 모양을 살펴보며 음과 훈을 알아보자,

묶음 5-15

음 ■ 한자를 읽는 소리
아래 한자의 음을 찾아 적고 소리내어 읽어 보자.

- 바탕색과 글자색이 같은 것을 찾아 보자 -

훈 ■ 한자의 뜻 새김
한자의 음을 적고 훈과 함께 외어 보자.

探	찾을	險	험할	訓	가르칠	練	익힐
修	닦을	了	마칠	詩	시	句	글귀
試	시험	驗	시험	滿	찰	點	점

195

알아보기

■ 한자어와 한자어를 이루는 개별 한자의 뜻을 알아보자.
■ 아래 한자어의 음을 적고 그 뜻을 생각하며 글을 읽어 보자.
■ 공부할 한자의 뜻을 알아보고 필순에 따라 바르게 써 보자.

探險 〔　　〕 ■ 위험과 곤란을 무릅쓰고 탐사함.

「 콜럼버스는 일생동안 자기 조국인 에스파냐를 위해 네 차례나 어려운 航海를 하면서 새로운 땅을 發見하였습니다. 그 땅이 바로, 콜럼버스가 죽기 전까지 인도라고 믿었던 신대륙, 즉 지금의 미국입니다. 지구가 둥글다는 事實을 證明하기 위하여 네 차례의 어려운 探險을 해낸 콜럼버스의 意志와 勇氣가 마침내 신대륙을 發見하게 된 것입니다. 」

• 航海(항해) • 發見(발견) • 證明(증명): 어떤 사항이나 판단 따위에 대하여 그것이 진실인지 아닌지 증거를 들어서 밝힘.
• 事實(사실) • 意志(의지) • 勇氣(용기).　＊신대륙: 넓은 의미로 남북아메리카 대륙 및 오스트레일리아 대륙을 이르는 말.

探은 '손'을 뜻하는 扌(수)와 '굴뚝', '깊다'는 뜻인 罙(심)을 결합한 것이다.　깊숙히 손을 넣어 〈더듬어 찾음〉을 의미한다.

[새김] ■ 찾다 ■ 더듬어 찾다 ■ 엿보다.

一	十	扌	扌	扩	扩	拶	挈	挈	探	探
探		探		探		探				
探		探		探		探				

險은 '언덕'을 뜻하는 阝(부)와 '여러', '다(모두)'를 뜻하는 僉(첨)을 결합한 것이다.　여러 언덕으로 둘러 싸여서 지형이 〈험함〉을 의미한다.

[새김] ■ 험하다 ■ 험준하다 ■ 간난하다

′	ゔ	ß	阝	阝′	阾	阾	险	险	險	險	險
險		險		險		險					
險		險		險		險					

■ 한자의 뜻을 새기고 그 한자로 이루어진 한자어를 익히자.
■ 한자의 뜻을 연결하여 한자어의 뜻을 생각해 보자.
■ 한자어의 뜻을 알고 예문을 통해 그 쓰임을 익히자.

| 探 찾을 탐 | ■ 찾다
■ 더듬어 찾다
■ 엿보다 | 險 험할 험 | ■ 험하다
■ 위태롭다
■ 간난하다 |

— 흐리게 나타난 한자어 위에 겹쳐서 쓰고 음을 적어라 —

究 연구할 구	■ 연구하다 ■ 궁구하다 ■ 다하다	探 究	

더듬어 찾아 · 궁구함 ▶ 진리, 학문 따위를 파고들어 깊이 연구함.

▷ 창의적이고 끈질긴 探究 정신이 인류 발전을 이끌어 가는 힘이다.

知 알 지	■ 알다 ■ 알리다 ■ 앎, 지식	探 知	

더듬어 찾아 · 알아냄 ▶ 드러나지 않은 사실이나 물건 따위를 더듬어 찾아 알아냄.

▷ 적의 레이더에 探知되지 않는 미사일을 개발하고 있다.

危 위태할 위	■ 위태하다 ■ 두려워하다 ■ 높다	危 險	

위태하고 · 험함 ▶ 해로움이나 손실이 생길 우려가 있음, 또는 그런 상태.

▷ 사람이 하기에 危險한 작업을 로봇으로 하고 있다.

難 어려울 난	■ 어렵다 ■ 어려운 사정 ■ 나무라다	險 難	

험하고 · 어려움 ▶ 지세가 다니기에 위험하고 어려움, 험하여 고생스러움.

▷ 그 산은 險難하여 산악인들 조차도 쉽게 오를 수 없다.

한 글자 더

| 修 닦을 수 | ■ 닦다, 익히다
■ 다스리다
■ 고치다 |

☆ 배우고 연구하여 잘 알도록 하다.
　도덕, 품행 등을 다스려 기르다.

丿 亻 亻 仃 伫 伭 修 修 修 修

修 修 修 修
修 修 修 修

練 익힐 련	■ 익히다 ■ 단련하다 ■ 익숙하다	修 練	

닦아서 · 단련함 ▶ 인격, 기술, 학문 따위를 닦아서 단련함.

▷ 어느 분야에서나 높은 경지에 오르려면 오랜 기간 고된 修練과 경험이 필요하다.

硏 갈 연	■ 갈다 ■ 벼루 ■ 연마하다	硏 修	

연구하고 · 닦음 ▶ 학문 따위를 연구하고 닦음.

▷ 그 회사에서는 신입 사원들을 위한 硏修 프로그램을 시행하고 있다.

알아보기

■ 한자어와 한자어를 이루는 개별 한자의 뜻을 알아보자.
■ 아래 한자어의 음을 적고 그 뜻을 생각하며 글을 읽어 보자.
■ 공부할 한자의 뜻을 알아보고 필순에 따라 바르게 써 보자.

訓練 ☐ ■ 배워 익히도록 연습하거나 단련하는 일.

「 "만약 우리가 높고 險한 산을 오르려고 한다면
어떻게 해야 하겠니?"
"우선 단단히 準備를 하고, 등반 計劃을
잘 세워야 하겠지요."
"아주 중요한 점을 말했구나. 또, 오르려고
하는 산에 대하여 充分히 硏究하고, 訓練을
통해서 필요한 技術과 힘도 갖추어야
하겠지. 그리고 서둘러서는 안 된다.
큰 산을 오르는 사람이나 큰 뜻을 가진
사람은 결코 서두르는 법이 없단다." 」

• 險(험) • 準備(준비) • 計劃(계획) • 充分(충분) • 硏究(연구) • 技術(기술)
* 우선: 어떤 일에 앞서서. 아쉬운 대로. * 등반: 험한 산이나 높은 곳의 정상에 이르기 위하여 오름.

訓은 '타이르다', '가르치는 말'을 뜻하는 言(언)과
'도랑 따라 흐르는 물'인 川(천)을 결합한 것이다.
도랑을 파서 물을 끌어가듯 〈타이르고 가르쳐서 이끎〉
을 의미한다.

[새김] ■ 가르치다 ■ 훈계 ■ 뜻 새기다

丶	二	三	言	言	言	言	訓	訓
訓	訓	訓	訓					
訓	訓	訓	訓					

練은 '실', '피륙'을 뜻하는 糸(사)와 '가리다(분간하
다)'는 뜻인 柬(간)을 결합한 것이다. 잿물에 삶아 희
어진 실이나 피륙이 그렇게 하지 않은 것과 분간되듯이,
그렇게 하지 않은 것과 분간되게 〈단련함〉을 의미한다.

[새김] ■ 익히다 ■ 단련하다 ■ 익숙하다

ム	ㄠ	幺	幺	糸	紅	紣	紳	綀	練	練
練	練	練	練							
練	練	練	練							

새기고 익히기

■ 한자의 뜻을 새기고 그 한자로 이루어진 한자어를 익히자.
■ 한자의 뜻을 연결하여 한자어의 뜻을 생각해 보자.
■ 한자어의 뜻을 알고 예문을 통해 그 쓰임을 익히자.

訓 가르칠 훈	■ 가르치다 ■ 훈계 ■ 뜻 새기다	練 익힐 련	■ 익히다 ■ 단련하다 ■ 익숙하다

– 흐리게 나타난 한자어 위에 겹쳐서 쓰고 음을 적어라 –

放 놓을 방	■ 놓다 ■ 내놓다 ■ 내치다 ■ 널리 펴다	訓放		▷ 그는 파출소에 연행되었으나 잘못이 그리 크지 않아 訓放되었다.

훈계하여　놓아줌　▶ 일상생활에서 가벼운 죄를 범한 사람을 훈계하여 놓아줌.

戒 경계할 계	■ 경계하다 ■ 지키다 ■ 타이르다	訓戒		▷ 선생님은 교실에서 떠들고 싸운 학생들을 訓戒하셨다.

타일러서　경계함　▶ 타일러 잘못이 없도록 주의를 줌, 또는 그런 말.

熟 익을 숙	■ 익다 ■ 익숙하다 ■ 곰곰이	熟練		▷ 가구를 정교하게 짜려면 잘 마른 나무와 熟練된 기술이 필요하다.

익숙하게　단련함　▶ 연습을 많이 하여 능숙하게 익힘.

習 익힐 습	■ 익히다 ■ 익숙하다 ■ 습관, 버릇	練習		▷ 나는 매일 1시간 씩 피아노 鍊習을 한다.

단련하고　익힘　▶ 학문이나 기예 따위를 익숙하도록 되풀이하여 익힘.

한 글자 더

了 마칠 료	■ 마치다 ■ 끝나다 ■ 깨닫다

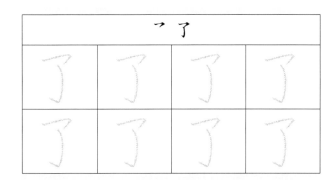

修 닦을 수	■ 닦다, 익히다 ■ 다스리다 ■ 고치다	修了		▷ 그는 박사 과정을 修了한 후 학위 논문을 준비하고 있다.

다 익히고　끝냄　▶ 일정한 학과를 다 배워 끝냄.

終 마칠 종	■ 마치다 ■ 끝, 마지막 ■ 다하다	終了		▷ 경기 終了 직전에 우리 선수가 극적으로 역전 골을 넣었다.

끝내고　마침　▶ 어떤 행동이나 일 따위가 끝남, 또는 행동이나 일 따위를 마침.

알아보기

■ 한자어와 한자어를 이루는 개별 한자의 뜻을 알아보자.
- 아래 한자어의 음을 적고 그 뜻을 생각하며 글을 읽어 보자.
- 공부할 한자의 뜻을 알아보고 필순에 따라 바르게 써 보자.

詩句 [ ]

■ 시의 구절.

「 우리는 言語를 통해 意思를 傳達하거나 感情을 나타낼 수 있다. 일상 言語는 주로 어떤 사실이나 意思를 傳達하는 機能을 가지며, 문학적 言語는 정서적인 感情을 表現 하는 데 주된 機能이 있다. "내 마음은 호수요."라는 **詩句**는 시인의 마음이 호수라는 것이 아니라, '자신의 고요한 마음'을 '잔잔한 호수'와 연결시켜서 정서적인 感情을 表現하고 있는 것이다. 」

• 言語(언어) • 意思(의사) • 傳達(전달) • 感情(감정) • 機能(기능): 하는 구실이나 작용을 함. 또는 그런 것. • 表現(표현)
* 일상: 날마다 반복되는 생활. * 정서적: 정서(사람의 마음에서 일어나는 여러가지 감정)를 불러 일으키는 것.

 詩

詩는 '말로 나타내다'는 뜻인 **言**(언)과 '지니다'는 뜻인 **持**(지)를 줄인 **寺**를 결합한 것이다. 지은이가 나타내고자 하는 감정이나 생각을 지니고 있는 〈글귀〉를 의미한다.

새김 ▪ 시 ▪ 글귀 ▪ 읊다

` 亠 亠 言 言 言 言 計 計 詩 詩 詩

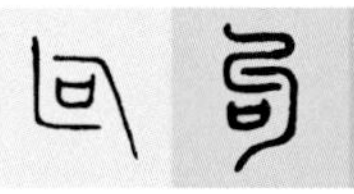 句

는 기물(ㅂ)을 잡고 있는 고리(ㄴ\)의 모습이다. '고리'를 뜻한다. 고리가 어떤 것을 서로 연관되게 하는 하나하나의 구성 성분, 또는 그 이음매인 데서, 전체 글을 구성하는 고리가 되는 〈구절〉을 의미한다.

새김 ▪ 글귀 ▪ 구절 ▪ 마디 ▪ 갈고리

丿 勹 勹 句 句

■ 한자의 뜻을 새기고 그 한자로 이루어진 한자어를 익히자.

■ 한자의 뜻을 연결하여 한자어의 뜻을 생각해 보자.

■ 한자어의 뜻을 알고 예문을 통해 그 쓰임을 익히자.

詩 — 시 · 시 · 글귀 · 읊다

句 — 구 · 글귀 · 구절 · 마디 · 갈고리

– 흐리게 나타난 한자어 위에 겹쳐서 쓰고 음을 적어라 –

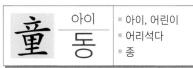

童 — 동 · 아이, 어린이 · 어리석다 · 종

童詩
어린이의 │ 시 ▶ 어린이가 지은 시, 어린이의 정서를 읊은 시.

▷ 그분이 지은 동화와 童詩는 많은 어린이들에게 읽혀지고 있다.

想 — 상 · 생각 · 생각하다 · 상상하다

詩想
시적인 │ 생각 ▶ 시를 짓기 위한 착상이나 구상, 시에 나타난 사상이나 감정.

▷ 홀로 핀 작은 들꽃을 보고 詩想이 떠올라 발걸음을 잠시 멈추었다.

警 — 경 · 경계하다 · 깨우다 · 경비

警句
일깨우는 │ 글귀 ▶ 진리나 삶에 대한 느낌이나 사상을 날카롭게 표현한 말.

▷ '이마에 땀을 흘리지 않는 자는 식탁에 앉을 수 없다'라는 警句는 명심할 만하다.

文 — 문 · 글월, 문장. · 글자 · 학문 · 문학

文句
글의 │ 구절 ▶ 글의 구절.

▷ 나는 책을 읽다가 마음에 드는 文句를 발견하면 꼭 메모를 해 둔다.

한 글자 더

滿 — 만 · 차다 · 가득하다 · 흡족하다

丶 丶 氵 氵 汗 汗 泄 泄 泄 滿 滿 滿 滿

船 — 선 · 배, 선박 · 배로 실어 나르다

滿船
가득 찰 │ 배에 ▶ 사람이나 짐 따위를 가득히 실음. 또는 그런 배.

▷ 여객선이 滿船으로 출항했다.
▷ 어부들은 滿船의 꿈을 안고 출항했다.

足 — 족 · 발 · 가다 · 족하다

滿足
흡족하다 │ 족하다 ▶ 마음에 흡족함, 모자람이 없이 충분하고 넉넉함.

▷ 나는 이번 시험 결과에 滿足한다.

201

■ 한자어와 한자어를 이루는 개별 한자의 뜻을 알아보자.
■ 아래 한자어의 음을 적고 그 뜻을 생각하며 글을 읽어 보자.
■ 공부할 한자의 뜻을 알아보고 필순에 따라 바르게 써 보자.

試驗 ☐

■ 재능이나 실력 따위를 일정한 절차에 따라 검사하고 평가하는 일.

「 "너, 어째서 벌써 돌아왔느냐?"

"工夫를 다 마치고 더 할 것이 없어서 왔습니다."

"그래? 그럼 네가 그 동안 工夫를 얼마나 했는지

어디 한번 試驗해 보자."

어머니는 少年에게 글씨 쓸 준비를

시키고 불을 끄셨다. 깜깜한 房에서

어머니는 떡을 써시고, 少年은

글씨를 썼다. 한참 지난 뒤,

어머니는 다시 불을 켜셨다.

그런데 이게 어찌된 일인가? 」

• 工夫(공부) • 少年(소년) • 房(방)

試는 '말하다', '묻다'는 뜻인 言(언)과 '법', '본보기'를 뜻하는 式(식)을 결합한 것이다. 본보기가 되는 것들을 물어서 능력과 정도를 평가하는 〈시험〉을 의미한다.

[새김] ▪ 시험 ▪ 시험하다 ▪ 찾다

`	ˊ	˧	言	言	言	訁	訂	訂	訂	試	試

試	試	試	試
試	試	試	試

驗은 '말'을 뜻하는 馬(마)와 '여러', '고르다(가려뽑다)'는 뜻인 僉(첨)을 결합한 것이다. 좋은 말을 고르기 위해 말의 능력을 〈시험함〉을 의미한다.

[새김] ▪ 시험 ▪ 증험하다 ▪ 효과

Ⅰ	Ⅰ	厂	厎	甼	馬	馬	駖	駼	驗	驗	驗	驗

驗	驗	驗	驗
驗	驗	驗	驗

새기고 익히기

■ 한자의 뜻을 새기고 그 한자로 이루어진 한자어를 익히자.

■ 한자의 뜻을 연결하여 한자어의 뜻을 생각해 보자.
■ 한자어의 뜻을 알고 예문을 통해 그 쓰임을 익히자.

試 시험 시
- 시험
- 시험삼아
- 찾다

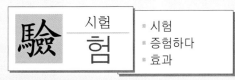
驗 시험 험
- 시험
- 증험하다
- 효과

— 흐리게 나타난 한자어 위에 겹쳐서 쓰고 음을 적어라 —

圖 그림 도
- 그림
- 도면
- 도모하다

試圖
찾고   꾀함

▷ 1루에 나간 주자가 도루를 試圖하였으나 아웃되고 말았다.

▶ 어떤 것을 이루어 보려고 계획하거나 행동함.

飲 마실 음
- 마시다
- 술을 마시다
- 음료

試飲
시험삼아   마셔 봄

▷ 음료 회사에서 새로 출시한 제품의 試飲 행사를 벌였다.

▶ 술이나 음료수 따위의 맛을 알기 위하여 시험삼아 마셔 보는 일.

經 지날 경
- 지나다
- 다스리다
- 짜다 ■ 경서

經驗
지내온   증험

▷ 누나는 아직은 經驗이 부족하여 밥짓는 일이 서툴다.

▶ 실제로 해보거나 겪어 봄, 또는 거기서 얻은 지식이나 기능.

實 열매 실
- 열매 ■ 씨
- 실제, 사실
- 속이 차다

實驗
실제로   시험함

▷ 오늘 과학 시간에 화산 폭발 모의 實驗을 하였다.

▶ 실제로 해 봄, 또는 그렇게 하는 일.

한 글자 더

點 점 점
- 점 ■ 점수
- 불 붙이다
- 측면

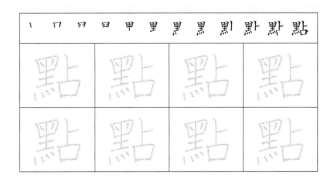

滿 찰 만
- 차다
- 가득하다
- 그득하다

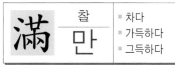
滿點
꽉 찬   점수

▷ 백점 滿點에 구십 점 받았다.
▷ 음식도 맛있고 서비스도 滿點이네.

▶ 규정한 점수에 꽉 찬 점수, 부족함이 없이 아주 만족할 만한 정도.

線 줄 선
- 줄 ■ 줄
- 선 ■ 노선
- 범위

點線
점으로 된   선

▷ 點線대로 따라 그렸더니 우주선 모양이 나타났다.

▶ 점 또는 짧은 선 토막으로 이루어진 선.

203

어휘력 다지기

■ 공부한 한자로 이루어진 한자어를 익혀 어휘력을 다지자.
■ 글 속 한자어의 음을 적고, 그 뜻과 줄로 잇고, 쓰임을 익히자.

■ 새로 발견된 동굴을 探査[   ]하였다. • • 알려지지 않은 사실이나 소식을 더듬어 찾아가 물음.

■ 범인의 행적을 探問[   ]하며 추적했다. • • 알려지지 않은 사실 따위를 샅샅이 더듬어 조사함.

■ 남을 險談[   ]하는 것은 옳지 못하다. • • 교훈이나 훈시를 함. 또는 그런 말.

■ 자신이 저지른 行爲[   ]에 책임지거라. • • 남의 흉을 들추어 헐뜯음. 또는 그런 말.

■ 교장 선생님의 訓話[   ]를 들었다. • • 사람이 의지를 가지고 하는 짓.

■ 그는 힘든 試鍊[   ]과 고통을 이겨냈어. • • 깨끗이 잊지 못하고 끌리는 데가 남아 있는 마음.

■ 아직도 그 일에 未練[   ]이 남아있니? • • 겪기 어려운 단련이나 고비.

■ 국내 어학 研修[   ] 프로그램에 참가. • • 완전히 끝마침.

■ 집이 오래되어 修理[   ]를 하려 한다. • • 학문 따위를 연구하고 닦음.

■ 오늘로서 모든 작업을 完了[   ]하였다. • • 고장나거나 허름한 데를 손보아 고침.

■ 품질 보증 기간이 滿了[   ]되었습니다. • • 정한 인원이 다 참.

■ 적당한 운동은 肥滿[   ]을 방지한단다. • • 기한이 다 차서 끝남.

■ 출퇴근 시간에는 전철이 滿員[   ]이다. • • 살이 쪄서 몸이 뚱뚱함.

■ 나도 한 때는 詩人[   ]이 되고자 했지. • • 시의 정취를 가진. 또는 그런 것.

■ 그는 詩的[   ]인 감각과 재능이 있어. • • 시를 전문적으로 짓는 사람.

■ 시의 한 句節[   ]을 조용히 읊조렸다. • • 시험에 응함.

■ 누나는 미술 대학에 應試[   ]하려 한다. • • 한 토막의 말이나 글, 구와 절을 아울러 이르는 말.

■ 갯펄 體驗[   ]을 하며 낙지를 잡았어. • • 일의 좋은 보람. 또는 어떤 작용의 결과.

■ 산삼은 정말로 그런 效驗[   ]이 있을까? • • 자기가 몸소 겪음. 또는 그런 경험.

■ 한반도 최 南端[   ] 해남의 땅끝 마을. • • 가장 중요하고 중심이 되는 사실이나 관점.

■ 要點[   ]만 간략하게 말씀해주세요. • • 남쪽의 끝.

·탐사·탐문·험담·행위·훈화·시련·미련·연수·수리·완료·만료·비만·만원·시인·시적·구절·응시·체험·효험·남단·요점

■ 한자어가 되도록 □ 안에 공통으로 넣을 한자를 보기에서 찾아 □ 안에 쓰고 , 그 한자어의 뜻을 생각하며 음을 적어라.

| □ ⇨ | □險 | □究 | □知 |
| □ ⇨ | 訓□ | □習 | 熟□ |

| □ ⇨ | 修□ | 終□ | 完□ |
| □ ⇨ | □人 | 童□ | □句 |

| □ ⇨ | 試□ | 經□ | 實□ |
| □ ⇨ | 滿□ | □線 | □火 |

試·詩·點·滿·探·了·練·修·端·險·訓·句·驗

■ 아래의 뜻을 지닌 한자어가 되도록 위의 보기에서 알맞은 한자를 찾아 □ 안에 써 넣어라.

▶ 사물의 형세가 매우 나쁘다.

▷ 곧 싸움이 벌어질 □惡 한 분위기야.

▶ 몸과 마음을 갈고닦아 품성이나 지식, 도덕 따위를 높은 경지로 끌어올림.

▷ 모두 □養 이 부족한 내 탓이라네.

▶ 기본 자세나 동작 따위를 되풀이 하여 익힘.

▷ 시합을 대비한 강도 높은 □練 을.

▶ 글의 구절.

▷ 재치 있는 광고 文□ 한 줄의 효과.

▶ 차나, 배, 말 따위를 시험적으로 타 봄.

▷ 차를 사기 전에 □乘 을 해보려고.

▶ 어떤 일의 계기가 됨. 또는 그 계기가 되는 일.

▷ 그 싸움의 發□ 은 사소한 말실수야.

▶ 정한 인원이 다 참.

▷ 이 식당은 언제나 손님이 □員 이야.

· 탐험. 탐구. 탐지 · 훈련. 연습. 숙련 · 수료. 종료. 완료 · 시인. 동시. 시구 · 시험. 경험. 실험 · 만점. 점선. 점화 / · 험악 · 수양 · 훈련 · 문구 · 시승 · 발단 · 만원

205

■ 한자의 음과 훈을 되새기며 필순에 따라 바르게 써 보자.

探	찾을 탐	扌(재방변) / 총 11획

一 十 扌 扌 扩 扩 扲 挦 挦 探 探

探 探 探 探

訓	가르칠 훈	言(말씀언) / 총 10획

丶 二 言 言 言 言 訓 訓

訓 訓 訓 訓

修	닦을 수	亻(사람인변) / 총 10획

丿 亻 亻 俏 俏 修 修 修 修

修 修 修 修

詩	시 시	言(말씀언) / 총13획

丶 二 言 言 言 言 計 計 詰 詩 詩

詩 詩 詩 詩

試	시험 시	言(말씀언) / 총 13획

丶 二 言 言 言 言 訂 訂 試 試

試 試 試 試

滿	찰 만	氵(삼수변) / 총 14획

丶 丶 氵 汁 汁 汁 滞 滿 滿 滿

滿 滿 滿 滿

端	끝 단	立(설립) / 총 14획

丶 立 立 立 坦 坢 坢 端 端 端

端 端 端 端

險	험할 험	阝(좌부변) / 총 16획

丿 阝 阝 阶 阶 阶 险 險 險 險 險

險 險 險 險

練	익힐 련	糸(실사) / 총 15획

幺 幺 糸 糸 糽 紳 紳 練 練 練

練 練 練 練

了	마칠 료	亅(갈고리궐) / 총 2획

了 了

了 了 了 了

句	글귀 구	口(입구) / 총 5획

丿 勹 勹 句 句

句 句 句 句

驗	시험 험	馬(말마) / 총 23획

丨 厂 П 臣 馬 馬 駘 驗 驗 驗 驗 驗

驗 驗 驗 驗

點	점 점	黑(검을흑) / 총 17획

丨 П 曰 田 甲 里 黑 黑 黑 點 點 點

點 點 點 點

爲	할 위	爫(손톱조) / 총 12획

丶 爫 爫 爫 爫 严 戶 爲 爲 爲 爲

爲 爲 爲 爲

■ 공부할 한자의 모양을 살펴보며 음과 훈을 알아보자,

묶음 5-16

음 ■ 한자를 읽는 소리
아래 한자의 음을 찾아 적고 소리내어 읽어 보자.

- 바탕색과 글자색이 같은 것을 찾아 보자 -

得 □ 沙 □ 離 □ 閉 □

待 □ 就 □ 接 □ 漠 □

幕 □ 陸 □ 晚 □ 職 □

리 폐 취 막 대 사

직 만 접 막 류 득

훈 ■ 한자의 뜻 새김
한자의 음을 적고 훈과 함께 외어 보자.

沙 모래	漠 넓을	離 떠날	陸 뭍
就 나아갈	職 직분	閉 닫을	幕 장막
待 기다릴	接 이을	晚 늦을	得 얻을

알아보기

■ 한자어와 한자어를 이루는 개별 한자의 뜻을 알아보자.
■ 아래 한자어의 음을 적고 그 뜻을 생각하며 글을 읽어 보자.
■ 공부할 한자의 뜻을 알아보고 필순에 따라 바르게 써 보자.

沙漠 ☐☐ ■ 아득하고 넓고 큰 불모의 모래 벌판.

「 沙漠 을 여행하는 사람들에게는 없어서는 안 될 存在로, 흔히
'沙漠의 배'라고 불리는 낙타는 몸이 沙漠에서 살기에 알맞은
構造로 되어 있습니다. 우선 낙타의 발바닥은
큰 못같은 것이 박혀 있어서 모래 속으로
발이 빠져 들어가지 않기 때문에 모래위를
걷기에 알맞게 되어 있습니다. 또 코도
自由롭게 열었다 닫았다 할 수 있어 모래
먼지가 들어가는 것을 막아 줍니다.
귀 주위의 긴 털과 긴 눈섭도
같은 役割을 합니다. 」

• 存在(존재) • 構造(구조) • 自由(자유) • 役割(역할).   * 흔히: 보통보다 더 자주 있거나 일어나서 쉽게 접할 수 있게.

''는 '흐르는 물'을 뜻하는 ' ⋯ 氵(수)와 '작은 알갱
이'를 뜻하는 '' ⋯ 少(소)를 결합한 것이다. 흐르는
물가에 있는 작은 돌 알갱이인 〈모래〉를 의미한다.

[새김] ■ 모래 ■ 모래 벌판

` ` 氵 氵 氵 氵 沙 沙			
沙	沙	沙	沙
沙	沙	沙	沙

漠은 '물'을 뜻하는 氵(수)와 '없다', '쓸쓸하다', '넓
다'는 뜻인 莫(막)을 결합한 것이다. 물이 없어 아무
것도 자라지 아니하는 쓸쓸한 벌판이 〈아득하게 넓음〉
을 의미한다.

[새김] ■ 넓다 ■ 쓸쓸하다 ■ 아득하다

` ` 氵 氵 氵 沪 沪 浩 渲 渲 漠 漠			
漠	漠	漠	漠
漠	漠	漠	漠

새기고 익히기

■ 한자의 뜻을 새기고 그 한자로 이루어진 한자어를 익히자.
- 한자의 뜻을 연결하여 한자어의 뜻을 생각해 보자.
- 한자어의 뜻을 알고 예문을 통해 그 쓰임을 익히자.

| 沙 모래 **사** | ■ 모래
■ 모래 벌판 | 漠 넓을 **막** | ■ 넓다
■ 쓸쓸하다
■ 아득하다 |

- 흐리게 나타난 한자어 위에 겹쳐서 쓰고 음을 적어라 -

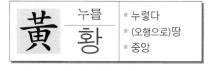

| 黃 누를 **황** | ■ 누렇다
■ (오행으로)땅
■ 중앙 |

黃沙 [　]
누런　모래　▶ **누런 모래,**

▷ 서쪽에서 날아오는 黃沙 때문에 하늘이 뿌옇다.

| 土 흙 **토** | ■ 흙
■ 땅
■ 향토 |

土沙 [　]
흙과　모래　▶ **흙과 모래를 아울러 이르는 말,**

▷ 배수로에 土沙가 쌓여 물이 잘 빠지지 않았다.

| 金 쇠 **금** | ■ 쇠, 쇠붙이
■ 금 ■ 돈
■ 귀하다 |

沙金 [　]
모래에 섞인　금　▶ **물가나 물 밑의 모래 또는 자갈 속에 섞인 금,**

▷ 사람들이 강바닥에서 沙金을 채취하는 모습을 텔레비전에서 본 적이 있다.

| 然 그럴 **연** | ■ 그러하다
■ ~이다
■ 불타다 |

漠然 [　]
아득하고　그러하다　▶ **갈피를 잡을 수 없게 아득함, 뚜렷하지 못하고 어렴풋함,**

▷ 주어진 주제에 맞추어 글을 어떻게 써야 할 지 漠然하였다.

한 글자 더

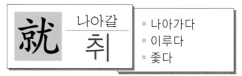

| 就 나아갈 **취** | ■ 나아가다
■ 이루다
■ 좇다 |

☆ 뜻한 바를 그대로 되게 하다.
　일자리나 벼슬 자리에 나아가다.

| 業 업 **업** | ■ 업
■ 일, 직업
■ 학업 |

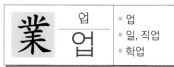

就業 [　]
나아감　일자리에　▶ **일정한 직업을 잡아 직장에 나감,**

▷ 일자리가 줄어들어서 就業이 어려워지고 있다.

| 成 이룰 **성** | ■ 이루다
■ 갖추어지다
■ 성숙하다 |

成就 [　]
이룸　좇아서　▶ **목적한 바를 이룸,**

▷ 뜻을 이루려면 成就하려는 목표를 명확히 해야 한다.

알아보기

■ 한자어와 한자어를 이루는 개별 한자의 뜻을 알아보자.
■ 아래 한자어의 음을 적고 그 뜻을 생각하며 글을 읽어 보자.
■ 공부할 한자의 뜻을 알아보고 필순에 따라 바르게 써 보자.

離陸 [　　]

■ 비행기가 날려고 육지에서 떠오름.

「 자카르타 공항을 離陸 하자, 飛行機는 바로 機首를 北東쪽으로

향했다. 검푸른 자바해에 띄엄띄엄 흩어져 있는 고기잡이배가

마치 草原에서 한가롭게 풀을 뜯는 젖소처럼 보였다. 그러나

飛行機가 높이 날자, 보이는 것은
구름의 바다뿐이었다. 한 시간 남짓
하얀 구름 위로 날던 飛行機는
서서히 高度를 낮추기 시작했다.
쪽빛 남지나해와 칼리만탄의
울창한 숲이 멀리 내려다보였다. 」

• 飛行機(비행기) • 機首(기수) : 비행기의 앞부분. • 北東(북동) • 草原(초원) • 高度(고도)
* 쪽빛: 짙은 푸른 빛. * 울창하다: 나무가 빽빽하게 우거지고 푸르다.

离는 새(隹 → 佳)가 둥지(Ψ)를 떠나는 모습이다.
나중에 Ψ가 '흩어지다'는 뜻인 离(리)로 바뀌었다.
다 자란 새끼 새들이 둥지를 〈떠나 헤어짐〉을 의미한다.

[새김] ■ 떠나다 ■ 떨어지다 ■ 헤어지다

一	亠	亠	宀	内	卨	离	离	离	離	離

離	離	離	離
離	離	離	離

陸은 '언덕'을 뜻하는 阝 → 阝(부)와 '흙덩이', '높고
마른 땅'을 뜻하는 坴 → 坴(륙)을 결합한 것이다.
바다를 제외한 높직하게 언덕지고 마른 땅인 〈뭍(육지)〉
을 의미한다.

[새김] ■ 뭍(육지) ■ 땅 ■ 언덕

一	了	阝	阝一	阝十	陆	陆	陆	陸	陸	陸

陸	陸	陸	陸
陸	陸	陸	陸

■ 한자의 뜻을 새기고 그 한자로 이루어진 한자어를 익히자.
- 한자의 뜻을 연결하여 한자어의 뜻을 생각해 보자.
- 한자어의 뜻을 알고 예문을 통해 그 쓰임을 익히자.

離 떠날 리
- 떠나다
- 떨어지다
- 헤어지다

陸 뭍 륙
- 뭍(육지)
- 땅
- 언덕

– 흐리게 나타난 한자어 위에 겹쳐서 쓰고 음을 적어라 –

脫 벗을 탈
- 벗다, 벗기다
- 벗어나다
- 빠지다

離脫 [ ]
떨어져 나감 　 벗어나
▷ 그들이 탄 비행기가 항법 장치 고장으로 항로를 離脫하였다.
▶ 어떤 범위나 대열 따위에서 떨어져 나오거나 떨어져 나감.

散 흩을 산
- 흩다
- 흩어지다
- 한가롭다

離散 [ ]
헤어져 　 흩어짐
▷ 몇십 년 만에 만나게 된 離散 가족들은 서로 부둥켜 안고 눈물을 감추지 못했다.
▶ 헤어져 흩어짐.

橋 다리 교
- 다리
- 가름대 나무
- 가마

陸橋 [ ]
땅 위로 　 놓은 다리
▷ 지하도를 지나고 陸橋를 건너서 약속한 장소에 도착했다.
▶ 교통이 번잡한 도로, 철로 위로 걸친 다리.

着 붙을 착
- 붙다 ・ 입다
- 시작하다
- 나타나다(저)

着陸 [ ]
내려와 붙음 　 땅에
▷ 헬리콥터는 좁은 면적에서도 着陸할 수 있다.
▶ 비행기 따위가 공중에서 활주로나 판판한 곳에 내림.

한 글자 더

職 직분 직
- 직분
- 직책
- 일, 직업

☆ 마땅히 맡아서 하여야 할 일.

丆	丆	耳	耳	聅	聅	耵	聅	職	職	職

職	職	職	職
職	職	職	職

轉 구를 전
- 구르다, 돌다
- 옮기다
- 바꾸다

轉職 [ ]
바꾸어 옮김 　 직업을
▷ 그는 지금의 직장이 적성에 맞지 않아서 轉職을 생각하고 있다.
▶ 직업이나 직무를 바꾸어 옮김.

復 회복할 복
- 회복하다
- 돌아오다
- 다시(부)

復職 [ ]
회복함 　 직책을
▷ 삼촌은 군 복무를 마치고 전에 근무하던 학교에 復職하였다.
▶ 어떤 까닭으로, 그만두었던 직을 다시 회복함. 원직에 복귀함.

211

알아보기

■ 한자어와 한자어를 이루는 개별 한자의 뜻을 알아보자.
■ 아래 한자어의 음을 적고 그 뜻을 생각하며 글을 읽어 보자.
■ 공부할 한자의 뜻을 알아보고 필순에 따라 바르게 써 보자.

閉幕 ☐

■ 막을 내린다는 뜻으로, 연극 음악회나 행사 따위가 끝남, 또는 그것을 끝냄.

「 열흘 동안 타오르던 태양의 나무에서 聖火가 사위고,
다음 대회에서 다시 만날 것을 期約하면서
곰두리가 하늘로 떠오르자, 오색 찬란한
폭죽이 밤 하늘을 수놓으며, '도전과 극복,
平和와 友情, 參與와 平等'을 이념으로 한
제8회 서울 장애인 올림픽 대회는
閉幕 되었습니다. 」

• 聖火(성화) • 期約(기약): 때를 정하여 약속함. 또는 그런 약속. • 平和(평화) • 友情(우 정) • 參與(참여) • 平等(평등)
* 사위다: 불이 사그라져서 재가 되다. * 찬란하다: 빛깔이나 모양 따위가 매우 화려하고 아름답다. 일이나 이상 따위가 매우 훌륭하다.
* 도전: 정면으로 맞서 싸움을 걺. 어려운 사업이나 기록 경신 따위에 맞섬. * 극복: 악조건(나쁜 조건)이나 고생 따위를 이겨냄.

𝼴는 문(𝼵)에 빗장(+)을 걸어놓은 모습이다.   빗장을 걸어 문을 〈닫아 막음〉을 의미한다.

[새김] ■ (문을)닫다 ■ 막다 ■ 가리다

l	l'	l̆	l̆	l̆	l̆l	門	門	門	門	閉	閉
閉		閉		閉		閉					
閉		閉		閉		閉					

幕는 '저물다', '장막을 치다' 는 뜻인 莫(막)과 '천(형 겁)' 을 뜻하는 巾(건)을 결합한 것이다.   막거나 가리기 위해 천같은 것으로 둘러친 〈장막〉을 의미한다.

[새김] ■ 장막 ■ 막 ■ 덮다

'	'	⺊	⺾	⺾	苩	苩	苩	莫	莫	幕	幕
幕		幕		幕		幕					
幕		幕		幕		幕					

■ 한자의 뜻을 새기고 그 한자로 이루어진 한자어를 익히자.

■ 한자의 뜻을 연결하여 한자어의 뜻을 생각해 보자.

■ 한자어의 뜻을 알고 예문을 통해 그 쓰임을 익히자.

閉 닫을 폐	■ (문)닫다 ■ 막다 ■ 가리다	幕 장막 막	■ 장막 ■ 막 ■ 덮다

─ 흐리게 나타난 한자어 위에 겹쳐서 쓰고 음을 적어라 ─

開 열 개	■ 열다 ■ 트이다 ■ 피다 ■ 시작하다	 開閉 열고 닫음 ▶ 열고 닫음.	▷ 이 출입문은 자동 開閉 장치가 되어 있다.
密 빽빽할 밀	■ 빽빽하다 ■ 가깝다 ■ 빈틈없다 ■ 몰래	密閉 빈틈없이 막음 ▶ 샐 틈이 없이 꼭 막거나 닫음.	▷ 나는 密閉된 공간에서는 답답하여 오래 있지 못한다.
後 뒤 후	■ 뒤 ■ 나중 ■ 늦다 ■ 뒤떨어지다	幕後 막의 뒤 ▶ 막의 뒤, 겉으로 드러나지 않은 뒷면.	▷ 그는 幕後에서 영향력을 행사하고 있다.
黑 검을 흑	■ 검다 ■ 검은 빛 ■ 어둡다	黑幕 검은 장막 ▶ 검은 장막, 겉으로 드러나지 않는 음흉한 내막을 비유적으로 이름.	▷ 그 사건에는 아무래도 무슨 黑幕이 있는 것 같았다.

한 글자 더

晚 늦을 만	■ 늦다 ■ 저물다 ■ 늙다

☆ 해가 져서 날이 어두워질 무렵.

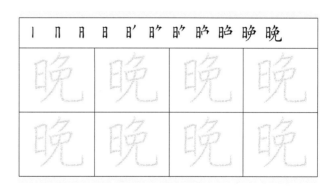

年 해 년	■ 해, 1년 ■ 나이 ■ 때, 시대	晚年 늙은 나이(때) ▶ 나이가 들어서 늙어가는 시기.	▷ 그는 晚年에 얻은 아들의 이름을 '만득'이라고 지었다.
秋 가을 추	■ 가을 ■ 때 ■ 해	晚秋 늦은 가을 ▶ 늦가을.	▷ 빛바랜 나뭇잎이 다 떨어져 가는 晚秋의 정경은 쓸쓸하였다.

■ 한자어와 한자어를 이루는 개별 한자의 뜻을 알아보자.
■ 아래 한자어의 음을 적고 그 뜻을 생각하며 글을 읽어 보자.
■ 공부할 한자의 뜻을 알아보고 필순에 따라 바르게 써 보자.

待接

■ 마땅한 예로써 대함. 음식을 차려 접대함.

「 우산은 참으로 고마운 物件이다. 어느 때라도, 비가 오기만 하면 기꺼이 제 몸을 활짝 펼쳐 비를 막아주며, 제 몸을 흠뻑 적셔가며 남을 지켜준다. 그렇다고 우산이 貴한 待接을 받는 것은 아니다. 비가 오지 않을 때는 대개 신발장 옆 한 구석에 아무렇게나 처박히기도 하고, 낯선 곳에 홀로 잊혀진 채로 남게 되기도 한다. 그래도 우산은 아마, 다시 비가 오는 날에 누군가를 위해 제 몸을 기꺼이 펼칠 것이다. 」

• 物件(물건) • 貴(귀).   * 대개 : 절반이 훨씬 넘어 전체량에 거의 가까운 정도의 수량이나 분량.

待는 임금을 가까이 모시는 관직인 '내관'을 뜻하는 寺(사)와 '가다', '하다'는 뜻인 彳(척)을 결합한 것이다. 모시는 사람의 가까이에서 받들며 〈기다림〉을 의미한다.

[새김] ▪기다리다 ▪대접하다 ▪대우하다

ノ	ゝ	彳	彳	彳	犲	徃	待	待

待	待	待	待
待	待	待	待

接은 '시녀(몸종)'를 뜻하는 妾(첩)과 '손(도움이 되는 일)'을 뜻하는 扌(수)를 결합한 것이다.   시녀가 시중 들며 가까이에서 〈접함〉을 의미한다.

[새김] ▪잇다 ▪접하다 ▪접촉하다 ▪가까이 가다

一	十	扌	扌	扩	拦	护	护	拝	接	接

接	接	接	接
接	接	接	接

새기고 익히기

■ 한자의 뜻을 새기고 그 한자로 이루어진 한자어를 익히자.
■ 한자의 뜻을 연결하여 한자어의 뜻을 생각해 보자.
■ 한자어의 뜻을 알고 예문을 통해 그 쓰임을 익히자.

待	기다릴 대	■ 기다리다 ■ 대접하다 ■ 대우하다

接	이을 접	■ 잇다 ■ 접하다 ■ 접촉하다 ■ 가까이 가다

― 흐리게 나타난 한자어 위에 겹쳐서 쓰고 음을 적어라 ―

招	부를 초	■ 부르다 ■ 불러오다 ■ 밝히다

招待 [　]　▷ 내 생일에 친구들을 招待하기로 했다.
불러 　대접함　▶ 어떤 모임에 참가해 줄것 을 청함, 사람을 불러 대접함,

歡	기쁠 환	■ 기쁘다 ■ 기뻐하다 ■ 즐거움

歡待 [　]　▷ 외할머니는 언제나 우리를 歡待해 주신다.
기쁘게 　대접함　▶ 반갑게 맞아 정성껏 후하게 대접함,

觸	닿을 촉	■ 닿다 ■ 찌르다 ■ 느끼다

接觸 [　]　▷ 왜그런지 그는 이웃과의 接觸을 피한다.
접하여 　닿음　▶ 서로 맞닿음, 가까이 대하고 사귐,

近	가까울 근	■ 가깝다 ■ 가까이하다 ■ 가까운 곳

接近 [　]　▷ 나는 그에게 호감을 가지고 接近했다.
다가감 　가까이　▶ 가까이 다가감, 친밀하고 밀접한 관계를 가짐,

한 글자 더

得	얻을 득	■ 얻다 ■ 이득 ■ 손에 넣다 ■ 깨닫다

ノ ク 彳 彳 彳 彳 彳 得 得 得

☆ 손에 넣다. 차지하다. 지식을 얻다, 깨닫다.
　자신, 힘, 용기 등을 가지게 되다.

取	가질 취	■ 가지다 ■ 취하다 ■ 받아들이다

取得 [　]　▷ 그는 운전면허를 取得하고서 도로 주행
연습을 충분히 한 뒤에 차를 샀다.
가짐 　손에 넣어　▶ 자기 것으로 만들어 가짐,

點	점 점	■ 점 ■ 점수 ■ 불 붙이다 ■ 가리키다

得點 [　]　▷ 양 팀 모두 得點 없이 경기가 끝났다.
얻음 　점수를　▶ 시험이나 경기 따위에서 점수를 얻음, 또는 그 점수,

한자성어

한자 성어의 음을 적고 그에 담긴 의미와 적절한 쓰임을 익혀라.

大	器	晚	成

▶ 큰 그릇을 만드는 데는 오랜 시간이 걸린다는 뜻으로, 크게 될 사람은 늦게 이루어짐을 이르는 말.

▷ 大器晚成이라 했으니, 무엇이든 빠르게만 하려고 하지 말아라. 큰 것을 이루려면 천천히 하더라도 제대로 해야지.

一	言	半	句

▶ 한 마디 말과 반 구절이라는 뜻으로, 아주 짧은 말을 이르는 말.

▷ 그의 표정이 시무룩하여 웬일이냐고 물었으나 一言半句 대꾸가 없었다.

日	就	月	將

▶ 나날이 다달이 자라거나 발전함.

▷ 동생의 탁구 실력이 日就月將하여 이제는 제법 나의 적수가 되었다.

自	業	自	得

▶ 자기가 저지른 일의 결과를 자기가 받음.

▷ 잘못은 너에게 있으니 네가 책임지고 네가 손해를 감수해라, 自業自得 아니냐?

破	顔	大	笑

▶ 매우 즐거운 표정으로 활짝 웃음.

▷ 무슨 이야기들을 하는지 그들은 가끔씩 破顔大笑하며 떠들어대고 있었다.

兩	者	擇	一

▶ 둘 중에서 하나를 고름.

▷ 자장면을 먹을 것인지 짬뽕을 먹을 것인지 兩者擇一을 하여라.

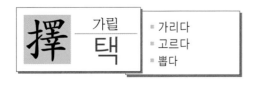

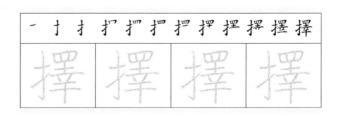

· 대기만성 · 일언반구 · 일취월장 · 자업자득 · 파안대소 · 양자택일

더 살펴 익히기

■ 한자가 지닌 여러가지 뜻과 한자어를 한 번 더 살펴 익히자.

⚊ 아래 한자의 뜻과 그 뜻을 지니는 한자어를 줄로 잇고 독음을 적어라.

點		
점	· 減點( )	▸ 점수가 깎임. 또는 그 점수.
점수	· 虛點( )	▸ 불충분 하거나 허술한 점(측면).
불을 붙이다	· 點線( )	▸ 점 또는 짧은 선 토막으로 이루어진 선.
측면	· 點火( )	▸ 불을 붙이거나 켬.

修		
닦다	· 修正( )	▸ 바로잡아 고침.
고치다	· 修道( )	▸ 도를 닦음.

待		
기다리다	· 待期( )	▸ 때나 기회를 기다림.
대접하다	· 冷待( )	▸ 푸대접(정성을 들이지 않고 아무렇게나 하는 대접).

■ [得]과 상대되는 뜻을 지닌 한자에 모두 ○표 하여라. ⇨ [授 · 失 · 取 · 損]

■ [閉]와 상대되는 뜻을 지닌 한자에 ○표 하여라. ⇨ [幕 · 壁 · 開 · 防]

■ [了]와 비슷한 뜻을 지닌 한자에 ○표 하여라. ⇨ [始 · 終 · 冬 · 滿]

⚊ 아래의 뜻을 지닌 한자성어가 되도록 ( ) 안에 한자를 써 넣고 완성된 성어의 독을 적어라.

▸ 출세하여 이름을 세상에 널리 떨침.	⇨	立身( )名	
▸ 기쁨과 노여움 슬픔과 즐거움을 아울러 이르는 말.	⇨	( )怒哀樂	
▸ 같은 현상이나 일이 한두 번이나 한둘이 아니고 많음.	⇨	非一( )再	
▸ 적으로 여겨 봄.	⇨	( )對視	
▸ 재앙과 환난이 바뀌어 오히려 복이 됨.	⇨	( )禍爲福	
▸ 일이 여러 가지가 얽혀 있거나 어수선하여 갈피를 잡기가 어려움.	⇨	複雜( )端	

·감점.허점.점선.점화 · 수정.수도 · 대기.냉대 / 揚 · 喜 · 非 · 敵 · 轉 · 多

217

어휘력 다지기

■ 공부한 한자로 이루어진 한자어를 익혀 어휘력을 다지자.
■ 글 속 한자어의 음을 적고, 그 뜻과 줄로 잇고, 쓰임을 익히자.

■ 재활용 쓰레기는 分離 하여 배출.　　·　·　다른 것과 통하지 못하게 사이를 막거나 떼어 놓음.

■ 남북 離散 가족이 만나게 되었다.　　·　·　서로 나뉘어 떨어짐. 또는 그렇게 되게 함.

■ 전염병 환자는 隔離 시켜야 합니다.　　·　·　헤어져 흩어짐.

■ 섬과 陸地 을 잇는 교량 건설 공사.　　·　·　교육을 받기 위하여 학교에 들어감.

■ 태풍의 진로가 內陸 으로 향했다네.　　·　·　강이나 바다와 같이 물이 있는 곳을 제외한 지구의 겉면.

■ 동생이 초등학교에 就學 하였다.　　·　·　바다에서 멀리 떨어져 있는 육지.

■ 나는 항상 밤 열 시경에 就寢 한다.　　·　·　현재의 직업. 또는 그 직무.

■ 그는 現職 경찰관이다.　　·　·　잠자리에 들어 잠을 잠.

■ 할아버지는 작년에 退職 하셨어요.　　·　·　일정한 직업을 찾음.

■ 요즘 求職 하려는 사람들이 늘었어.　　·　·　현직에서 물러남.

■ 의장이 閉會 를 선언하였다.　　·　·　집회나 회의가 끝남. 의회, 전람회 따위를 마침.

■ 그 제과점은 閉店 시간을 늦추었다.　　·　·　농사짓는 데 편리하도록 논밭 근처에 간단하게 지은 집.

■ 이번 사건의 內幕 을 알고 있니?　　·　·　가게의 하루 영업이 끝남.

■ 밭 귀퉁이 農幕 에서 잠시 쉬련다.　　·　·　겉으로 드러나지 아니한 일의 속 내용. 속사정.

■ 이번 우승은 期待 밖의 결과였다.　　·　·　기다리고 바람.

■ 우리가 待望 하는 우승의 그날까지.　　·　·　어떤 일이 이루어지기를 바라고 기다림.

■ 집 앞에 차를 待期 시켜 놓아라.　　·　·　서로 맞닿음. 가까이 대하고 사귐.

■ 나의 부주의로 接觸 사고가 있었어.　　·　·　때나 기회를 기다림.

■ 손님에게 接待 할 다과를 준비해라.　　·　·　나이가 들어 뒤늦게 공부함. 또는 그 공부.

■ 그는 晩學 의 즐거움을 알았다네.　　·　·　손님을 맞아서 시중을 듦.

■ 요즘은 晩婚 이 점점 늘고 있다.　　·　·　나이가 들어 늦게 결혼함. 또는 그런 결혼.

·분리·이산·격리·육지·내륙·취학·취침·현직·퇴직·구직·폐회·폐점·내막·농막·기대·대망·대기·접촉·접대·만학·만혼

■ 한자어가 되도록 □ 안에 공통으로 넣을 한자를 보기에서 찾아 □ 안에 쓰고 , 그 한자어의 뜻을 생각하며 음을 적어라.

□ ⇨	黃□	土□	□金	□ ⇨	□別	分□	□脱
□ ⇨	□業	成□	□寢	□ ⇨	□門	□會	密□
□ ⇨	□接	招□	□期	□ ⇨	□失	□點	取□

보기

擇·得·待·幕·沙·就·陸·晚·接·離·閉·漠·職

■ 아래의 뜻을 지닌 한자어가 되도록 위의 보기에서 알맞은 한자를 찾아 □ 안에 써 넣어라.

▶ 아득히 넓고 모래나 자갈 따위로 뒤덮인 불모의 벌판.
▷ 나는 沙□ 여행을 해 보고 싶어요.

▶ 번잡한 도로나 철로 위를 사람이 안전하게 다닐 수 있도록 공중으로 건너질러 놓은 다리.
▷ □橋를 건너 맞은편 길로 가거라.

▶ 일정한 직업을 잡아 직장에 나감.
▷ 마땅한 就□ 자리를 구하고 있어.

▶ 바람이나 이슬, 볕 따위를 가리기 위하여 말뚝을 박고 기둥을 세우고 천을 씌워 막처럼 지어 놓은 것, 또는 그 천.
▷ 냇가 모래밭에다 天□ 을 쳐 놓아라.

▶ 아주 가깝게 맞닿아 있음, 또는 그런 관계.
▷ 그 둘의 관계는 아주 密□ 하단다.

▶ 나이가 들어 늙어 가는 시기.
▷ □年에 얻은 손자가 참 귀엽네.

▶ 여럿 가운데서 필요한 것을 골라 뽑음.
▷ 네 마음에 드는 것을 選□ 하여라.

· 황사. 토사. 사금 · 이별. 분리. 이탈 · 취업. 성취. 취침 · 폐문. 폐회. 밀폐 · 대접. 초대. 대기 · 득실. 득전. 취득 / · 사막 · 육교 · 취직 · 천막 · 밀접 · 만년 · 선택

되새기기

沙 모래 사　　　ɡ(삼수변) / 총 7획
丶 丶 氵 氵 汃 沙 沙

漠 넓을 막　　　ɡ(삼수변) / 총 14획
丶 丶 氵 氵 汢 泸 泸 泸 漠 漠 漠 漠

離 떠날 리.이　　　隹(새추) / 총 19획
亠 亠 宀 立 卤 离 离 剷 雜 離 離

陸 뭍 륙.육　　　阝(좌부변) / 총 11획
丶 阝 阝 阝 阡 阩 陸 陸 陸 陸 陸

就 나아갈 취　　　尢(절름발이왕) / 총 12획
丶 丶 宀 宁 古 亨 京 京 京 尌 就 就

職 직분 직　　　耳(귀이) / 총 18획
丆 丆 丆 耳 耳 耵 聀 聀 聅 職 職 職

閉 닫을 폐　　　門(문문) / 총 11획
丨 冂 冂 冂 冃 門 門 門 閈 閉 閉

幕 장막 막　　　巾(수건건) / 총 14획
丷 艹 芦 芇 苩 苩 草 莫 莫 幕 幕

待 기다릴 대　　　彳(두인변) / 총 9획
丿 彳 彳 彳 彳 彴 往 待 待

接 이을 접　　　扌(재방변) / 총 11획
一 十 扌 扩 扩 护 护 按 接 接

晚 늦을 만　　　日(날일) / 총 12획
丨 冂 冂 日 日 旷 旷 旷 晧 晧 晚

得 얻을 득　　　彳(두인변) / 총 11획
丿 彳 彳 彳 彳 彴 彴 得 得 得

顔 낯 안　　　頁(머리혈) / 총 18획
亠 古 立 产 彦 彦 彦 節 顔 顔 顔

擇 가릴 택　　　扌(재방변) / 총 16획
一 十 扌 扌 扩 扝 押 押 押 擇 擇 擇

220

■ 공부할 한자의 모양을 살펴보며 음과 훈을 알아보자.

음 ■ 한자를 읽는 소리

― 바탕색과 글자색이 같은 것을 찾아 보자 ―

| 織 | 島 | 班 | 據 | 傑 | 傾 | 憲 |

| 核 | 廳 | 府 | 倍 | 延 | 逃 | 窮 |

부 걸 배 핵 직 반 도 도 연 헌 청 궁 거 경

훈 ■ 한자의 뜻 새김

傑	뛰어날	■ 뛰어나다 ■ 출중하다 ■ 우뚝하다

逃	도망할	■ 도망하다 ■ 피하다 ■ 숨다

府	마을	■ 마을 ■ 도읍 ■ 관청

延	늘일	■ 늘이다 ■ 잇다 ■ 지체되다

倍	곱	■ 곱 ■ 갑절 ■ 더욱

憲	법	■ 법 ■ 모범 ■ 깨우침

核	씨	■ (과일의) 씨 ■ 핵심 ■ 원자핵

廳	관청	■ 관청 ■ 마루, 대청 ■ 마을

織	짤	■ (피륙을) 짜다 ■ 실 ■ 직물

班	나눌	■ 나누다 ■ 다스리다 ■ 조직

窮	다할	■ 다하다 ■ (극에) 달하다 ■ 궁하다

據	근거	■ 근거 ■ 근원 ■ 의지할 데

島	섬	■ 섬

傾	기울	■ 기울다 ■ 비스듬하다 ■ 바르지 않다

어휘력 다지기

■ 공부한 한자로 이루어진 한자어를 익혀 어휘력을 다지자.
■ 글 속 한자어의 음을 적고, 그 뜻과 줄로 잇고, 쓰임을 익히자.

■ 그 팀에는 傑出[　　　]한 투수가 있어.　·　· 매우 훌륭한 작품.

■ 傑作[　　　] 영화 몇 편을 찾아서 보려고.　·　· 원자 폭탄이나 수소 폭탄 따위의 핵반응으로 생기는 힘을 이용한 무기.

■ 요즘은 結核[　　　] 환자가 그리 많지 않다.　·　· 남보다 훨씬 뛰어남, 또는 그런 사람.

■ 인류의 안전에 위협적인 核武器[　　　].　·　· 결핵균에 감염되어 일어나는 만성 전염병.

■ 계약금의 倍額[　　　]을 위약금으로 물어.　·　· 가난하여 살림이 구차함. 처지가 이러지도 저러지도 못하게 난처하고 딱함.

■ 너의 책임을 끝까지 追窮[　　　]하겠다.　·　· 두 배의 값, 또는 그런 금액.

■ 사업 실패로 困窮[　　　]한 처지가 되었다.　·　· 잘못한 일에 대하여 엄하게 따져서 밝힘.

■ 多島海[　　　] 한려 해상 국립 공원.　·　· 삼권 분립에 의하여, 행정을 맡아보는 국가 기관.

■ 변산 半島[　　　]는 경치가 퍽 아름답다.　·　· 많은 섬이 산재하는 해역.

■ 새로운 政府[　　　]를 이끌어갈 대통령.　·　· 삼면이 바다로 둘러싸이고 한 면은 육지에 이어진 땅.

■ 보온성이 좋은 織物[　　　]로 만든 방한복.　·　· 씨실과 날실을 직기에 걸어 짠 물건을 통틀어 이르는 말. 면직물, 모직물, 견직물 따위가 있다.

■ 兩班[　　　]의 위선을 풍자한 가면극이야.　·　· 목숨을 겨우 이어 살아감.

■ 길고양이가 나를 보자 逃亡[　　　] 가더라.　·　· 정하여진 시간보다 늦게 도착함.

■ 그 환자는 延命[　　　] 치료를 거부하였어.　·　· 고려 · 조선 시대에 지배층을 이루던 신분.

■ 우리가 탈 열차가 15분 延着[　　　]했어.　·　· 피하거나 쫓기어 달아남.

■ 憲法[　　　]에 명시된 언론과 표현의 자유.　·　· 관청의 사무실로 쓰는 건물.

■ 정부 종합 廳舍[　　　]를 이전할 계획이다.　·　· 어떤 활동의 근거가 되는 중요한 지점.

■ 죄를 지으면 법률에 依據[　　　]하여 처벌.　·　· 한 나라의 통치 체제의 기본 원칙을 정하는 법.

■ 만주를 據點[　　　]으로 활동한 독립군.　·　· 어떤 사실에 근거함. 어떤 힘을 빌어서 의지함.

■ 모두가 그의 증언을 傾聽[　　　]하였어.　·　· 어떤 이론이나 논리, 논설 따위의 근거.

■ 그의 주장은 論據[　　　]가 명백하였다.　·　· 귀를 기울여 들음.

· 걸출 · 걸작 · 결핵 · 핵무기 · 배액 · 추궁 · 곤궁 · 다도해 · 반도 · 정부 · 직물 · 양반 · 도망 · 연명 · 연착 · 헌법 · 청사 · 의거 · 거점 · 경청 · 논거

■ 한자어가 되도록 □ 안에 공통으로 넣을 한자를 보기에서 찾아 □ 안에 쓰고 , 그 한자어의 음을 적어라.

□	⇨	□長	□期	□命		□	⇨	豪□	□作	女□
□	⇨	□避	□亡	□走		□	⇨	□律	□加	百□
□	⇨	根□	證□	占□		□	⇨	半□	群□	獨□

보기

逃・延・窮・班・倍・府・據・核・傑・織・傾・憲・島・廳

■ 아래의 뜻을 지닌 한자어가 되도록 위의 보기에서 알맞은 한자를 찾아 □ 안에 써 넣어라.

■ 현상이나 사실, 행동 따위가 어떤 방향으로 기울어짐.
▷ 소소한 행복을 즐기려는 □向 이.

■ 헌법의 내용을 고침.
▷ 국회에서 改□ 논의가 진행중이다.

■ 매우 곤란하고 어려운 일을 당한 처지.
▷ 잘못을 감추려다 □地 에 몰렸어.

■ 사물의 가장 중심이 되는 부분.
▷ 그런데, 네 말의 □心 이 무엇이냐?

■ 구(區)의 행정 사무를 맡아보는 관청.
▷ 주민들이 區□ 에 민원을 제출했다.

■ 삼권 분립에 의해, 행정을 맡아보는 국가 기관.
▷ 政□ 에서 치솟는 물가 대책 발표.

■ 어떤 일을 함께하는 소규모 조직체인 반을 대표하여 일을 맡아보는 사람.
▷ 그들은 작업 □長 의 지시에 따랐다.

■ 털실로 짠 피륙.
▷ 나는 노란색 毛□ 목도리를 둘렀어.

· 연장. 연기. 연명 · 호걸. 걸작. 여걸 · 도피. 도망. 도주 · 배율. 배가. 백배 · 근거. 증거. 점거 · 반도. 군도. 독도 / · 경향 · 개헌 · 궁지 · 핵심 · 구청 · 정부 · 반장 · 모직

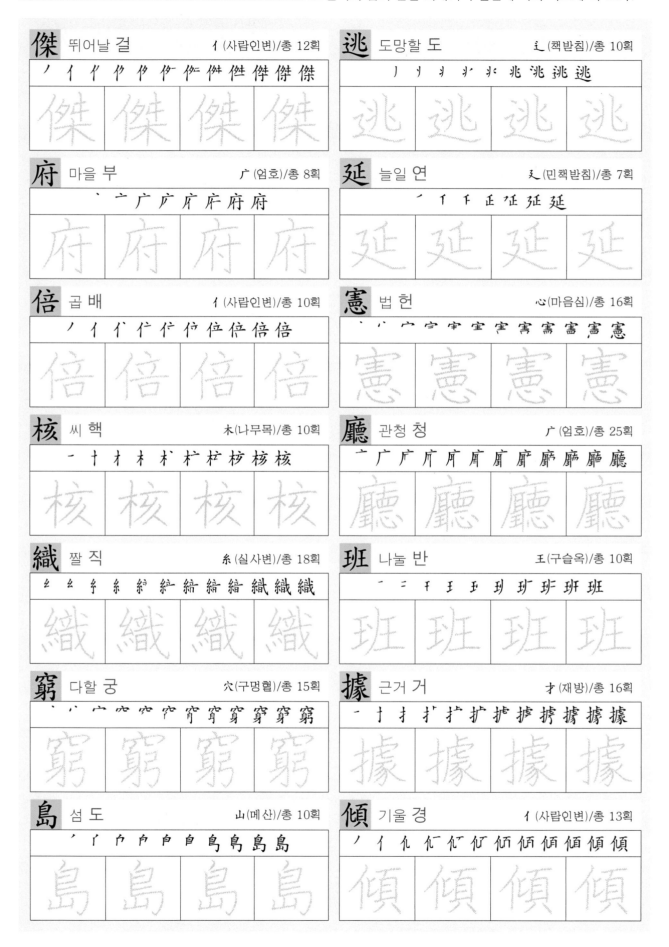

| 傑 뛰어날 걸 | 亻(사람인변)/총 12획 |
| 逃 도망할 도 | 辶(책받침)/총 10획 |

ノ 亻 亻 仲 仲 伊 伊 傑 傑 傑 傑 傑

ノ 丿 丬 扌 刋 兆 沘 逃 逃 逃

| 府 마을 부 | 广(엄호)/총 8획 |
| 延 늘일 연 | 廴(민책받침)/총 7획 |

丶 亠 广 广 庁 庁 府 府

ノ 亻 千 千 正 延 延

| 倍 곱 배 | 亻(사람인변)/총 10획 |
| 憲 법 헌 | 心(마음심)/총 16획 |

ノ 亻 亻 仲 仲 伊 倍 倍 倍 倍

丶 亠 宀 宇 宇 宝 宝 害 寓 寓 憲 憲

| 核 씨 핵 | 木(나무목)/총 10획 |
| 廳 관청 청 | 广(엄호)/총 25획 |

一 十 才 木 木 杧 杧 杉 核 核

亠 广 广 厅 厅 肩 肩 廍 廍 廍 廍 廳

| 織 짤 직 | 糸(실사변)/총 18획 |
| 班 나눌 반 | 王(구슬옥)/총 10획 |

幺 幺 糸 糸 紁 紁 織 織 織 織 織 織

一 二 千 王 王 珂 玨 班 班 班

| 窮 다할 궁 | 穴(구멍혈)/총 15획 |
| 據 근거 거 | 扌(재방)/총 16획 |

丶 亠 宀 宀 空 空 窏 窏 窮 窮 窮 窮

一 十 才 扩 扩 扩 护 护 捒 據 據 據

| 島 섬 도 | 山(메산)/총 10획 |
| 傾 기울 경 | 亻(사람인변)/총 13획 |

丶 亻 亽 户 户 白 自 鳥 島 島 島

ノ 亻 亿 仁 仜 佰 佰 傾 傾 傾 傾 傾

음 ■ 한자를 읽는 소리

– 바탕색과 글자색이 같은 것을 찾아 보자 –

怨	汽	候	避	遊	潔	稱
累	帳	障	檀	激	卷	擔

| 격 | 장 | 권 | 후 | 루 | 기 | 피 | 담 | 칭 | 결 | 장 | 원 | 단 | 유 |

훈 ■ 한자의 뜻 새김

激	격할	■ 격하다 ■ 심하다 ■ 부딪치다

擔	멜	■ 메다 ■ 짊어지다 ■ 떠맡다

障	막을	■ 막다 ■ 가로막히다 ■ 보루, 둑

稱	일컬을	■ 일컫다 ■ 부르다 ■ 저울질하다

卷	책	■ 책 ■ 문서 ■ 두루마리

潔	깨끗할	■ 깨끗하다 ■ 맑다 ■ 간결하다

候	기후	■ 기후 ■ 철, 때 ■ 기다리다

帳	장막	■ 장막 ■ 장부책 ■ 공책

累	묶을	■ 묶다 ■ 거듭하다 ■ 포개다

怨	원망할	■ 원망하다 ■ 고깝게 여기다 ■ 책망하다

汽	물 끓는 김	■ 물 끓는 김 ■ 증기 ■ 수증기

檀	박달나무	■ 박달나무 ■ 아름다운 모양 ■ 베풀다

避	피할	■ 피하다 ■ 벗어나다 ■ 회피하다

遊	놀	■ 놀다 ■ 여행하다 ■ 떠돌다

어휘력 다지기

■ 공부한 한자로 이루어진 한자어를 익혀 어휘력을 다지자.
■ 글 속 한자어의 음을 적고, 그 뜻과 줄로 잇고, 쓰임을 익히자.

■ 지금은 모든 것이 激變 ☐ 하는 시대.   •   • 말이나 행동이 세차고 사납다,

■ 권투나 레스링은 激烈 ☐ 한 스포츠야.   •   • 기구나 기계가 제대로 움직이지 못하게 되는 기능상의 장애,

■ 우리 팀이 우승 候補 ☐ 로 지목되었다.   •   • 상황 따위가 갑자기 심하게 변함,

■ 잘 사용하던 컴퓨터가 故障 ☐ 이 났어.   •   • 운동 경기 따위에서, 어떤 지위에 오를 자격이나 가능성이 있음,

■ 산을 오르는 데 큰 障害 ☐ 는 없었어.   •   • 증기 기관의 동력으로 움직이는 배를 통틀어 이르는 말,

■ 1807년에 처음으로 汽船 ☐ 을 만들었다.   •   • 하고자 하는 일을 막아서 방해함, 또는 그런 것,

■ 그 사건의 진범이 해외로 逃避 ☐ 했다.   •   • 위험이나 피해를 입지 않도록 일시적으로 피함,

■ 산불이 번져 주민들이 待避 ☐ 하였다.   •   • 도망하여 몸을 피함,

■ 그는 경고 累積 ☐ 으로 퇴장 당했다.   •   • 어떤 학급이나 학년 따위를 책임지고 맡아 봄, 또는 그런 사람,

■ 상권을 다 읽고 下卷 ☐ 을 읽고 있어.   •   • 포개어 여러 번 쌓음, 또는 포개져 여러 번 쌓임,

■ 이 문제는 擔任 ☐ 선생님과 의논하자.   •   • 두 권이나 세 권으로 된 책의 맨 끝 권,

■ 오늘 점심값은 각자 負擔 ☐ 하기로.   •   • 사람이나 사물 따위의 이름, 또는 그것을 일컫는 이름,

■ 우리 모임의 名稱 ☐ 을 무어라 할까?   •   • 이름 지어 부름, 또는 그 이름,

■ 나를 '오빠'라는 號稱 ☐ 으로 부르렴.   •   • 어떤 의무나 책임을 짐,

■ 검은 帳幕 ☐ 에 가려진 사건의 진실.   •   • 어떤 사실이나 현상을 보이지 아니하게 가리는 사물을 비유적으로 이르는 말,

■ 너의 생각을 簡潔 ☐ 하게 말해보아라.   •   • 깨끗하고 흼, 행동이나 마음씨가 깨끗하고 조촐하여 아무런 허물이 없음,

■ 나는 그의 潔白 ☐ 을 확신하고 있다.   •   • 못마땅하게 여기어 탓하거나 불평을 품고 미워함,

■ 남에게 怨恨 ☐ 살 일은 하지 말아라.   •   • 간단하고 깔끔하다, 간단하면서도 짜임새가 있다,

■ 지금 너를 怨望 ☐ 한들 무슨 소용이.   •   • 억울하고 원통한 일을 당하여 응어리진 마음,

■ 호수에 떠있는 浮遊 ☐ 물을 건져내야.   •   • 흥겹게 놂,

■ 일은 뒷전이고 遊興 ☐ 에 정신이 팔려.   •   • 물 위나 물 속, 또는 공기 중에 떠다님,

·격변·격렬·후보·고장·장해·기선·도피·대피·누적·하권·담임·부담·명칭·호칭·장막·간결·결백·원한·원망·부유·유흥

■ 한자어가 되도록 □ 안에 공통으로 넣을 한자를 보기에서 찾아 □ 안에 쓰고 , 그 한자어의 음을 적어라.

□ ⇨	急□	過□	□化		□ ⇨	□難	□身	回□

□ ⇨	□次	□加	□減		□ ⇨	分□	□當	專□

□ ⇨	□壁	支□	□害		□ ⇨	愛□	對□	別□

보기

卷 · 激 · 避 · 障 · 怨 · 稱 · 遊 · 累 · 帳 · 候 · 汽 · 潔 · 擔 · 檀

■ 아래의 뜻을 지닌 한자어가 되도록 위의 보기에서 알맞은 한자를 찾아 □ 안에 써 넣어라.

■ 기온, 비, 눈, 바람 따위의 대기 상태.
▷ 지구 온난화로 氣□ 변화가 심하다.

■ 금융 기관에서, 예금한 사람에게 출납의 상태를 적어 주는 장부.
▷ 通□ 에 남은 금액이 얼마나 되니?

■ '위의 책이 아래 책을 누른다' 는 뜻으로 여러 책 가운데 제일 잘된 책, 여럿 가운데 가장 뛰어난 것.
▷ 이 작품이 탐정 소설 중에 壓□ 이야.

■ 돌아다니며 구경함.
▷ 퇴직하면 전국 □覽 을 하련다.

■ 원망하는 소리.
▷ 국민들의 □聲 이 점점 거세졌다.

■ 우리 민족의 시조로 받드는 태초의 임금.
▷ □君 신화에 나오는 곰과 호랑이.

■ 여객차나 화차를 끌고 다니는 철도 차량.
▷ 주말에 □車 여행을 하려고 해.

■ 어떤 사물이나 장소가 깨끗하지 아니하고 더러움. 어떤 생각이나 행위가 도덕적으로 떳떳하지 못함.
▷ 파리는 不□ 한 곳으로 날아든다.

· 급격. 과격. 격화 · 피난. 피신. 회피 · 누차. 누가. 누감 · 분담. 담당. 전담 · 장벽. 지장. 장해 · 애칭. 대칭. 별칭 / · 기후 · 통장 · 압권 · 유람 · 원성 · 단군 · 기차 · 불결

■ 한자의 음과 훈을 되새기며 필순에 따라 바르게 써 보자.

激 격할 격	氵(삼수변)/총 16획
氵 氵 氵 沪 浐 浐 浐 浐 激 激 激	

擔 멜 담	亻(사람인변)/총 16획
一 扌 扌 扩 扩 护 护 擔 擔 擔 擔	

障 막을 장	阝(좌부변)/총 14획
阝 阝 阝 阞 阞 陪 陪 陪 隚 隚 障	

稱 일컬을 칭	禾(벼화)/총 14획
一 千 禾 禾 禾 秆 秤 秤 秤 稱 稱 稱	

卷 책 권	已(병부절)/총 8획
丶 丷 兯 半 失 券 卷	

潔 깨끗할 결	氵(삼수변)/총 15획
氵 氵 氵 津 津 潔 潔 潔 潔 潔 潔	

候 기후 후	亻(사람인변)/총 10획
丿 亻 亻 伫 伫 伊 伊 侯 候	

帳 장막 장	巾(수건건)/총 11획
丨 冂 巾 帆 帆 帆 帳 帳 帳 帳	

累 묶을 루	糸(실사)/총 11획
丨 口 田 田 甲 里 累 累 累 累	

怨 원망할 원	心(마음심)/총 9획
丿 夕 夕 夕 夗 夗 怨 怨 怨	

汽 물 끓는 김 기	氵(삼수변)/총 7획
丶 丶 氵 氵 汽 汽 汽	

檀 박달나무 단	木(나무목)/총 17획
一 十 木 朴 栌 栌 柿 檀 檀 檀 檀 檀	

避 피할 피	辶(책받침)/총 17획
尸 尸 辛 辟 辟 辟 辟 辟 辟 避 避	

遊 놀 유	辶(책받침)/총 13획
丶 二 氵 方 扩 扩 斿 斿 游 游 遊	

228

■ 공부할 한자의 모양을 살펴보며 음과 훈을 알아보자,

음 ■ 한자를 읽는 소리

- 바탕색과 글자색이 같은 것을 찾아 보자 -

鷄	干	勸	億	奉	總	衛
遇	卓	佛	輪	繰	絲	副

봉 억 부 계 불 간 권 륜 사 탁 우 위 총 조

훈 ■ 한자의 뜻 새김

奉	받들	■ 받들다 ■ 바치다 ■ 섬기다

輪	바퀴	■ 바퀴 ■ 수레 ■ 돌다

億	억	■ 억 ■ 많은 수 ■ 헤아리다

絲	실	■ 실 ■ 가는 실 ■ 가늘다

副	버금	■ 버금 ■ 다음 ■ 곁따르다

卓	높을	■ 높다 ■ 뛰어나다 ■ 탁자

鷄	닭	■ 닭

遇	만날	■ (우연히)만나다 ■ 상봉하다 ■ 때마침

佛	부처	■ 부처 ■ 불교 ■ 프랑스의 약칭

衛	지킬	■ 지키다 ■ 호위하다 ■ 보호하다

干	방패	■ 방패 ■ 줄기 ■ 마를(건)

總	다	■ 다, 모두 ■ 우두머리 ■ 종합하다

勸	권할	■ 권하다 ■ 가르치다 ■ 힘쓰다

組	짤	■ (베를)짜다 ■ 조직히다 ■ 끈, 줄

어휘력 다지기

■ 대웅전 佛像 ☐ 앞에 삼천배를 올렸다. • • 부모나 조부모 같은 웃어른을 받들어 모심.

■ 그는 노부모를 정성으로 奉養 ☐ 하였다. • • 억으로 헤아릴 만함.

■ 지금 너에게 一億 ☐ 원이 생긴다면? • • 나무, 돌, 흙 따위로 만든 부처의 소성이나 화상을 통틀어 이르는 말.

■ 그 골동품의 가치는 億臺 ☐ 로 평가됨. • • 만의 만배.

■ 부모님의 기대에 副應 ☐ 하려 노력해. • • 상장 밖에 덧붙여 주는 상금이나 상품.

■ 씨름 대회 장원의 副賞 ☐ 은 황소였다. • • 닭장. 닭을 가두어 두는 장.

■ 그는 養鷄 ☐ 사업으로 돈을 벌었어. • • 어떤 요구나 기대 따위에 좇아서 응함.

■ 밭 가운데에 커다란 鷄舍 ☐ 를 지었다. • • 상대편이 어떤 일을 하도록 권함.

■ 친구의 勸誘 ☐ 로 등산을 시작했어. • • 닭을 먹여 기름. 또는 그 닭.

■ 의사의 勸告 ☐ 로 술과 담배를 끊었지. • • 어떤 일을 하도록 권하여 말함. 또는 타일러 권함. 또는 그 말.

■ 서해안은 조수 干滿 ☐ 의 차가 크다. • • 돌려가며 차례로 번듦.

■ 우리 모임의 회장은 輪番 ☐ 으로 한다. • • 두 개의 바퀴.

■ 자전거와 오토바이는 二輪 ☐ 이다. • • 썰물과 밀물. 간조와 만조를 아울러 이르는 말.

■ 온 가족이 食卓 ☐ 에 둘러 앉았다. • • 예의를 지키어 정중하게 대우함.

■ 두통에 卓越 ☐ 한 효과가 있는 진통제. • • 음식을 차려 놓고 둘러앉아 먹게 만든 탁자.

■ 선생님께 깍듯한 禮遇 ☐ 를 갖추도록. • • 건강에 유의하도록 조건을 갖추거나 대책을 세우는 일.

■ 개인 衛生 ☐ 을 생각하여 손을 깨끗이. • • 남보다 두드러지게 뛰어남.

■ 나는 자전거 분해와 組立 ☐ 을 해봤어. • • 쇠로 만든 가늘고 긴 줄.

■ 산불 진화에 總力 ☐ 을 기울였다. • • 여러 부품을 하나의 구조물로 짜 맞춤.

■ 펜치로 鐵絲 ☐ 를 잘라오너라. • • 전체의 사무를 취급하는 사람.

■ 회비는 總務 ☐ 가 관리하고 있어요. • • 전체의 모든 힘.

· 불상 · 봉양 · 일억 · 억대 · 부응 · 부상 · 양계 · 계사 · 권유 · 권고 · 간만 · 윤번 · 이륜 · 식탁 · 탁월 · 예우 · 위생 · 조립 · 총력 · 철사 · 총무

■ 한자어가 되도록 □ 안에 공통으로 넣을 한자를 보기에서 찾아 □ 안에 쓰고 , 그 한자어의 음을 적어라.

□ ⇨	數□	□萬	□臺

□ ⇨	□食	□賞	□業

□ ⇨	年□	四□	五□

□ ⇨	□立	□合	□長

□ ⇨	□合	□理	□點

□ ⇨	防□	守□	□生

보기

佛 · 奉 · 組 · 億 · 總 · 副 · 衛 · 鷄 · 遇 · 勸 · 卓 · 輪 · 絲 · 干

■ 아래의 뜻을 지닌 한자어가 되도록 위의 보기에서 알맞은 한자를 찾아 □ 안에 써 넣어라.

■ 주로 고기를 얻으려고 살지게 기르는 닭.
▷ 초복날에 肉□ 로 백숙을 해 먹었다.

■ 사상이나 학설, 교리 따위를 옳다고 믿고 받듦.
▷ 그런 사이비 종교를 信□ 하다니.

■ 어떤 일에 간섭하여 참여함.
▷ 너는 내 일에 □與 하지 말아다오.

■ 불교의 교리를 밝혀 놓은 전적을 통틀어 이르는 말.
▷ 산사에서 들려오는 □經 외는 소리.

■ 놓여 있는 조건이나 놓이게 된 형편이나 사정.
▷ 실수를 했을 境□ 바로 사과하여라.

■ 나무로 만든 대의 가운데에 네트를 치고 라켓으로 공을 쳐 넘겨 승부를 겨루는 구기 경기.
▷ 그의 □球 실력은 나보다 월등하다.

■ 짐승의 털로 만든 실.
▷ 내 겨울 장갑은 毛□ 로 짠 것이야.

■ 내키지 아니한 것을 억지로 권함.
▷ 내가 싫다는 일을 强□ 하지 말아라.

· 수억. 억만. 억대 · 부식. 부상. 부업 · 연륜. 사륜. 오륜 · 조립. 조합. 조장 · 총합. 총리. 총점 · 방위. 수위. 위생 / · 육계 · 신봉 · 간여 · 불경 · 경우 · 탁구 · 모사 · 강권

되새기기

奉 받들 봉	大(큰대)/총 8획
一 二 三 声 夫 未 夹 奉	
奉　奉　奉　奉	

輪 바퀴 륜	車(수레거)/총 15획
一 ㄱ ㄇ ㅂ 亘 車 軒 軩 軩 輪 輪 輪	
輪　輪　輪　輪	

億 억 억	亻(사람인변)/총 15획
亻 亻 佇 佇 佇 倍 倍 億 億 億	
億　億　億　億	

絲 실 사	糸(실사변)/총 12획
ㄥ ㄠ ㅛ ㅛ 乡 糸 糹 絲 絲 絲 絲 絲	
絲　絲　絲　絲	

副 버금 부	刂(선칼도방)/총 11획
一 ㄱ ㄇ ㅂ 戸 高 副 副 副 副 副	
副　副　副　副	

卓 높을 탁	十(열십)/총 8획
ㅣ ㅏ ㅑ 占 占 卣 卓 卓	
卓　卓　卓　卓	

鷄 닭 계	鳥(새조)/총 21획
ㅡ ㄣ 至 乤 奚 奚 鷄 鷄 鷄 鷄 鷄	
鷄　鷄　鷄　鷄	

遇 만날 우	辶(책받침)/총 13획
ㅣ ㄇ ㅁ 日 日 禺 禺 禺 禺 遇 遇 遇	
遇　遇　遇　遇	

佛 부처 불	亻(사람인변)/총 7획
ノ 亻 亻 亻 佛 佛 佛	
佛　佛　佛　佛	

衛 지킬 위	行(다닐행)/총 15획
彳 彳 彳 彳 裄 裄 徫 徫 徫 衛 衛 衛	
衛　衛　衛　衛	

干 방패 간	干(방패간)/총 3획
一 二 干	
干　干　干　干	

總 다 총	糸(실사변)/총 17획
ㄠ ㅛ 乡 糸 糹 糹 紛 紛 絢 絢 總 總	
總　總　總　總	

勸 권할 권	力(힘력)/총 획
ㅣ 艹 艹 芦 苩 苩 萑 萑 萑 勸 勸	
勸　勸　勸　勸	

組 짤 조	糸(실사변)/총 획
ㄥ ㄠ ㅛ 乡 糸 糹 糽 組 組 組 組	
組　組　組　組	

■ 공부할 한자의 모양을 살펴보며 음과 훈을 알아보자,

음 ■ 한자를 읽는 소리

− 바탕색과 글자색이 같은 것을 찾아 보자 −

| 或 | 儉 | 健 | 辭 | 孔 | 段 | 卵 |

| 胞 | 額 | 階 | 昨 | 奬 | 範 | 映 |

사 작 장 포 혹 검 건 공 영 단 액 범 란 계

훈 ■ 한자의 뜻 새김

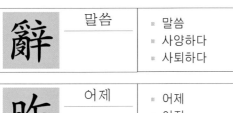

| 辭 | 말씀 | ■ 말씀 ■ 사양하다 ■ 사퇴하다 |

| 映 | 비칠 | ■ 비치다 ■ 반사하다 ■ 햇빛, 햇살 |

| 昨 | 어제 | ■ 어제 ■ 이전 ■ 지난날 |

| 段 | 층계 | ■ 층계 ■ 단, 구분 ■ 갈림 |

| 奬 | 권면할 | ■ 권면하다 ■ 장려하다 ■ 돕다 |

| 額 | 이마 | ■ 이마 ■ 머릿수, 수효 ■ 현판 |

| 胞 | 세포 | ■ 세포 ■ 포자 ■ 자궁 |

| 範 | 법 | ■ 법, 규범 ■ 본보기, 모범 ■ 거푸집 |

| 或 | 혹 | ■ 혹, 혹은 ■ 어떤 경우에는 ■ 의심하다 |

| 卵 | 알 | ■ 알 ■ 기르다 |

| 儉 | 검소할 | ■ 검소하다 ■ 낭비하지 않다 ■ 적다 |

| 階 | 섬돌 | ■ 섬돌 ■ 층계, 사다리 ■ 차례 |

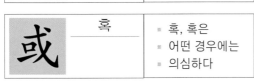

| 健 | 굳셀 | ■ 굳세다 ■ 건강하다 ■ 꿋꿋하다 |

| 孔 | 구멍 | ■ 구멍 ■ 굴 ■ 공자의 약칭 |

233

어휘력 다지기

- 황금 만능 주의가 **昨今**〔　〕의 현실로.　　　　　　• 　• 축하하는 인사의 말이나 글,

- 동창회장이 졸업식 **祝辭**〔　〕를 하였다.　　　　　• 　• 식물이 무성 생식을 하기 위하여 형성하는 생식세포,

- 그는 다니던 회사에 **辭表**〔　〕을 냈어.　　　　　• 　• 어제와 오늘을 아울러 이르는 말, 바로 얼마 전부터 어제 까지의 무렵,

- 곰팡이나 버섯은 **胞子**〔　〕로 번식한다.　　　　　• 　• 어떤 직에서 물러나겠다는 뜻을 적어 내는 문서,

- 독서를 **勸獎**〔　〕하는 까닭을 알고 있니?　　　　• 　• 어떠한 사람,

- 졸업생 여러분들의 **健勝**〔　〕을 빕니다.　　　　　• 　• 권하여 장려함,

- **或者**〔　〕는 돈이 전부라고 말하기도 해.　　　　　• 　• 탈없이 건강함,

- 청소년들의 **健全**〔　〕한 놀이 문화 장려.　　　　　• 　• 사상이나 사물 따위의 상태가 한쪽으로 치우치지 않고 정상적이며 위태롭지 않음,

- 그의 실력은 여전히 **健在**〔　〕하였다.　　　　　　• 　• 힘이나 능력이 줄어들지 않고 여전히 그대로 있음,

- 나는 그의 **儉素**〔　〕한 모습을 좋아한다.　　　　　• 　• 어떤 목적을 이루기 위한 방법, 또는 도구, 일을 처리하여 나가는 솜씨와 꾀,

- 그는 운동 삼아 **階段**〔　〕으로 다닌다.　　　　　　• 　• 사치하지 않고 꾸밈없이 수수함,

- 그런 부정한 **手段**〔　〕으로 돈을 벌어?　　　　　　• 　• 사람이 오르내리기 위하여 건물이나 비탈에 만든 층 층대,

- 뮤직비디오의 **映像**〔　〕이 아름답구나.　　　　　　• 　• 알을 낳음,

- 식물은 **氣孔**〔　〕으로 숨쉬기를 한다.　　　　　　• 　• 그림이나 사진을 끼우는 틀,

- **産卵**〔　〕 시기에는 꽃게를 잡지 못한다.　　　　　• 　• 빛의 굴절이나 반사 등에 의하여 이루어지는 물체의 상, 영사막이나 브라운관, 모니터 따위에 비추어진 상,

- 그림을 **額子**〔　〕에 끼우니 훨씬 좋다.　　　　　　• 　• 식물의 잎이나 줄기의 겉껍질에 있는, 숨쉬기와 증산 작용을 하는 구멍,

- 내가 아는 **範圍**〔　〕에서는 그가 옳다.　　　　　　• 　• 사회적 지위가 비슷한 사람들의 층,

- 형이 동생에게 **模範**〔　〕을 보여야지.　　　　　　• 　• 무엇이 미치는 한계, 일정하게 한정된 영역,

- 일부 **階層**〔　〕에 치우친 소득 불균형.　　　　　　• 　• 돈의 액수,

- 이 문장을 세 **文段**〔　〕으로 나누어라.　　　　　　• 　• 본받아 배울만한 대상,

- 꽤 많은 **金額**〔　〕을 주고 산 휴대폰이야.　　　　• 　• 긴 글을 내용에 따라 나눌 때, 하나하나의 짧은 이야 기 토막,

·작금 ·축사 ·사표 ·포자 ·권장 ·건승 ·혹자 ·건전 ·건재 ·검소 ·계단 ·수단 ·영상 ·기공 ·산란 ·포자 ·범위 ·모범 ·계층 ·문단 ·금액

■ 한자어가 되도록 □ 안에 공통으로 넣을 한자를 보기에서 찾아 □ 안에 쓰고 , 그 한자어의 음을 적어라.

□ ⇨	細□	同□	□子	□ ⇨	□鬪	保□	□兒
□ ⇨	□晝	放□	上□	□ ⇨	□級	段□	層□
□ ⇨	示□	規□	□圍	□ ⇨	總□	殘□	全□

보기

胞·階·儉·段·額·健·辭·卵·昨·獎·範·或·映·孔

■ 아래의 뜻을 지닌 한자어가 되도록 위의 보기에서 알맞은 한자를 찾아 □ 안에 써 넣어라.

■ 지난 해, 이 해의 바로 앞의 해. ▷ 올해는 □年 보다 비가 많이 오네.

■ 칭찬하거나 찬양하는 말이나 글. ▷ 모두들 그의 선행에 讚□ 를 보냈다.

■ 어쩌다 한 번씩, 이따금. ▷ 그는 間□ 엉뚱한 실수를 한다.

■ 털이 나는 작은 구멍. ▷ 毛□ 을 축소시키는 크림을 발라라.

■ 돈이나 물건, 자원 따위를 낭비하지 않고 아껴 씀, 또는 그런 데가 있음. ▷ 그의 □約 생활을 본받도록 해라.

■ 닭이 낳은 알. ▷ 아침으로 빵과 삶은 鷄□ 을 먹었어.

■ 태권도, 유도, 바둑 따위의 단수가 오름. ▷ 일요일에 태권도 昇□ 심사가 있다.

■ 공부나 학문을 장려하는 일. ▷ □學 기금으로 수억원을 기탁했다.

· 세포. 동포. 포자 · 건투. 보건. 건아 · 영화. 방영. 상영 · 계급. 단계. 층계 · 시범. 규범. 범위 · 총액. 잔액. 전액 / · 작년 · 찬사 · 간혹 · 모공 · 검약 · 계란 · 승단 · 장학

되새기기

| 辭 | 말씀 사 | 辛(매울신)/총 18획 |
| 映 | 비칠 영 | 日(날일)/총 9획 |

| 昨 | 어제 작 | 日(날일)/총 9획 |
| 段 | 층계 단 | 殳(갖은등글월문)/총 9획 |

| 獎 | 권면할 장 | 大(큰대)/총 14획 |
| 額 | 이마 액 | 頁(머리혈)/총 18획 |

| 胞 | 세포 포 | 月(육달월)/총 9획 |
| 範 | 법 범 | 竹(대죽)/총 15획 |

| 或 | 혹 혹 | 戈(창과)/총 8획 |
| 卵 | 알 란 | 卩(병부절)/총 7획 |

| 儉 | 검소할 검 | 亻(사람인변)/총 15획 |
| 階 | 섬돌 계 | 阝(좌부변)/총 12획 |

| 健 | 굳셀 건 | 亻(사람인변)/총 11획 |
| 孔 | 구멍 공 | 子(아들자)/총 4획 |

236

■ 공부할 한자의 모양을 살펴보며 음과 훈을 알아보자,

음 ■ 한자를 읽는 소리

- 바탕색과 글자색이 같은 것을 찾아 보자 -

姉	柔	驚	費	旅	拍	頌
浴	腸	針	妹	妨	揮	屬

매 박 비 려 경 자 장 휘 방 유 속 송 욕 침

훈 ■ 한자의 뜻 새김

妹	누이	■ (손아래)누이 ■ 소녀 ■ 여자

拍	칠	■ (손뼉)치다 ■ 손으로 두드리다 ■ 박자

費	쓸	■ 쓰다 ■ 소비하다 ■ 비용

旅	나그네	■ 나그네 ■ 군대 ■ 여행하다

驚	놀랄	■ 놀라다 ■ 놀라게 하다 ■ 두려워하다

姉	손위 누이	■ 손윗누이 ■ 어머니 ■ 여자의호칭

腸	창자	■ 창자 ■ 마음 ■ 중심

揮	휘두를	■ 휘두르다 ■ 지휘하다 ■ 날다

妨	방해할	■ 방해하다 ■ 거리끼다 ■ 헤살을 놓다

柔	부드러울	■ 부드럽다 ■ 순하다 ■ 연약하다

屬	무리	■ 무리 ■ 따르다 ■ 분류하다

頌	칭송할	■ 칭송하다 ■ 낭송하다 ■ 외우다

浴	목욕할	■ 목욕하다 ■ 몸을 씻다 ■ 수양하다

針	바늘	■ 바늘, 침 ■ 바느질하다 ■ 찌르다

어휘력 다지기

■ 공부한 한자로 이루어진 한자어를 익혀 어휘력을 다지자.
■ 글 속 한자어의 음을 적고, 그 뜻과 줄로 잇고, 쓰임을 익히자.

■ 우리 둘은 男妹[　　] 사이란다. • • 돈이나 물자, 시간, 노력 따위를 들이거나 써서 없앰.

■ 나는 음치라서 拍子[　　]가 엉망이야. • • 헛되이 씀. 또는 그렇게 쓰는 비용.

■ 날이 더워지면 전력 消費[　　]도 증가해. • • 오빠와 누이를 이르는 말.

■ 쓸데없는 일로 시간만 虛費[　　]했군. • • 음악에 있어서 곡조의 진행하는 시간을 헤아리는 단위.

■ 외국 여행을 하려고 旅券[　　]을 신청. • • 놀랍고 신기하게 여김. 또는 그럴 만한 일.

■ 공항은 旅客[　　]으로 붐비고 있었다. • • 외국을 여행하는 사람의 신분이나 국적을 증명하고 상대국에 그 보호를 의뢰하는 문서.

■ 100미터 달리기의 驚異[　　]로운 기록. • • 기차, 비행기, 배 따위로 여행하는 사람.

■ 盲腸[　　] 수술을 하고 바로 퇴원하였다. • • 정상적인 정신 상태에서 벗어나게 마음이 바뀌어 달라짐.

■ 나 참, 기가 막혀 換腸[　　]하겠네. • • 척추동물의, 작은 창자에서 큰창자로 넘어가는 부분에 있는 주머니 모양의 부분.

■ 저분이 너의 姉兄[　　]이시냐? • • 손위 누이의 남편을 이르거나 부르는 말.

■ 너의 실력을 마음껏 發揮[　　]해 보아라. • • 어떤 목적을 효과적으로 이루기 위하여 단체 행동을 통솔함.

■ 선수들은 감독의 指揮[　　]에 따라야 해. • • 남의 일에 헤살을 놓아 해를 끼침.

■ 다른 사람에게 알려져도 無妨[　　]하다. • • 재능, 능력 따위를 떨쳐서 드러냄.

■ 도움은 커녕 妨害[　　]만 하지 말아라. • • 거리낄 것 없이 괜찮음.

■ 너무 柔弱[　　]하면 남들이 없신여겨. • • 신의 영광을 찬양하는 노래.

■ 사회 질서를 어지럽히는 族屬[　　]들이야. • • 부드럽고 약하다.

■ 그는 서울시 所屬[　　]의 공무원이었어. • • 같은 문중이나 계통에 속하는 겨레붙이. 같은 패거리에 속하는 사람들을 낮잡아 이르는 말.

■ 기도와 讚頌[　　]으로 예배드렸다. • • 생활이나 행동 따위의 지도적 방법이나 방향을 인도하여 주는 척도.

■ 해변에서 日光浴[　　]을 하는 사람들. • • 일정한 단체나 기관에 딸림. 또는 그 딸린 곳.

■ 사고 방지를 위한 행동 指針[　　]을 전달. • • 소나무, 잣나무 같이 잎이 바늘 모양으로 생긴 나무.

■ 針葉樹[　　]로 늘 푸르른 나무는? • • 치료나 건강을 위하여 온몸을 드러내고 햇빛을 쬠. 또는 그런 일.

·남매·박자·소비·허비·여권·여객·경이·팽장·환장·자형·발휘·지휘·무방·방해·유약·족속·소속·찬송·일광욕·지침·침엽수

■ 한자어가 되도록 □ 안에 공통으로 넣을 한자를 보기에서 찾아 □ 안에 쓰고 , 그 한자어의 음을 적어라.

□ ⇨	□用	虛□	消□		□ ⇨	□順	□道	□弱

□ ⇨	方□	指□	毒□		□ ⇨	□券	□行	□費

□ ⇨	大□	小□	盲□		□ ⇨	□性	金□	所□

보기

腸·頌·揮·浴·妨·妹·針·拍·柔·費·屬·旅·驚·姉

■ 아래의 뜻을 지닌 한자어가 되도록 위의 보기에서 알맞은 한자를 찾아 □ 안에 써 넣어라.

■ 목욕을 할 수 있도록 시설을 갖춘 방.　　　▷ 그 방에는 □室 이 딸려있다.

■ 칭찬하여 일컬음, 또는 그런 말.　　　▷ 위대한 학자로 稱□ 되는 다윈.

■ 오빠와 누이를 이르는 말.　　　▷ 우리 男□ 는 우애가 좋다.

■ 여자끼리의 동기, 언니와 여동생 사이를 이른다.　　　▷ 그들 □妹 는 쌍둥이처럼 닮았어.

■ 놀랍고 신기하게 여김, 또는 그럴만한 일.　　　▷ 최초의 화성 탐사는 □異 로웠다.

■ 기쁨, 찬성, 환영을 나타내거나 장단을 맞추거나 할 때 두 손벽을 마주 두드림.　　　▷ 그의 춤에 □手 로 장단을 맞추었다.

■ 남의 일에 헤살을 놓아 해를 끼침.　　　▷ 공부에 □害 가 되니 조용히해라.

■ 재능, 능력 따위를 떨쳐서 드러냄.　　　▷ 너의 실력을 發□ 할 기회가 왔다.

· 비용.허비.소비 · 유순.유도.유약 · 방침.지침.독침 · 여권.여행.여비 · 대장.소장.맹장 · 속성.금속.소속 / 욕실 · 칭송 · 남매 · 자매 · 경이 · 박수 · 방해 · 발휘

239

■ 한자의 음과 훈을 되새기며 필순에 따라 바르게 써 보자.

妹	누이 매	女(여자녀)/총 8획
ㄥ 女 女 女 妖 妹 妹

妹　妹　妹　妹

揮	휘두를 휘	扌(재방변)/총 12획
一 十 扌 扌 扩 扩 扩 挥 捏 揮

揮　揮　揮　揮

拍	칠 박	扌(재방변)/총 8획
一 十 扌 扌 扩 扪 拍 拍

拍　拍　拍　拍

妨	방해할 방	女(여자녀)/총 7획
ㄥ 女 女 女 妨 妨 妨

妨　妨　妨　妨

費	쓸 비	貝(조개패)/총 12획
一 ㄇ ㅋ 弔 弗 弗 弗 費 費 費 費 費

費　費　費　費

柔	부드러울 유	木(나무목)/총 9획
ㄱ ㄱ ㅈ 矛 矛 柔 柔 柔 柔

柔　柔　柔　柔

旅	나그네 려	方(모방)/총 10획
丶 一 亠 方 方 扩 扩 旅 旅 旅

旅　旅　旅　旅

屬	무리 속	尸(주검시엄)/총 21획
一 ㄱ 尸 尸 尸 屌 屌 屬 屬 屬 屬 屬

屬　屬　屬　屬

驚	놀랄 경	馬(말마)/총 22획
丶 一 艹 芍 苟 苟 敬 敬 警 驚 驚

驚　驚　驚　驚

頌	칭송할 송	頁(머리혈)/총 13획
ノ ㅅ ㅅ 公 公 公 頌 頌 頌 頌 頌

頌　頌　頌　頌

姉	손윗누이 자	女(여자녀)/총 8획
ㄥ 女 女 女 妒 妒 姉 姉

姉　姉　姉　姉

浴	목욕할 욕	氵(삼수변)/총 10획
丶 丶 氵 氵 浴 浴 浴 浴 浴 浴

浴　浴　浴　浴

腸	창자 장	月(육달월)/총 13획
ノ 刀 月 月 肝 胛 胛 腭 腸 腸 腸

腸　腸　腸　腸

針	바늘 침	金(쇠금)/총 10획
ノ ㅅ ㅅ ㅅ 牟 牟 金 金 針 針

針　針　針　針

■ 공부할 한자의 모양을 살펴보며 음과 훈을 알아보자,

음 ■ 한자를 읽는 소리

– 바탕색과 글자색이 같은 것을 찾아 보자 –

均	窓	肅	潮	講	籍	儒
鳴	靜	程	牧	載	帝	慰

숙 목 명 제 강 창 정 균 적 조 유 정 위 재

훈 ■ 한자의 뜻 새김

肅	엄숙할	■ 엄숙하다 ■ 정중하다 ■ 고요하다

均	고를	■ 고르다 ■ 평평하다 ■ 가지런하다

牧	칠	■ 치다, 기르다 ■ 다스리다 ■ 통치하다

籍	문서	■ 문서 ■ 서적 ■ 등록부

鳴	울	■ 울다 ■ 울리다 ■ (소리를)내다

潮	밀물	■ 밀물 ■ (생각의)흐름 ■ 조수

帝	임금	■ 임금 ■ 천자 ■ 하느님

儒	선비	■ 선비 ■ 유교, 유가 ■ 너그럽다

講	외울	■ 외우다, 외다 ■ 풀이하다 ■ 강의

靜	고요	■ 고요하다 ■ 깨끗하다 ■ 휴식하다

窓	창	■ 창 ■ 창문

慰	위로할	■ 위로하다 ■ 안심시키다 ■ 우울해지다

程	한도	■ 한도 ■ 길 ■ 법칙, 규정

載	실을	■ 싣다 ■ 기록하다 ■ (머리에)이다

어휘력 다지기

■ 嚴肅[　　] 한 분위기의 현충일 추념식.　　　　• ·가축을 놓아 기름.

■ 법정은 肅然[　　] 한 분위기로 변하였다.　　• ·분위기나 의식 따위가 장엄하고 정숙하다.

■ 그 목장에서는 소들을 放牧[　　] 한다.　　• ·고요하고 엄숙함. 삼가고 두려워하는 모양.

■ 대관령 牧場[　　] 에서 양떼를 처음 봤어.　• ·황제와 국왕을 아울러 이르는 말.

■ 帝王[　　] 이라도 되는 듯한 그의 태도.　　　• ·일정한 시설을 갖추어 소나 말, 양 따위를 놓아 기르는 곳.

■ 몽고 帝國[　　] 을 이룩한 징기스칸.　　　　• ·몸 밖의 음원이 없는데도 잡음이 들리는 병적인 상태.

■ 할머니는 耳鳴[　　] 으로 고생을 하셨어.　• ·강연이나 강의, 의식 따위를 할 때에 쓰는 건물이나 큰 방.

■ 누나는 뱀을 보자 悲鳴[　　] 을 질렀다.　• ·일이 매우 위급하거나 몹시 두려움을 느낄 때 지르는 외마디 소리.

■ 체육 시간에 講堂[　　] 에서 배구 연습.　　• ·황제가 다스리는 나라.

■ 그는 유능한 講師[　　] 로 인기가 많다.　　• ·학교나 학원 따위에서 위촉을 받아 강의를 하는 사람.

■ 잊지 못할 學窓[　　] 시절의 많은 추억들.　• ·일이 되어가는 경로.

■ 일의 過程[　　] 도 결과만큼 중요하단다.　　• ·학생으로서 학교에서 공부하는 교실이나 학교를 일컬음.

■ 사람의 平均[　　] 수명은 점차 늘고 있어.　• ·밀물과 썰물을 통틀어 이르는 말.

■ 너와 나의 國籍[　　] 은 대한민국.　　　　　• ·중국의 공자를 시조로 하는 전통적인 학문.

■ 갯벌로 나가려고 潮水[　　] 시간을 확인.　• ·여러 수나 같은 종류의 양의 중간 값을 갖는 수.

■ 고려 때에 儒學[　　] 이 뿌리를 내렸다.　　• ·일정한 국가의 국민으로서의 자격.

■ 그 환자는 安靜[　　] 을 찾아가고 있다.　　• ·문서 따위에 기록하여 올림.

■ 성당 안에서는 靜肅[　　] 을 유지해라.　　• ·바뀌어 달라지지 않고 일정한 상태를 유지함.

■ 너의 한마디 말이 큰 慰安[　　] 이 되었어.　• ·조용하고 엄숙함.

■ 지원서에 이름과 생년월일 記載[　　] 해.　• ·물건이나 짐을 선박, 차량 따위의 운송 수단에 실음.

■ 수출하는 자동차를 화물선에 積載[　　].　• ·위로하여 마음을 편안하게 함. 또는 그렇게 하여 주는 대상.

·엄숙 ·숙연 ·방목 ·목장 ·제왕 ·제국 ·이명 ·비명 ·강당 ·강사 ·학창 ·과정 ·평균 ·국적 ·조수 ·유학 ·안정 ·정숙 ·위안 ·기재 ·적재

■ 한자어가 되도록 □ 안에 공통으로 넣을 한자를 보기에서 찾아 □ 안에 쓰고 , 그 한자어의 음을 적어라.

□ ⇨	□度	過□	工□		□ ⇨	積□	記□	連□

□ ⇨	□習	□義	□堂		□ ⇨	□門	學□	車□

□ ⇨	平□	□一	□等		□ ⇨	□水	風□	□流

보기

鳴·儒·講·靜·窓·慰·程·載·均·籍·肅·潮·牧·帝

■ 아래의 뜻을 지닌 한자어가 되도록 위의 보기에서 알맞은 한자를 찾아 □ 안에 써 넣어라.

■ 생각이나 행동이 감정에 치우치지 않고 침착함.
▷ 어려울 때일수록 冷□ 해야 한다.

■ 고달픔을 풀도록 따뜻하게 대하여 줌. 괴로움이나 슬픔을 잊게함.
▷ 너의 고통을 어떻게 □勞 해야 할지.

■ '유학'을 종교적인 관점에서 이르는 말.
▷ 아직도 □敎 의 전통이 남아있다.

■ 황제와 국왕을 아울러 이르는 말.
▷ 네가 무슨 □王 이라도 되는 줄 아나?

■ 학적, 병적 따위의 명부에 이름이 올라 있음.
▷ 현재 在□ 회원의 수가 몇이냐?

■ 일이 매우 위급하거나 몹시 두려움을 느낄 때 지르는 외마디 소리.
▷ 큰 개가 달려들어 悲□ 을 질렀다.

■ 풀을 뜯기며 가축을 치는 아이.
▷ 요즘에도 □童 이 있을까?

■ 자신의 행동을 스스로 조심함.
▷ 잘못을 뉘우치며 한동안 自□ 하였다.

· 정도. 과정. 공정 · 적재. 기재. 연재 · 강습. 강의. 강당 · 창문. 학창. 차창 · 평균. 균일. 균등 · 조수. 풍조. 조류 / · 냉정 · 위로 · 유교 · 제왕 · 재적 · 비명 · 목동 · 자숙

■ 한자의 음과 훈을 되새기며 필순에 따라 바르게 써 보자.

肅 엄숙할 숙	聿(붓율)/총 13획
一 ᆿ ᆿ ᆯ ᆯ ᆯ ᆯ ᆯ 肅 肅 肅 肅	
肅 肅 肅 肅	

均 고를 균	土(흙토)/총 7획
一 十 土 圴 圴 均 均	
均 均 均 均	

牧 칠 목	牛(소우)/총 8획
ノ ㅗ 牜 牛 牜 牧 牧 牧	
牧 牧 牧 牧	

籍 문서 적	竹(대죽)/총 20획
ノ ᅩ ᅡᅩᅩᅩ 竺 筝 筝 筝 箝 箝 籍 籍 籍 籍	
籍 籍 籍 籍	

鳴 울 명	鳥(새조)/총 14획
ㅣ 丨 口 口 吖 吖 吖 唣 鳴 鳴 鳴 鳴	
鳴 鳴 鳴 鳴	

潮 밀물 조	氵(삼수변)/총 15획
氵 氵 氵 氵 泸 泸 洭 洭 淖 淖 潮 潮 潮	
潮 潮 潮 潮	

帝 임금 제	巾(수건건)/총 9획
丶 ㅗ ㅗ 立 立 产 产 帝 帝	
帝 帝 帝 帝	

儒 선비 유	亻(사람인변)/총 16획
亻 亻 亻 俨 俨 俨 俨 儒 儒 儒 儒	
儒 儒 儒 儒	

講 외울 강	言(말씀언)/총 17획
言 言 言 言 計 計 詳 詳 講 講 講 講	
講 講 講 講	

靜 고요할 정	靑(푸를청)/총 16획
ㆍ 十 主 丰 青 青 靑 靑 靑 靑 靜 靜 靜	
靜 靜 靜 靜	

窓 창 창	穴(구멍혈)/총 11획
丶 丶 宀 宀 宀 空 空 空 窓 窓 窓	
窓 窓 窓 窓	

慰 위로할 위	心(마음심)/총 15획
ㄱ ㅋ 尸 尸 尽 尉 尉 尉 尉 尉 慰 慰	
慰 慰 慰 慰	

程 한도 정	禾(벼화)/총 12획
丶 ノ 千 千 禾 禾 和 和 和 程 程 程	
程 程 程 程	

載 실을 재	車(수레거)/총 13획
一 十 土 圭 圭 査 査 査 載 載 載	
載 載 載 載	

■ 공부할 한자의 모양을 살펴보며 음과 훈을 알아보자,

음 ■ 한자를 읽는 소리

- 바탕색과 글자색이 같은 것을 찾아 보자 -

典	訪	都	申	操	索	掃
疲	硬	午	氏	努	碑	軟

노 비 연 전 소 조 신 피 오 씨 도 색 경 방

훈 ■ 한자의 뜻 새김

努	힘쓸	▪ 힘쓰다 ▪ 부지런히 일하다

疲	피곤할	▪ 피곤하다 ▪ 지치다 ▪ 고달프다

碑	비석	▪ 비석 ▪ 돌기둥 ▪ 비를 세우다

午	낮	▪ 낮 ▪ 다섯 ▪ 일곱째 지지

軟	연할	▪ 연하다 ▪ 보드보들하다 ▪ 부드럽다

氏	각시	▪ 각시 ▪ 성씨 ▪ 씨, 사람의 호칭

典	법	▪ 법, 법전 ▪ 경전 ▪ 책, 서적

都	도읍	▪ 도읍, 서울 ▪ 마을, 도시 ▪ 다, 크다

掃	쓸	▪ 쓸다 ▪ 제거하다 ▪ 버리다

索	찾을	▪ 찾다, 탐구하다 ▪ 청구하다 ▪ 선택하다

操	잡을	▪ 잡다, 쥐다 ▪ 부리다, 다루다 ▪ 지조, 절조

硬	굳을	▪ 굳다 ▪ 단단하다 ▪ 완강하다

申	거듭	▪ 거듭 ▪ 되풀이하다 ▪ 아홉째 지지

訪	찾을	▪ 찾다 ▪ 심방하다 ▪ 뵙다

어휘력 다지기

■ 그의 성공은 오로지 **努力** 의 결과야. • • 무덤 앞에 세우는 비석.

■ 내 무덤에는 **墓碑** 를 세우지 마라. • • 목적을 이루기 위하여 몸과 마음을 다하여 애를 씀.

■ 발레리나의 가볍고 **柔軟** 한 춤동작. • • 성현이 지은, 또는 성현의 말이나 행실을 적은 책.

■ 이 재료는 **軟質** 이라 딱딱하지 않아. • • 부드럽고 연하다.

■ 논어는 유교의 **經典** 이란다. • • 부드러운 성질, 또는 그런 성질을 지닌 물질.

■ 흥부전은 우리나라 **古典** 의 하나이다. • • 기계 따위를 움직여 일을 함.

■ 당국에서 폭력배 **一掃** 작전을 실행. • • 오랫동안 많은 사람에게 널리 읽히고 모범이 될 만한 문학이나 예술 작품.

■ 연휴를 맞아 **操業** 을 일시 중단했다. • • 모조리 쓸어버림, 죄다 없애버림.

■ 그분은 참으로 **志操** 있는 선비였어. • • 신고하여 청구함, 단체나 기관에 어떠한 일이나 물건을 알려 청구함.

■ 라디오 방송에 희망곡을 **申請** 했다. • • 낮 열두 시.

■ 몸이 **疲困** 하니까 만사가 귀찮네. • • 원칙과 신념을 굽히지 아니하고 끝까지 지켜 나가는 꿋꿋한 의지, 또는 그런 기개.

■ 내일 **正午** 에 다같이 모이기로 했어. • • 몸이나 마음이 지치어 고달픔.

■ 오늘 **午前** 중에 일을 끝내야 하는데. • • 공동의 조상을 가진 혈연 공동체.

■ 이 마을에는 같은 **氏族** 이 모여 살아. • • 해가 뜰 때부터 정오 까지의 시간.

■ 인터넷 **檢索** 으로 자료들은 모았어. • • 물건을 낱개로 팔지 않고 모개(죄다 한데 묶은 수효)로 팖.

■ 산불 방화범을 끝까지 **索出** 해야 해. • • 도시의 중심부.

■ 재고가 쌓여 **都賣** 값으로 팔고 있다. • • 책이나 컴퓨터에서, 목적에 따라 필요한 자료들을 찾아내는 일.

■ 주말이라 **都心** 의 교통이 혼잡하구나. • • 샅샅이 뒤져서 찾아냄.

■ 다이아몬드의 **硬度** 는 10이다. • • 어떤 사실이나 소식 따위를 알아내기 위하여 사람이나 장소를 찾아 감.

■ 흡연은 동맥 **硬化** 의 주된 원인이다. • • 물체, 특히 광물의 단단한 정도.

■ 금강 하구로 철새 **探訪** 에 나섰다. • • 물건이나 몸의 조직 따위가 단단하게 굳어짐.

· 노력 · 묘비 · 유연 · 연질 · 경전 · 고전 · 일소 · 조업 · 지조 · 신청 · 피곤 · 정오 · 오전 · 씨족 · 검색 · 색출 · 도매 · 도심 · 경도 · 경화 · 탐방

■ 한자어가 되도록 □ 안에 공통으로 넣을 한자를 보기에서 찾아 □ 안에 쓰고 , 그 한자어의 음을 적어라.

□ ⇨	□市	首□	□心		□ ⇨	□文	□石	墓□

□ ⇨	□性	□禁	柔□		□ ⇨	□度	□直	□化

□ ⇨	思□	探□	檢□		□ ⇨	□業	志□	體□

보기

疲·午·碑·氏·軟·都·典·索·掃·硬·操·訪·申·努

■ 아래의 뜻을 지닌 한자어가 되도록 위의 보기에서 알맞은 한자를 찾아 □ 안에 써 넣어라.

■ 국민이 법령의 규정에 따라 행정 관청에 사실을 진술하거나 보고 함.

▷ 범행을 목격하고 경찰에 □告 했다.

■ 정오부터 밤 열두 시까지의 시간.

▷ 오늘 □後 에 영화 보러 같이 갈래?

■ 더럽거나 어지러운 것을 쓸고 닦아서 깨끗하게 함.

▷ 웬일이냐, 네가 淸□ 를 다 하고.

■ '성' 을 높여 부르는 말.

▷ 우리나라 姓□ 는 모두 몇 가지?

■ 어떤 사람이나 장소를 찾아가 만나거나 봄.

▷ 너무 늦은 시간에 □問 은 삼가해라.

■ 어떤 범위 안에서 쓰이는 낱말을 모아서 일정한 순서로 배열하여 싣고 그 각각의 발음, 의미, 어원, 용법 따위를 해설한 책

▷ 모르는 낱말의 뜻을 辭□ 에서 찾아라.

■ 목적을 이루기 위하여 몸과 마음을 다하여 애를 씀.

▷ 반드시 □力 한 만큼 결과가 따른다.

■ 과로로 정신이나 몸이 지쳐 힘듦, 또는 그런 상태.

▷ 가벼운 운동은 □勞 회복을 돕는다.

· 도시. 수도. 도심 · 비문. 비석. 묘비 · 연성. 연금. 유연 · 경도. 경직. 경화 · 사색. 탐색. 검색 · 조업. 지조. 체조 / 신고 · 오후 · 청소 · 성씨 · 방문 · 사전 · 노력 · 피로

■ 한자의 음과 훈을 되새기며 필순에 따라 바르게 써 보자.

努 힘쓸 노	力(힘력)/총 7획
ㄥ 女 女 奴 奴 努 努	
努 努 努 努	

疲 피곤할 피	疒(병질엄)/총 10획
丶 亠 广 广 广 疒 疒 疒 疲 疲	
疲 疲 疲 疲	

碑 비석 비	石(돌석)/총 13획
ㄱ ㄫ 石 石 砃 砃 砳 碑 碑 碑 碑 碑	
碑 碑 碑 碑	

午 낮 오	十(열십)/총 4획
ノ ㄅ 左 午	
午 午 午 午	

軟 연할 연	車(수레거)/총 11획
一 � 戸 百 旦 車 車 軒 軟 軟	
軟 軟 軟 軟	

氏 각시 씨	氏(각시씨)/총 4획
ㄧ ㄈ ㄷ 氏	
氏 氏 氏 氏	

典 법 전	八(여덟팔)/총 8획
ㅣ ㄇ ㅁ 曰 由 曲 典 典	
典 典 典 典	

都 도읍 도	阝(우부방)/총 18획
一 十 土 耂 尹 者 者 者 者 者 都 都	
都 都 都 都	

掃 쓸 소	扌(재방변)/총 11획
一 ㄔ 扌 扌 扫 扫 扫 扫 掃 掃 掃	
掃 掃 掃 掃	

索 찾을 색	糸(실사)/총 10획
一 十 卋 右 冇 索 索 索 索 索	
索 索 索 索	

操 잡을 조	扌(재방변)/총 16획
一 ㄔ 扌 扌 扩 扨 扝 掃 搉 操 操 操	
操 操 操 操	

硬 굳을 경	石(돌석)/총 12획
一 ㄱ ㄫ 石 石 砸 砸 砸 硬 硬	
硬 硬 硬 硬	

申 거듭 신	田(밭전)/총 5획
ㅣ ㄇ ㅁ 日 申	
申 申 申 申	

訪 찾을 방	言(말씀언)/총 11획
丶 二 言 言 言 言 訁 訂 訪 訪	
訪 訪 訪 訪	

음 ■ 한자를 읽는 소리

– 바탕색과 글자색이 같은 것을 찾아 보자 –

姿	叔	朴	康	筋	督	洗

顯	朗	郡	珍	謠	燃	曜

요	박	근	강	자	랑	현	진	독	군	연	숙	세	요

훈 ■ 한자의 뜻 새김

曜	빛날	■ 빛나다 ■ 햇살, 햇빛 ■ 요일

朴	성 씨	■ 성씨의 하나 ■ 순박하다 ■ 소박하다

筋	힘줄	■ 힘줄 ■ 살 ■ (식물의)섬유질

康	편안	■ (몸과 마음이)편안 ■ 겉겨, 왕겨 ■ 즐거워하다

姿	모양	■ 모양, 모습 ■ 맵시 ■ 바탕, 소질

朗	밝을	■ 밝다 ■ 유쾌 활달하다 ■ (소리가)맑다

顯	나타날	■ 나타나다 ■ 드러나다 ■ 돌아가신 부모

珍	보배	■ 보배, 보물 ■ 진귀하다 ■ 맛있는 음식

督	감독할	■ 감독하다 ■ 살피다 ■ 통솔하다

郡	고을	■ 고을 ■ 관청 ■ 군(행정구역 단위)

燃	탈	■ (불이)타다 ■ 불사르다 ■ (불을)붙이다

叔	아저씨	■ 아저씨 ■ 시동생 ■ 나이가 어리다

洗	씻을	■ (물로)씻다 ■ 다듬다 ■ 설욕하다

謠	노래	■ 노래 ■ 가요 ■ 노래하다

어휘력 다지기

■ 공부한 한자로 이루어진 한자어를 익혀 어휘력을 다지자.
■ 글 속 한자어의 음을 적고, 그 뜻과 줄로 있고, 쓰임을 익히자.

■ 이곳에서 매주 |木曜| 장터가 선다. • • 일주일의 각 날을 이르는 말.

■ 오늘이 무슨 |曜日| 이냐? • • 꾸민데가 없이 수수하다.

■ |質朴| 한 뚝배기에 구수한 된장찌게. • • '목요일' 을 뜻하는 말.

■ 아파트 공사장에 |鐵筋| 이 쌓여 있다. • • 윗사람의 기력이 달이 없고 튼튼하다.

■ |腹筋| 을 키우는 운동을 꾸준히 했다. • • 콘크리트 속에 묻어서 콘크리트를 보강하기 위하여 쓰는 막대 모양의 철재.

■ 할아버지는 여전히 |康健| 하시다. • • 복부에 있는 근육.

■ 애야, |姿勢| 를 바르게 고쳐 앉아라. • • 기쁜 기별이나 소식.

■ 그녀는 |姿態| 도 곱고 마음씨도 착하다. • • 몸을 움직이거나 가누는 모양. 사물을 대하는 마음가짐이나 태도.

■ 합격이라는 |朗報| 를 기다리고 있어. • • 어떤 모습이나 모양. 주로 여성의 고운 맵시나 태도에 대하여 이름.

■ 세포 조직을 |顯微鏡| 으로 관찰. • • 나라를 위하여 싸우다 숨진 장병과 순국선열들의 충성을 기리기 위하여 정한 날. 6월 6일이다.

■ |顯忠日| 에 집집마다 반기를 게양. • • 변소에 급수 장치를 달아 오물이 물에 씻겨 내려가게 처리하는 방식.

■ 이번에는 여성 |郡守| 가 선출되었어. • • 눈으로 볼 수 없을 만큼 작은 물체나 물질을 확대하여 보는 기구.

■ 공중 화장실도 모두 |水洗式| 이야. • • 한 군의 행정 사무를 맡아보는 으뜸 직위에 있는 사람.

■ 내의 몇 벌과 |洗面| 도구를 챙겨라. • • 불에 타지 않음.

■ |燃比| 가 향상된 자동차 엔진 개발. • • 얼굴을 씻음.

■ 화제 방지를 위해 |不然| 재료를 사용. • • 작은 아버지의 아내. 작은 어머니.

■ 이 도자기는 매우 |珍貴| 한 것이란다. • • 자동차의 단위 연료당 주행 거리의 비율.

■ |叔母| 님은 나를 무척 귀여워하서. • • 어린이를 위하여 동심을 바탕으로 지은 노래.

■ 선수들은 |監督| 의 작전대로 움직였다. • • 보배롭고 보기 드물게 귀하다.

■ 피아노 반주에 맞추어 |童謠| 를 합창. • • 널리 대중이 즐겨 부르는 노래. 민요, 동요, 유행가 따위의 노래를 통틀어 이르는 말.

■ 요즘 유행하는 |歌謠| 한 곡을 불러라. • • 영화나 연극, 운동 경기 따위에서 일의 전체를 지휘하며 실질적으로 책임을 맡은 사람.

· 목요 · 요일 · 실박 · 절근 · 복근 · 강건 · 자세 · 자태 · 낭보 · 현미경 · 현충일 · 군수 · 수세식 · 세면 · 연비 · 불연 · 진귀 · 숙모 · 감독 · 동요 · 가요

250

■ 한자어가 되도록 □ 안에 공통으로 넣을 한자를 보기에서 찾아 □ 안에 쓰고 , 그 한자어의 뜻을 생각하며 음을 적어라.

□ ⇨	□守	□廳	□民

□ ⇨	明□	□讀	□報

□ ⇨	□手	□車	□練

□ ⇨	□味	□奇	□貴

□ ⇨	□日	土□	金□

□ ⇨	□肉	鐵□	□力

보기

顯·朗·珍·姿·督·謠·郡·筋·燃·康·叔·曜·洗·朴

■ 아래의 뜻을 지닌 한자어가 되도록 위의 보기에서 알맞은 한자를 찾아 □ 안에 써 넣어라.

■ 정신적으로나 육체적으로 아무 탈이 없고 튼튼함. ▷ 健□ 을 잃으면 모든 것을 다 잃는다.

■ 꾸밈이나 거짓이 없고 수수하다. ▷ 나는 그의 素□ 한 생활 태도가 좋다.

■ 속에 있거나 숨은 것이 밖으로 나타나거나 그렇게 나타나게 함. 또는 그런 결과. ▷ 그의 독특한 개성이 發□ 된 작품.

■ 아버지의 남동생을 이르는 말. 작은 아버지. ▷ 이 가방은 □父 님이 사주신거야.

■ 연소하여 열, 빛, 동력의 에너지를 얻을 수 있는 물질을 통틀어 이르는 말. ▷ 과속 주행은 □料 의 소모가 크다.

■ 예로부터 민중 사이에 불려 오던 전통적인노래를 통틀어 이르는 말. ▷ 아리랑은 우리 민족의 대표적 民□.

■ 영화나 연극, 운동 경기 따위에서 일의 전체를 지휘하며 실질적으로 책임을 맡은 사람. ▷ 監□ 의 상상력으로 만든 판타지 영화.

■ 몸을 움직이거나 가누는 모양. 사물을 대하는 마음가짐이나 태도. ▷ 학생으로서의 갖추어야 할 □勢 는?

· 군수. 군청. 군민 · 진미. 진기. 진귀 · 명랑. 낭독. 낭보 · 요일. 토요. 금요 · 세수. 세차. 세련 · 근육. 철근. 근력 / · 건강 · 소박 · 발현 · 숙부 · 연료 · 민요 · 감독 · 자세

251

■ 한자의 음과 훈을 되새기며 필순에 따라 바르게 써 보자.

曜	빛날 요	日(날일)/총 18획
珍	보배 진	王(구슬옥)/총 9획

曜 ㅣ �... 一 二 千 王 珍 玠 珍 珍 珍

朴	성씨 박	木(나무목)/총 6획

一 十 才 木 村 朴

督	감독할 독	目(눈목)/총 13획

丨 卜 上 ナ 圥 未 叔 叔 叔 督 督 督

筋	힘줄 근	竹(대죽)/총12 획

丿 ⺮ 竹 筋 筋 筋

郡	고을 군	阝(우부방)/총 10획

一 コ ヨ 尹 君 君 君 郡 郡

康	편안 강	广(엄호)/총 11획

丶 亠 广 广 庐 庐 序 庚 康 康 康

燃	탈 연	火(불화)/총16 획

丶 丶 丬 火 炒 炒 炒 炒 燃 燃 燃

姿	모양 자	女(여자녀)/총 9획

丶 冫 ⺀ ⺍ 次 次 姿 姿

叔	아저씨 숙	又(또우)/총 8획

丨 卜 上 ナ 圥 未 叔 叔

朗	밝을 랑	月(달월)/총 획

丶 丬 コ ヨ 良 良 良 朗 朗 朗

洗	씻을 세	氵(삼수변)/총 9획

丶 冫 氵 汁 汁 洪 洪 洗 洗

顯	나타날 현	頁(머리혈)/총 23획

丶 口 口 旦 昷 㬎 㬎 顯 顯 顯 顯

謠	노래 요	言(말씀언)/총 17획

言 言 言 言 言 診 診 診 謠 謠 謠

학습한자 찾아보기

ㄱ

漢字	과	급수
無<무>	3-04	5급
舞<무>	5-14	4급
墨<묵>	3-10	3급Ⅱ
默<묵>	2-16	3급Ⅱ
問<문>	2-16	7급
文<문>	2-02	7급
聞<문>	2-02	6급Ⅱ
門<문>	1-03	8급
物<물>	1-14	7급Ⅱ
味<미>	4-06	4급Ⅱ
尾<미>	2-12	3급Ⅱ
微<미>	4-06	3급Ⅱ
未<미>	2-03	4급Ⅱ
美<미>	3-01	6급
民<민>	1-11	8급
密<밀>	3-16	4급Ⅱ

ㅂ

漢字	과	급수
博<박>	4-16	4급Ⅱ
拍<박>	추-5	4급
朴<박>	추-8	6급
迫<박>	3-12	3급Ⅱ
半<반>	1-09	6급Ⅱ
反<반>	2-12	6급Ⅱ
叛<반>	5-03	3급
班<반>	추-1	6급Ⅱ
發<발>	3-15	6급Ⅱ
髮<발>	3-04	4급
妨<방>	추-5	4급
房<방>	4-07	4급Ⅱ
放<방>	5-02	6급Ⅱ
方<방>	1-04	7급Ⅱ
訪<방>	추-7	4급Ⅱ
防<방>	2-10	4급Ⅱ
倍<배>	추-1	4급
拜<배>	3-07	4급Ⅱ
排<배>	3-02	3급Ⅱ
背<배>	5-03	4급Ⅱ
配<배>	3-05	4급Ⅱ
伯<백>	3-12	3급Ⅱ
白<백>	1-02	8급
百<백>	1	7급
番<번>	4-02	6급
繁<번>	4-03	3급Ⅱ
伐<벌>	5-02	4급Ⅱ
罰<벌>	3-01	4급Ⅱ

漢字	과	급수
凡<범>	1-15	3급Ⅱ
犯<범>	3-01	4급
範<범>	추-4	4급
法<법>	3-01	5급Ⅱ
壁<벽>	4-08	4급Ⅱ
變<변>	3-15	5급Ⅱ
辯<변>	5-07	4급
邊<변>	5-06	4급Ⅱ
別<별>	4-08	6급
丙<병>	1-04	3급Ⅱ
兵<병>	1-12	5급Ⅱ
病<병>	3-13	6급
保<보>	3-16	4급Ⅱ
報<보>	5-05	4급Ⅱ
寶<보>	4-16	4급Ⅱ
普<보>	2-08	4급
步<보>	2-01	4급Ⅱ
補<보>	2-08	3급Ⅱ
伏<복>	2-06	4급
復<복>	3-05	4급Ⅱ
服<복>	5-03	6급
福<복>	2-04	5급Ⅱ
腹<복>	5-11	3급Ⅱ
複<복>	5-12	4급
本<본>	1-10	6급
奉<봉>	추-3	5급Ⅱ
不<불,부>	1-06	7급Ⅱ
付<부>	4-01	3급Ⅱ
副<부>	추-3	4급Ⅱ
否<부>	2-09	4급
夫<부>	2-12	7급
婦<부>	2-12	4급Ⅱ
富<부>	2-07	4급Ⅱ
府<부>	추-1	4급Ⅱ
浮<부>	5-14	3급Ⅱ
父<부>	1-06	8급
負<부>	5-11	4급
部<부>	5-11	6급Ⅱ
附<부>	4-14	3급Ⅱ
北<북,배>	1-10	8급
分<분>	1-09	6급Ⅱ
奔<분>	3-14	3급
奮<분>	5-09	3급Ⅱ
憤<분>	5-12	4급
粉<분>	3-04	4급
佛<불>	추-3	4급Ⅱ

漢字	과	급수
備<비>	5-12	4급Ⅱ
悲<비>	5-10	4급Ⅱ
比<비>	5-11	5급
碑<비>	추-7	4급
秘<비>	3-16	4급
肥<비>	3-10	3급Ⅱ
費<비>	추-5	5급
非<비>	1-15	4급Ⅱ
飛<비>	3-16	4급Ⅱ
鼻<비>	1-14	5급
貧<빈>	3-03	4급Ⅱ
氷<빙>	4-09	5급

ㅅ

漢字	과	급수
事<사>	1-09	7급Ⅱ
似<사>	3-14	3급
使<사>	3-04	6급
史<사>	3-04	5급
四<사>	1	8급
士<사>	1-12	5급
寫<사>	4-07	5급
寺<사>	2-01	4급Ⅱ
射<사>	4-16	4급
師<사>	2-05	4급Ⅱ
思<사>	4-04	5급
查<사>	4-12	5급
死<사>	2-02	6급
沙<사>	5-16	3급Ⅱ
社<사>	2-09	6급Ⅱ
私<사>	1-08	4급
絲<사>	추-3	4급
舍<사>	3-12	4급Ⅱ
蛇<사>	4-02	3급Ⅱ
謝<사>	5-08	4급Ⅱ
辭<사>	추-4	4급
山<산>	1-01	8급
散<산>	3-08	4급
産<산>	3-06	5급Ⅱ
算<산>	4-15	7급
殺<살,쇄>	4-16	4급Ⅱ
三<삼>	1	8급
上<상>	1-01	7급
傷<상>	5-11	4급
像<상>	4-03	3급Ⅱ
償<상>	4-12	3급Ⅱ
商<상>	3-06	5급Ⅱ

漢字	과	급수
尙<상>	3-07	3급Ⅱ
常<상>	3-07	4급Ⅱ
床<상>	3-12	4급Ⅱ
想<상>	4-03	4급Ⅱ
狀<상>	3-09	4급Ⅱ
相<상>	3-14	5급Ⅱ
象<상>	3-16	4급
賞<상>	3-15	5급
霜<상>	4-08	3급Ⅱ
索<색>	추-7	3급Ⅱ
色<색>	1-08	7급
生<생>	1-02	8급
序<서>	4-02	5급
書<서>	3-07	6급Ⅱ
西<서>	1-10	8급
夕<석>	1-09	7급
席<석>	3-07	6급
石<석>	1-03	6급
先<선>	1-02	8급
善<선>	1-11	5급
宣<선>	2-05	4급
線<선>	4-11	6급Ⅱ
船<선>	4-01	5급
選<선>	5-07	5급
鮮<선>	3-08	5급Ⅱ
舌<설>	2-08	4급
設<설>	4-07	4급Ⅱ
說<설>	2-14	5급Ⅱ
雪<설>	4-07	6급Ⅱ
城<성>	4-08	4급Ⅱ
性<성>	2-01	5급Ⅱ
成<성>	1-12	6급Ⅱ
星<성>	1-03	4급Ⅱ
盛<성>	2-13	4급Ⅱ
省<성>	2-15	6급Ⅱ
聖<성>	3-04	4급Ⅱ
聲<성>	5-02	4급Ⅱ
誠<성>	2-13	4급Ⅱ
世<세>	3-08	7급Ⅱ
勢<세>	3-11	4급Ⅱ
歲<세>	3-07	5급Ⅱ
洗<세>	추-8	5급Ⅱ
稅<세>	4-10	4급Ⅱ
細<세>	5-13	4급Ⅱ
小<소>	1-01	8급
少<소>	1-06	7급

願<원> 5-08 5급	人<인> 1-01 8급	載<재> 추-6 3급II	制<제> 3-12 4급II
月<월> 1-01 8급	仁<인> 4-13 4급	爭<쟁> 3-12 5급	帝<제> 추-6 4급
越<월> 3-11 3급II	印<인> 5-10 4급II	低<저> 3-11 4급II	弟<제> 1-06 8급
位<위> 4-01 5급	因<인> 3-02 5급	底<저> 4-11 4급	提<제> 4-15 4급II
偉<위> 2-11 5급II	引<인> 3-14 4급II	貯<저> 4-14 5급	濟<제> 4-15 4급II
危<위> 3-03 4급	忍<인> 4-09 3급II	敵<적> 4-16 4급II	祭<제> 3-09 4급II
圍<위> 2-11 4급	認<인> 4-12 4급II	的<적> 2-11 5급II	製<제> 4-03 4급II
委<위> 2-05 4급	一<일> 1 8급	積<적> 4-11 4급	除<제> 5-03 4급II
威<위> 4-12 4급	日<일> 1-01 8급	籍<적> 추-6 4급	際<제> 3-09 4급II
慰<위> 추-6 4급	逸<일> 3-06 3급II	賊<적> 5-02 4급	題<제> 5-13 6급II
爲<위> 5-14 4급II	任<임> 2-04 5급II	赤<적> 4-06 5급	助<조> 2-06 4급II
衛<위> 추-3 4급II	賃<임> 4-12 3급II	適<적> 4-01 4급	弔<조> 3-09 3급
違<위> 2-12 3급II	入<입> 1-01 7급	傳<전> 2-14 5급II	操<조> 추-7 5급
乳<유> 1-08 4급		全<전> 1-05 7급II	早<조> 2-05 4급II
儒<유> 추-6 4급	**ㅈ**	典<전> 추-7 5급II	朝<조> 1-09 6급
幼<유> 2-04 3급II	姉<자> 추-5 4급	前<전> 2-03 7급II	條<조> 4-08 4급
有<유> 1-07 7급	姿<자> 추-8 4급	專<전> 2-14 4급	潮<조> 추-6 4급
柔<유> 추-5 3급II	子<자> 1-05 7급II	展<전> 3-15 5급II	祖<조> 2-15 7급
油<유> 4-06 6급	字<자> 2-09 7급	戰<전> 3-12 6급II	組<조> 추-3 4급
由<유> 2-03 6급	慈<자> 4-13 3급II	田<전> 1-05 4급II	調<조> 3-01 5급II
遊<유> 추-2 4급	者<자> 2-07 6급	轉<전> 5-07 4급	造<조> 4-03 4급II
遺<유> 5-04 4급	自<자> 1-07 7급II	錢<전> 4-14 4급	鳥<조> 2-10 4급II
肉<육> 1-07 4급II	資<자> 4-03 4급	電<전> 3-05 7급II	族<족> 5-04 6급
育<육> 2-04 7급	作<작> 1-07 6급II	切<절,체> 3-12 5급II	足<족> 1-06 7급II
恩<은> 5-08 4급II	昨<작> 추-4 6급II	折<절> 4-11 4급	存<존> 2-01 4급
銀<은> 4-14 6급	殘<잔> 4-09 4급	節<절> 2-13 5급II	尊<존> 4-13 4급II
隱<은> 4-16 4급	雜<잡> 5-12 4급	絶<절> 5-09 4급II	卒<졸> 1-12 5급II
乙<을> 1-04 3급II	丈<장> 3-02 3급II	占<점> 2-08 4급	宗<종> 2-15 4급II
陰<음> 5-02 4급II	場<장> 1-14 7급II	店<점> 2-09 5급II	從<종> 5-03 4급
音<음> 2-07 6급II	壯<장> 5-01 4급	點<점> 5-15 4급	種<종> 5-13 5급II
飮<음> 2-16 6급II	獎<장> 추-4 4급	接<접> 5-16 4급II	終<종> 5-07 5급
應<응> 3-14 4급II	將<장> 4-16 4급II	丁<정> 1-04 4급	坐<좌> 3-08 3급II
依<의> 2-09 4급	帳<장> 추-2 4급	井<정> 4-04 3급II	左<좌> 1-10 7급II
儀<의> 3-07 4급	張<장> 4-10 4급	停<정> 4-06 5급	座<좌> 4-10 4급
意<의> 2-08 6급II	章<장> 5-10 6급	定<정> 1-15 6급	罪<죄> 3-01 5급
疑<의> 2-16 4급	腸<장> 추-5 4급	征<정> 5-02 3급II	主<주> 1-02 7급
義<의> 1-16 4급II	裝<장> 5-01 4급	情<정> 1-16 5급II	住<주> 1-13 7급
衣<의> 1-02 6급	長<장> 1-05 8급	政<정> 5-07 4급II	周<주> 2-11 4급
議<의> 4-15 4급II	障<장> 추-2 4급II	整<정> 5-12 4급	晝<주> 2-14 6급
醫<의> 3-14 6급	再<재> 5-07 5급	正<정> 1-07 7급II	朱<주> 5-04 4급
二<이> 1 8급	在<재> 2-01 6급	淨<정> 5-06 3급II	注<주> 4-06 6급II
以<이> 1-12 5급II	才<재> 1-02 6급II	程<정> 추-6 4급II	舟<주> 1-04 3급
異<이> 3-07 4급	材<재> 2-07 5급II	精<정> 2-13 4급II	走<주> 3-13 4급II
移<이> 5-08 4급II	災<재> 3-03 5급	靜<정> 추-6 4급	週<주> 5-09 5급II
耳<이> 1-10 5급	裁<재> 5-11 3급II	頂<정> 5-09 3급II	酒<주> 2-16 4급
益<익> 4-15 4급II	財<재> 3-06 5급II		竹<죽> 1-08 4급II

漢<한>	2-09	7급Ⅱ	混<혼>	5-14	4급
閑<한>	3-09	4급	紅<홍>	5-04	4급
限<한>	3-04	4급Ⅱ	化<화>	1-15	5급
韓<한>	2-15	8급	和<화>	3-01	6급Ⅱ
割<할>	5-14	3급Ⅱ	火<화>	1-03	8급
含<함>	3-10	3급Ⅱ	畵<화>	3-10	6급
合<합>	1-04	6급	禍<화>	5-11	3급Ⅱ
抗<항>	5-01	4급	花<화>	1-15	7급
航<항>	1-15	4급Ⅱ	華<화>	4-02	4급
害<해>	2-10	5급Ⅱ	話<화>	4-05	7급Ⅱ
海<해>	1-11	7급Ⅱ	貨<화>	4-14	4급Ⅱ
解<해>	2-16	4급Ⅱ	擴<확>	3-08	3급
核<핵>	추-1	4급	確<확>	4-02	4급Ⅱ
幸<행>	2-04	6급Ⅱ	患<환>	3-13	5급
行<행>	1-06	6급	換<환>	2-12	3급Ⅱ
向<향>	1-04	6급	歡<환>	5-10	4급
鄕<향>	4-07	4급Ⅱ	還<환>	4-12	3급Ⅱ
香<향>	3-10	4급Ⅱ	活<활>	1-11	7급
虛<허>	4-02	4급Ⅱ	況<황>	3-09	4급
許<허>	4-08	5급	黃<황>	1-13	6급
憲<헌>	추-1	4급	回<회>	1-11	4급Ⅱ
險<험>	5-15	4급	會<회>	2-09	6급Ⅱ
驗<험>	5-15	4급Ⅱ	灰<회>	추-2	3급
革<혁>	3-15	4급	劃<획>	3-10	3급Ⅱ
現<현>	1-16	6급Ⅱ	孝<효>	1-09	7급Ⅱ
賢<현>	4-13	4급Ⅱ	效<효>	3-13	5급Ⅱ
顯<현>	추-8	4급	候<후>	추-2	4급
血<혈>	1-08	4급Ⅱ	厚<후>	5-08	4급
協<협>	2-06	4급Ⅱ	後<후>	2-03	7급Ⅱ
兄<형>	1-06	8급	訓<훈>	5-15	6급
刑<형>	3-01	4급	揮<휘>	추-5	4급
型<형>	5-10	2급	休<휴>	1-13	7급
形<형>	2-06	6급Ⅱ	凶<흉>	2-02	5급Ⅱ
惠<혜>	5-08	4급Ⅱ	黑<흑>	2-16	5급
慧<혜>	4-04	3급Ⅱ	吸<흡>	2-12	4급Ⅱ
呼<호>	2-12	4급Ⅱ	興<흥>	5-09	4급Ⅱ
好<호>	2-06	4급Ⅱ	喜<희>	5-10	4급
戶<호>	1-03	4급Ⅱ	希<희>	3-11	4급Ⅱ
湖<호>	2-08	5급			
虎<호>	3-16	3급Ⅱ			
號<호>	4-02	6급			
護<호>	4-10	4급Ⅱ			
豪<호>	4-02	3급Ⅱ			
或<혹>	추-4	4급			
酷<혹>	4-09	2급			
婚<혼>	2-04	4급			

초등 때 키운

한자 어휘력! 나를 키운다 시리즈

이 책으로는 많이 쓰이는 한자와
그 한자들로 이루어진 한자어를 익혀 어휘력을 키우며
나아가 다른 한자어의 뜻도 유추할 수 있게 합니다.

초등 때 키운 한자 어휘력! 나를 키운다 1
이재준 | 20,000원 | 224쪽

초등 때 키운 한자 어휘력! 나를 키운다 2
이재준 | 20,000원 | 228쪽

초등 때 키운 한자 어휘력! 나를 키운다 3
이재준 | 20,000원 | 230쪽

초등 때 키운 한자 어휘력! 나를 키운다 4
이재준 | 20,000원 | 230쪽

어휘력은 사고력의 출발인 동시에 문해력 학습 능력의 기초입니다.